# 延安区域经济转型研究

徐 长 玉 ◎ 著

中国社会科学出版社

图书在版编目（CIP）数据

延安区域经济转型研究／徐长玉著 . —北京：中国社会科学
出版社，2020.9
ISBN 978 - 7 - 5203 - 6898 - 8

Ⅰ. ①延…　Ⅱ. ①徐…　Ⅲ. ①区域经济—转型经济—
研究—延安　Ⅳ. ①F127.413

中国版本图书馆 CIP 数据核字（2020）第 141037 号

出 版 人　赵剑英
责任编辑　孙砚文　马　明
责任校对　师敏革
责任印制　王　超

出　　版　中国社会科学出版社
社　　址　北京鼓楼西大街甲 158 号
邮　　编　100720
网　　址　http://www.csspw.cn
发 行 部　010 - 84083685
门 市 部　010 - 84029450
经　　销　新华书店及其他书店

印　　刷　北京君升印刷有限公司
装　　订　廊坊市广阳区广增装订厂
版　　次　2020 年 9 月第 1 版
印　　次　2020 年 9 月第 1 次印刷

开　　本　710×1000　1/16
印　　张　17.75
字　　数　256 千字
定　　价　99.00 元

# 序　言

我是土生土长的延安人。1988 年以来，一直在延安大学从事经济学教学和研究工作。我的教学和研究起初完全是所谓"象牙塔"式的，每天不是沉浸在高深的理论经济学教学之中，就是醉心于对全国经济热点问题"足不出户"式的研究。直至 1999 年和 2000 年，先后发生了两件和我休戚相关的事情，方改变了我的这一"阳春白雪"式的教学和研究取向。

1999 年盛夏，我荣幸地被吸收进由我的大学经济学老师刘凤岐教授任组长的延安市"延安特色经济"课题组，并与课题组一行深入志丹、吴起、子长、洛川、黄陵等延安部分县区进行调研。这次调研，是我平生第一次走出书斋，与活生生的经济实践"亲密接触"。这使我意识到，作为一名地方高校的经济学学者，忽视对应用经济学的教学和地方经济问题的研究是不明智的。这便是我把经济学教学和研究逐步转向应用经济学和延安区域经济发展的初始动因。

2000 年 11 月，我被我的大学哲学老师郭必选教授推荐，加入了中国民主促进会。此后，在延安大大小小的各种场合参政议政、建言献策，便成了我的第二工作。20 年来，我调研的足迹遍布延安 13 个县区、数十个乡镇和上百个村庄。我撰写的相关调研报告不计其数。这不仅使我寻常所从事的经济学专业有了更多的用武之地，也使我在平时的教学和研究中，有了更多的一手资料。从而也使我更加自觉地把教学和研究转向了应用经济学和延安区域经济。

至今记得，第一次与延安经济"亲密接触"后，我便认识到，阻碍延安区域经济发展的症结，在于因改革严重滞后导致僵化的经济体制还在苟延残喘。于是，经过两年的后续研究，我与其时正在延安经济研究中心工作的刘志生同志合作，出版了《当代中国经济体制改革——延安的历程、绩效与对策探索》（陕西人民出版社2002年版）一书。

此后，我很快萌生了新的想法：写一部专门研究延安区域经济发展的学术著作。因为在我看来，经济体制改革滞后固然是制约延安区域经济发展的症结所在，但通过改革，建立起完善的经济体制后，延安区域经济并不会自动发展。因为在任何情况下，一国或一地区的经济发展都要靠政府和居民的投资、劳动者的劳动、技术的进步、结构的优化、政府的有效干预以及对外开放来驱动。

然而，由于1999年以前，我"闭门造车"式的研究中国经济制度的书稿已经写成了"半截子"工程，弃之实在于心不忍。遂决定继续写将下去，并于2003年定稿，同年由陕西人民出版社出版。至于此后的5年时间，我则把大部分经历用在了考取和攻读西北大学经济管理学院博士学位上。

2009年博士毕业一年后，我在博士学位论文的基础上，在中国社会科学出版社扩充出版了《中国劳动力市场培育研究》一书。

2010年以后，受国际金融危机的影响，延安区域经济增速瞬间从陕西省10地市排名第一降至倒数第一。这一现象引起了延安各界的广为关注，也使我陷入了深思。我认为，从表面看，延安经济塌方式下滑仿佛是由石油价格下降造成的；从本质上看，却是由延安自身的经济结构不合理导致的。

众所周知，改革开放以来，特别是国家实施西部大开发战略以来，延安市依托矿产资源的大规模开采，经济社会面貌有了巨大变化，主要经济指标从陕西后列排到了前列。然而，随着资源的大规模开采，不可再生资源日益枯竭的趋势已经显现，特别是随着浅层资源的开采殆尽，继续开采资源的成本明显呈上升趋势。因此，即便不爆发金融危机，即便不出现石油价格下跌，延安经济增速下滑也是在所难免的。加之除了存在单一资源型经济这一畸形产业结构问题而外，延安尚存在着非公有制经济发展严重滞后的制度结构不合理问题；城乡和区域发展差距过大的空间结构不合理问题，等等。诸如此类的经济结构问题，如不及时加以解决，延安区域经济发展势必跌入持续的而不仅仅是暂时的衰退陷阱。这说明，加快包括产业结构、所有制结构、城乡结构等在内的经济结构的全面转型，已经成为促进延安区域经济又好又快发展，进而让220多万全体延安人民如期够格迈入全面小康社会和实现延安全面现代化的关键。

基于此，从2010年起，笔者自觉把对延安区域经济的研究，从经济体制改革转向了区域经济发展，并把研究的重点转向延安经济结构转型。2013年，经过时断时续的努力，已经写出部分内容的拙作《延安经济转型研究》书稿，获批"延安大学学术著作与教材出版基金"支持。但繁重的行政和教学工作，迫使我的写作一再中断。为了自加压力，以便使该书尽快问世，2017年，我将本书稿申报了延安市社科规划重点项目并获准立项。2018年7月，该项目如期完成并通过验收。此后，该书很快便进入了出版程序。但出乎意料的是，拙著的出版却一波三折，殊为不易。但正如著名作家路遥先生说的那样："坏事里有好事哩。"该书的迟迟不能出版，反而使我有机会能够根据2019年延安经济社会发展的最新数据，对书稿进行修改和补充，从而使拙著得以以崭新的面目问世。

本书初稿完成之际，正值我国改革开放40周年。40年来，延安区域经济获得了飞速发展，延安人民生活实现了从绝对贫困到普遍温饱再到总体小康的历史性飞跃。但回顾过去，延安区域经济发展并不是一帆风顺的，存在着诸多不足：一是后续产业培育得不够好；二是非公有制经济发展得不够好；三是中心城市建设得不够好；四是教育搞得不够好；五是营商环境改进得不够好；六是对外开放搞得不够好。正是由于这些工作做得不够好，延安区域经济发展在经历了20世纪末至21世纪初十多年的辉煌后，接着便出现了持续近10年的下滑甚至负增长。

2018年，延安经济增速一举取得了9.1%的优异成绩，摆脱了连续10年在陕西10地市排名中连续垫底的被动局面。究其原因，与近年来新一届中共延安市委、市政府围绕上述问题精准发力、猛药去疴不无关系。然而"冰冻三尺，非一日之寒"。制约延安 2020 年如期全面建成小康社会，2035 年和 2050 年基本和全面实现现代化的诸多深层次矛盾，绝非一朝一夕可以化解的，必须驰而不息、矢志转型方能彻底解决。

本书以延安区域经济转型为对象，主要研究了延安区域经济转型的理论依据、背景及优劣势；延安区域经济转型的战略设计；延安区域经济转型与农业现代化、新型城镇化、新型工业化；延安区域经济转型与旅游产业发展、文化产业发展、非公有制经济发展；延安区域经济转型与扩大对外开放；延安区域经济转型与地方政府体制改革等一系列重大问题，旨在对本人 20 多年来研究延安区域经济发展的观点进行系统化梳理和总结，并期望对延安各级党政部门制定经济发展规划与政策有所裨益。至今记得，刚刚迈入大学初学政治经济学时，就知道有个叫孟克列钦的法国重商主义经济学家出版了一部书名颇为有趣的著作——《献给国王和王太后的政治经济学》。我的这本研究延安区域经济的书，虽不敢与孟克列钦的大作相提并论，但这并不妨碍我和他有着相似的写作动机。的确，如果说孟克列钦的《献给国王和王太后的政治经济学》是研究整个国家或者整个社会的经济问题的，从而希望对国家制定经济政策有所裨益的话，我的这本书，则是专门研究延安区域经济的，希望对中共延安市委、市政府制定延安区域经济发展战略和政策具有一定的参考价值。

值此拙著付梓之际，我要无比诚挚地感谢我的所有老师特别是我的硕士研究生导师赵怀顺教授、博士研究生导师何炼成教授等对我的殷切期望和谆谆教诲，感谢延安大学科研处、延安市社科联对我的大力支持，感谢中国社会科学出版社马明老师等为本书的出版付出的辛劳，感谢我的父母在经济极其拮据的困难时期生养了我并无怨无悔地供我念书，直至我大学毕业，留校任教，感谢我的妻子刘向莲女士供我读研和读博，并数十年如一日默默承担起繁重的家务和孩子的养育之责。

徐长玉

2020 年 4 月 13 日于延安大学新校区图书馆

# 目　　录

# 导　　论

**一　研究背景**

改革开放以来，特别是国家实施西部大开发战略以来，延安市依托矿产资源的大规模开采，经济社会面貌有了巨大变化，主要经济指标从陕西后列排到了前列。然而随着资源的大规模开采，不可再生资源日益枯竭，继续开采资源的成本上升趋势已经显现。加之 2008 年国际金融危机的爆发和此后国际油价的大幅回落，使延安单一资源型经济遭遇重创，经济增速从 2008 年全省 10 地市排名第四跌落至 2009 年以后连续 8 年倒数第一，经济总量从 2007 年全省第三跌落至 2016 年倒数第四。2017 年以来，延安区域经济出现了止跌回升的良好势头，但经济结构失衡、经济增长乏力的基本面没有得到根本扭转。上述事实表明，延安市单一资源型经济已经难以为继，加快实现区域经济结构转型，已经成为摆在延安市各级党委和政府面前的一项刻不容缓的重大战略任务。

近年来，延安大学科研处和延安市有关部门高度重视延安经济结构转型问题的研究，分别于 2013 年和 2017 年将笔者的研究课题《延安市经济结构转型研究》列入学术专著出版计划和延安市社会科学专项资金规划项目予以资助。

**二　研究现状**

关于经济结构转型问题的研究，在国外，主要包含三个方面。一是资源型经济结构转型研究。这方面，20 世纪中期以来，国外涌现出了许多研究成果。如匹兹堡经济结构转型研究、鲁尔区经济结构转型研究、洛林区经济结构转型研究、九州区经济结构转型研究等。二是发展中国家经济结构转型研究。这方面，国外发展经济学有着大量的研究成果，如二元经济模型理论、经济发展阶段理论、均衡发展与非均衡发展理论等。三是经济体制转型研究。这方面，国外新制度经济学及其分支——比较经济学和转轨经济学，有着大量的研究成果。

国内对经济结构转型问题的研究可以从两个层面加以介绍。

第一个层面：对全国经济结构转型问题的研究。这方面主要集中在以下三个方面。一是对中国资源型城市经济结构转型的研究。主要涉及我国资源型城市经济转型的必然性、转型的模式、路径与对策等方面的研究。二是对中国经济发展结构转型的研究。主要涉及中国二元经济结构转型、中国经济发展方式转型、中国产业结构转型、中国农业结构转型、中国工业结构转型、中国第三产业结构转型、中国新型工业化、中国信息化等方面的研究。三是对中国经济体制转型的研究。主要涉及中国经济体制转型的目标、转型的方式、转型的路径与转型的对策等方面的研究。

第二个层面：对延安区域经济结构转型问题的研究。这方面的研究成果十分缺乏。迄今未见到与本课题主题完全一致的文献，比较接近的也少，主要有：《加快经济结构调整　促进延安老区发展》①；《加快转型发展　繁荣老区经济》②；《延安经济发展战略解析》③；《延安市调整优化产业结构的对策研究》④；《资源型城市经济转型评价及路径研究——以延安市为例》⑤；《积极探索延安经济转型发展的新路子》⑥等。此外，《延安日报》发表过几篇相关报道，例如：《转型发展　让

① 冯友平：《加快经济结构调整　促进延安老区发展》，《现代企业》2001年第5期。
② 姚引良：《加快转型发展　繁荣老区经济》，《求是》2012年第6期。
③ 刘延生：《延安经济发展战略解析》，《延安大学学报（社会科学版）》2011年第8期。
④ 李丽：《延安市调整优化产业结构的对策研究》，《知识经济》2015年第10期。
⑤ 王凯俊等：《资源型城市经济转型评价及路径研究——以延安市为例》，《西部金融》2017年第4期。
⑥ 李玉玲：《积极探索延安经济转型发展的新路子》，《环渤海经济瞭望》2018年第4期。

延安跨上追赶超越快车道》① 等。

国内外对经济结构转型问题的研究所取得的成果，无疑对加快延安经济结构转型研究具有一定的指导意义和参考价值。但这样一来，学术界关于经济结构转型问题的一般性研究，对延安经济结构转型的针对性不强；二来学术界关于延安经济结构转型的研究，虽然具有一定的针对性，但却存在着明显的不足：一是站位不高；二是深度不够；三是系统性不强；四是层次不高。

由此可见，从理论上对延安经济结构转型进行全面、深入和系统的研究显然是十分必要的。

### 三　研究内容

本课题以延安区域经济结构转型为研究对象，主要包括以下内容。

（1）经济结构转型的学理分析。包括经济结构及其转型的含义、类型，国内外关于经济结构转型研究的现状述评，经济结构转型的模式、路径与对策等内容。这部分内容主要是为研究延安经济结构转型提供理论支持。

（2）陕甘宁边区经济建设与延安区域经济结构转型。主要是通过对陕甘宁边区经济建设的指导思想、制度结构、政策体系等的全面梳理和研究，为当代延安经济结构转型提供历史智慧和教义。

（3）延安区域经济结构转型的背景、机遇、现状及制约因素分析。

（4）延安区域经济结构转型的战略设计。主要包括战略目标、战略重点、战略对策等内容。

（5）延安区域经济结构转型与农业现代化。在对农业现代化与农村发展作出理论分析的基础上，研究延安农村发展现状及存在的问题，包括延安退耕还林工作的巨大成就及存在的突出问题，探讨延安农村发展和农业现代化的对策等问题。

---

① 思博海：《转型发展　让延安跨上追赶超越快车道》，《延安日报》2017 年 2 月 13 日。

（6）延安区域经济结构转型与新型城镇化。在对新型城镇化作出理论探讨的基础上，对延安城镇化的现状与问题进行分析，并对加快延安新型城镇化的对策。包括加快延安新区建设的对策等，进行探讨。

（7）延安区域经济结构转型与新型工业化。在阐明工业化一般理论的基础上，着重研究延安工业化的现状及优劣势、加快推进延安新型工业化的路径与对策等内容。

（8）延安区域经济结构转型与旅游产业发展。在对旅游产业理论予以检视的基础上，分析延安旅游产业发展的现状及存在的问题、延安旅游产业发展的优势及制约的因素，探讨延安旅游业发展的目标定位及路径选择，提出延安旅游产业发展的对策。

（9）延安区域经济结构转型与文化产业发展。在厘清了文化产业的概念、类型及意义的基础上，分析延安发展文化产业的重要意义、延安文化产业发展现状及存在的问题，探讨加快发展延安文化产业的对策等问题。

（10）延安区域经济结构转型与非公有制经济发展。在阐明非公有制经济一般理论的基础上，分析延安非公有制经济发展的现状、问题及成因，提出加快发展延安非公有制经济的对策。

（11）延安区域经济结构转型与扩大对外开放。在对经济全球化及趋势进行阐释的基础上，对延安扩大对外开放的意义、延安对外开放的现状及存在问题、沿海发达地区扩大对外开放的经验及启示进行分析，并对延安扩大对外开放的对策进行探讨。

（12）延安区域经济结构转型与地方政府体制改革。在阐明地方政府体制改革理论依据的基础上，分析延安地方政府体制的历程、现状及存在的问题，探讨加快延安地方政府体制改革的对策等问题。

## 四　基本观点

（1）延安区域经济发展滞后的根本原因是经济结构不合理。因此，如果不尽快调整、优化、升级经济结构，延安区域经济发展的困局将不可能得到根本扭转，延安 2020 年全面建成小康社会、2035 年基本实现现代化、2050 年全面实现现代化的短期和长期目标都将难以实现。

（2）延安区域经济结构转型涉及产业结构转型、城乡结构转型、区域结构转型、所有制结构转型、资源配置方式转型、对外经济关系转型、政府体制转型等多个方面，是一个巨大的系统工程。

（3）延安区域经济结构转型的目标是：产业结构多元化、城乡结构一体化、区域结构均衡化、所有制结构合理化、资源配置方式市场化、对外经济关系开放化、政府治理体系和治理能力现代化。

（4）延安区域经济结构转型的重点：一是选择和培育若干个接续产业；二是以延安新区建设为抓手，打造新的区域经济增长极；三是大力发展非公有制经济；四是进一步扩大对外开放；五是加快地方政府体制改革。

（5）延安区域经济结构转型的关键在于地方党委和政府的强有力领导，特别是要有一个有担当、有责任感、有魄力、有眼光、有水平的党委领导班子和政府领导班子。

（6）延安应当着力选择和培育的接续产业包括：现代生态农业、农副产品加工业、文化产业、旅游产业和现代服务业等。

（7）加快延安区域经济结构转型首当其冲的是要发挥自身优势，抢抓战略机遇。

（8）加快延安区域经济结构转型必须以改革为动力，全面深化地方经济体制改革，充分发挥市场在区域资源配置中的决定性作用，更好地发挥地方政府的主导作用。

（9）加快延安区域经济结构转型必须以优化营商环境为前提，扩大境内开放和境外开放力度，充分利用境内、境外两种资源和两个市场。

（10）加快延安区域经济结构转型必须加大对党员干部"激励约束机制、容错纠错机制和能上能下机制"等三项机制的贯彻落实力度，激发广大党员干部干事创业的积极性。

**五　研究特色**

本课题研究将力争体现系统性、战略性、权威性、标志性等四大特色。

（1）系统性。本课题不是对延安某一局部问题的单项研究，而是对延安经济、社会、文化、生态、政治等各个方面的总体的、全方位的系统研究。

（2）战略性。本课题旨在对延安未来30年经济、社会、文化、生态、政治等各个方面的发展进行全局性的、长远性的顶层设计与整体谋划。

（3）权威性。本课题研究既是对笔者长期研究延安区域经济所取得的成果的系统凝练和总结，又是立足于中国特色社会主义进入新时代的延安实际，对延安2020年、2035年和21世纪中叶如期、够格建成全面小康社会、基本和全面实现现代化的深度研究和严谨探索。在研究过程中，还将邀请省内、国内从事区域经济社会转型问题研究的知名专家学者举行"延安区域经济结构转型"理论研讨会，对本研究成果进行指导和把关，确保研究成果具有一定的权威性。

（4）标志性。本课题研究取得的成果，将力争达到研究延安经济社会发展问题的最高水平，成为具有延安气派、代表延安水平的标志性成果。

**六　研究方法**

本课题拟采取以下研究方法。

（1）综合研究的方法。本课题将综合运用区域经济学、发展经济学和新制度经济学的研究方法，对延安区域经济结构转型的战略与对策进行系统的、全面的研究。

（2）实证分析和规范分析相结合的方法。本课题对延安区域经济结构转型的客观必然性，延安区域经济结构转型的历程、现状、问题及制约因素等的研究，属于实证分析；而对延安区域经济结构转型的战略目标、战略重点、路径选择和对策建议的研究，则属于规范分析。

## 七　研究意义

本课题研究对促进延安区域经济结构全面转型、持续发展，确保延安 2020 年、2035 年和 21 世纪中叶如期建成全面小康社会、基本和全面实现现代化奋斗目标，具有一定的理论指导意义和参考价值。因为，虽然延安过去十多年经济发展很快，但目前却面临着石油资源枯竭的问题，石油工业一业独大、产业结构严重不合理的问题，经济制度结构不合理、非公有制经济发展严重滞后的问题，城乡和区域差距大、经济空间结构严重不合理的问题。诸如此类的问题，如不及时解决，延安区域经济发展势必跌入持续衰退的陷阱。而本课题研究，旨在为解决上述问题提供理论支撑和对策建议。

# 第一章

# 延安经济转型的理论依据分析

## 一　经济转型理论

### （一）经济转型理论的产生

国际经验表明，无论是发达国家还是新型工业化国家，都是通过经济转型实现高质量发展的。我国经济增长方式的转型虽然从"九五"计划开始才明确提出来，但经济体制的转型早在 1978 年中共十一届三中全会召开时就开始了。我国改革开放 40 多年所取得的巨大成就，正是由于坚持矢志不渝地推进全面经济转型的结果。

经济转型理论是伴随着 20 世纪 80 年代末以来社会主义世界计划经济模式的消解、市场经济体制逐步形成这一过程而发展起来的一种经济学理论。主要研究经济转型的概念与类型、经济转型的起点与目标、经济转型的过程与方式、经济转型与经济绩效等重要问题。

### （二）经济转型的概念

准确理解经济转型这一概念，首先应当弄清"转型"一词的含义。"转型"一词最初来源于数学、医学和语言学等领域，后来被引入社会学和经济学领域。其含义是指形态的转变，是用来形容某种事物或行为从一种形态向另一种形态转化的。在经济学领域，布哈林是第一个使用"经济转型"概念的学者。他在研究市场经济向计划经济的转型过程中使用了这一概念。

在经济学领域，"经济转型"一词有广义和狭义之分。狭义的经济转型，就是布哈林意义上的转型，亦即经济制度（含经济体制）的转型；广义的经济转型，除了经济制度意义上的转型而外，还包括经济发展意义上的转型。本书采用的经济转型概念，就是指广义而言的。进一步来说，所谓广义而言的经济转型，就是指一个国家或地区的经济制度模式和经济发展模式在一定时期内发生的根本性变化。具体而言，广义上的经济转型包括一个国家或地区的基本经济制度的完善，经济体制的更新，经济增长方式的转变，经济结构的提升，支柱产业的替换等重要内容，其实质是经济制度模式和经济发展模式发生的一个由量变到质变的过程。

（三）经济转型的类型

根据转型的状态，可以把一国或一地区的经济转型分为制度转型和发展转型两种类型。

1. 制度转型

制度转型是指从一种制度模式向另一种制度模式的根本性转变，如从高度集中的传统计划经济体制向市场经济体制的根本性转变，就是典型的制度转型。

目前，我国正处于制度转型的历史时期。

2. 发展转型

发展转型是指从一种发展模式向另一种发展模式的根本性转变，如从农业社会向工业社会的根本性转变；从工业社会向信息社会的根本性转变；从信息社会向未来智能社会的根本性转变等。这些都是典型的发展转型。具体来说，发展转型包括经济发展战略的转型，经济发展方式的转型，经济结构的转型，等等。其中经济结构的转型，又包括产业结构的转型、技术结构的转型、企业组织结构的转型和区域布局结构的转型等诸多转型。

目前，我国正处于发展转型的历史时期。

（四）经济转型的方式

从转型的速度看，转型通常有以下两种方式。

1. 激进式转型方式

以经济制度转型为例，激进式转型方式，又被称为"大爆炸"式的、"创世记"式的或所谓"休克疗法"式的转型方式。这种转型方式主张像上帝在 7 天之内创造天地万物那样，实施"创世记"式的变革策略，即在尽量短的时间内完成从旧制度向新制度过渡的整体的、全面的或一步到位的转型方式。

2. 渐进式转型方式

以经济制度转型为例，渐进式转型方式，又被称为"进化"式的、"演化"式的转型方式。这种转型方式主张在暂时不破坏旧制度的前提下，通过逐渐培植新制度因素，以达到各个击破、分步到位从而最终过渡到新制度的目标。

目前，上述两种转型方式尚不能得出孰优孰劣的结论。人们只有在各自特殊的社会经济条件下，通过对两种转型方式的总成本进行具体比较，才能找到符合自己国情的转型方式。从我国历时 40 多年且仍在路上的较为漫长的改革开放进程看，我国经济转型的方式无疑是以渐进式转型为特点的。这是符合我国国情的因而也是正确的转型方式。

同全国一样，延安目前正处于并将在一个较长的时期内处于经济转型时期。因此，经济转型理论对于延安顺利实现经济转型无疑具有重要的指导意义。

## 二　二元经济模型

大多数经济学家认为，发展中国家的经济结构具有二元的性质，即现代城市部门与传统乡村农业部门并存。据此，经济学家们创立了形形色色的二元经济模型，以解释经济发展过程中的城乡工农关系，以及二元经济结构向一元经济结构的转型。

（一）刘易斯模型：劳动无限供给下的经济发展

最早提出二元经济模型的是英国著名发展经济学家刘易斯（William Arthur Lewis，1915—1991）。刘易斯二元经济模型的基本假定是：

1. 发展中国家通常存在着性质完全不同的两个经济部门

该模型假定，发展中国家通常由两个性质完全不同的部门组成。一个是"资本主义"部门，又称现代工业部门；一个是"维持生计"部门，亦称传统农业部门。

2. 传统部门存在无限供给的劳动力

由于发展中国家的传统部门存在无限供给的劳动力，所以现代工业部门在现行的固定工资水平上，能够得到它所需要的任何数量的劳动力。

3. 工资水平不变

由于发展中国家的传统部门存在着无限的劳动力供给，而且在二元经济社会里，农业人均收入很低，有太多的农业部门剩余劳动力想进入现代工业部门工作。这一特征就决定了工业部门的工人工资水平在相当长的时期内可以保持不变，直到农业剩余劳动力被城市工业部门吸收为止。

在上述假设条件下，刘易斯认为，在发展中国家从传统农业经济向现代工业经济过渡的过程中，也即在二元经济的发展阶段，经济发展的主要途径是：通过现代部门的持续扩张，不断吸收传统农业部门的剩余劳动力，直至消失，相应地也就实现了由传统二元经济向现代一元经济转型的发展过程。也就是说，通过现代大工业的发展，取得资本的积累，使农村剩余劳动力得到充分转移，诱发产业结构演变，使城市化水平得以提高，最后经济由二元变成一元。

继 1954 年发表了第一篇关于二元经济的论文《劳动无限供给条件下的经济发展》之后，1979 年刘易斯发表了《再论二元经济》的论文，讨论了现代部门对传统部门的影响等问题。

刘易斯认为，现代部门的扩张可以通过以下四种方式或途径使传统部门受益。

1. 就业

现代部门的持续扩张可以增加雇佣从传统部门转移出来的剩余劳动

力。这些劳动力在现代部门可以获得更多的收入、更高的社会地位，其子女也会有更多、更好的发展机会。

2. 分享物质设施

现代部门建立了更为广泛而先进的基础设施（铁路、公路、码头、医院、学校、供水、供电等），传统部门只需支付边际成本或更低的费用，就可以使用这些设施。

3. 促进传统部门的观念和制度现代化

农村劳动力进入现代部门以后，势必会受到现代部门的影响和熏陶，并将从现代部门学到的新观念、新制度带入传统部门，从而促进传统部门的观念和制度现代化。

4. 与两个部门之间的贸易有关的影响。如果现代部门的必需品部分依赖于传统部门的供给，那么，现代部门的扩张就势必依赖于传统部门的类似扩张，否则，贸易条件就会不利于现代部门。

（二）刘易斯—费—拉尼斯模型

在刘易斯模型的基础上，美国耶鲁大学的两位教授费景汉（John C. H. Fei）和拉尼斯（Gustav Ranis）共同提出了农业劳动力流动模型。他们的模型把农业劳动力的转移和农业、工业两个部门的进步联系起来，对刘易斯模型进行了修正。人们将修正后的模型称为"刘易斯—费—拉尼斯模型"。该模型提供了一个更为接近发展中国家现实的理论描述。其重要贡献如下。

1. 把经济发展过程划分为三个阶段

该模型认为，经济发展过程可以划分为三个阶段："单一农业为中心的不发达经济"、"二元结构的发展中经济"和"稳定增长的发达经济"。其中，单一农业为中心的不发达经济，又叫农业经济，其主要特征是传统农业在经济中占有压倒性优势的地位，其他经济活动或者与农业有着直接的联系，或者是建立在农业产品剩余或农业剩余劳动的基础之上。二元结构的发展中经济，又叫二元结构经济，其主要特征是一个巨大的传统农业部门和一个生机勃勃的现代工业部门的非对称性并存。

稳定增长的发达经济，又叫成熟经济，其主要特征是整个社会经济的商业化，即所有的生产者都是追求利润最大化的资本主义经营者。

2. 强调农业的重要性

费景汉和拉尼斯纠正了刘易斯模型忽视农业部门发展和整个经济的粮食供给问题，认为二元结构经济中的农业部门不仅可以为现代部门提供所需要的劳动力，而且可以为现代部门提供农业剩余。因此，发展中国家在转型过程中，应当格外注重农业自身的技术进步和发展。

3. 工农业要平衡发展

费景汉和拉尼斯认为，传统部门剩余劳动力的顺利转移，仅仅靠农业部门劳动生产力的提高是不够的，还必须保持两部门的平衡发展。

4. 深入研究了技术进步类型对工业部门就业增长的影响

费景汉和拉尼斯认为，发展中国家应当注重引进和鼓励具有劳动密集偏向的技术创新的政策建议。这对发展中国家的发展具有重要意义。

（三）乔根森模型

1961 年，哈佛大学教授乔根森（Jorgenson）提出了一个不同于刘易斯的二元经济发展模型，1970 年，乔根森对自己的模型作了进一步发展。其主要内容和特点如下。

第一，把对二元经济的研究从剩余劳动转向农业剩余，这是乔根森对二元经济理论研究的最重要贡献。

第二，放弃了刘易斯模型关于传统部门存在剩余劳动的假定，认为劳动的边际生产力始终大于零，因此农业部门不存在剩余劳动力。

第三，认为只有当农业剩余大于零并持续增加，劳动力从农业部门向工业部门转移，进而实现现代部门的发展才是可能的。

第四，强调为了促进经济持续发展和避免陷入低水平均衡陷阱，工业部门积累资本是必要的，但先决条件是要存在正的农业剩余。由于农业剩余的出现，现代部门的发展成为可能，即农业产出达到了人口最快增长时所需的农产品数量，农业部门就会出现剩余劳动力。这部分剩余劳动力是需要转移的，而农业劳动力向工业部门转移的速度，不仅取决于农业剩余的增长速度，而且取决于工业部门的技术进步状况。工业部门的技术进步越快，其储蓄率就越高；劳动力增长越快，经济增长也就越快。由此才能完成二元经济结构向现代经济的转型。

第五，主张传统农业部门向现代工业部门转变，不仅要有资本的输入，而且要有资本主义精神（生产受理性经济人行为支配）的输入和生产组织的剧烈变革。

（四）卡尔多模型

卡尔多（Kaldor）是英国剑桥学派最著名、最重要的代表之一，其在发展经济学方面的主要贡献是强调了农业剩余的重要性，特别是农业剩余对于增加工业部门有效需求从而加快工业扩张的重要意义。

第一，为非农业人口尤其是工业部门的人口提供粮食。

第二，为工业部门提供原材料，否则工业部门将因原材料短缺、生产设备闲置而陷入停滞。

第三，在工业化发轫前，农产品出口是一国获得外汇收入从而获得进口的生产手段从事工业生产的主要渠道。由于工业化初期发展中国家的幼稚工业在国际上缺乏竞争力，工业产品很少能够在国际上出售，所以在一个较长的时期内，发展中国家所需要的外汇主要依靠农业剩余产品的出口。

第四，农业部门对工业产品有效需求的增加，有助于为工业扩张筹集到所需的发展资金。而农业部门对工业产品有效需求的增加，则依赖于农业剩余的增加。

（五）托达罗模型

在"刘易斯—费—拉尼斯模型"中，农业部门有大量剩余劳动力，城市现代部门没有失业，即使存在失业，劳动力也会返回农村。但发展中国家的事实表明，城市现代部门存在着大量和持久的失业。纽约大学的托达罗（Todaro）教授利用乡—城劳动力迁移模型对此做了解释。

1. 城市正规部门和非正规部门

在托达罗看来，发展中国家城市内部也有二元结构。其一，城市正规部门：指存在于城市的正规的、现代化的工商业企业。其通常按照现代企业制度组建，经营规模大，一般采用资本密集型技术，工资比较高，工会和社会保障比较健全，竞争较为激烈，对人力资本要求较高。其二，城市非正规部门：指存在于城市正规部门之外的城市落后部门。如个体商贩、人力车夫、搬运工、保姆、勤杂工、擦皮鞋者、非熟练建筑工人、家庭作坊的雇工等。其特点是，经营规模较小，生产技术和管理方法落后，劳动者的受教育程度低，年龄跨度大，待遇低，没有社会保障，缺少基本公共服务。

2. 农村劳动力迁移到城市部门的两个决定因素

（1）乡—城实际工资差异。通常，农业部门的工资比城市部门的实际工资低一些。相同技术水平的工人在城市获得的工资与在农村获得工资之间的差异是决定劳动力流动的关键因素。

（2）移民在城市地区找到工作的概率。如果找到工作的概率为60%，理性的农民就会进入城市碰碰运气，尽管失业率可能会很高，但随着滞留时间的延长，掌握就业信息的增多，对城市部门就业适应性的增强，农民进城找到工作的概率就会提高。那么，即使这个人预期到自己进入城市的早期收入比农村还低，其做出迁入城市的决策仍然是理性的。

3. 政策含义

（1）在存在城乡实际工资差异的条件下，仅仅依靠城市工业部门的扩张不能解决发展中国家城市失业问题。因为城市工业部门扩张提高城市就业概率，扩大城乡预期收入差异，将引导更多农村人口进入城市寻找工作，提高城市失业率。

（2）任何提高城市工资水平的举措（政府补贴、最低工资法、工会力量）都会扩大城乡收入差异，刺激农村人口进入城市，加剧城市失业。托达罗认为，降低城市工资水平难度大，改善农村的生活条件可能是缩小城乡收入差异的可行措施。

（3）只提高城市就业率，不同时降低城乡实际收入差别，则城市失业压力得不到缓解。

（4）不恰当的教育政策进一步加剧城市失业。就业不好→要求更高一级教育的压力→加大对教育的投资→教育的过度膨胀，形成知识失业。

（5）发展农村经济是解决城市失业问题的根本出路，如增强农村初等教育和专业技术培训，发展农村道路、供排水等基础设施建设，改善农村卫生保健条件等。

改革开放以来，延安区域经济虽然获得了长足发展，但仍然是发展中地区，城乡二元经济特征明显。所以，如何实现从二元经济向现代经济的成功转型，仍然是延安区域经济发展面临的重要课题。从这个意义上说，上述二元经济理论对于研究延安经济转型就有着重要的借鉴作用。

### 三　"资源诅咒"假说

数据表明，从一个较长的时期来看，资源丰裕国家或地区的经济增长反而是缓慢的，甚至是停滞的。1965—1998 年全世界低中收入国家人均 GNP 以年均 2.2% 的速度增长，而石油输出国组织国家同期却下降了 1.3%。在全球 65 个资源相对丰裕的国家中，只有四个国家（印度尼西亚、马来西亚、泰国、博茨瓦纳）年人均 GNP 增长速度达到 4%（1970—1998 年），而一些东亚资源稀缺的经济体（中国香港、新加坡、韩国、中国台湾），经济增长却超过了发达国家的平均水平。20 世纪 70 年代以来，上述越来越多的资源丰裕国家或地区陷入增长陷阱的事实，在 20 世纪 90 年代引起了奥蒂（Auty）、萨克斯（Sachs）和沃纳（Warner）等经济学家的思考，并提出了"资源诅咒"假说。

（一）"资源诅咒"的概念

所谓"资源诅咒"（Resource Curse），又被称为"富足的矛盾"（Paradox of Plenty），是指从长期的增长状况来看，那些自然资源丰裕、经济中资源性产品占据主导地位的发展中国家或地区，反而比那些资源贫乏国家或地区的经济增长慢；尽管资源丰裕国家或地区可能会由于资源品价格的上涨而实现短期的经济增长，但最终还是会陷入停滞状态。最终，丰裕的自然资源反倒成了"赢者的诅咒"（Winner's Curse），而非福音。

（二）"资源诅咒"的传导机制

为什么会形成"资源诅咒"这一经济现象？经济学家们大多用"资源诅咒"的传导机制（Transmission Mechanisms）加以解释。常见的传导机制包括："荷兰病"、轻视人力资本投资、可持续发展能力衰退和政治激励扭曲、资源寻租与腐败。

1. "荷兰病"（the Dutch Disease）

"荷兰病"是指一国经济中某一初级产品部门异常繁荣而导致其他部门衰落的现象。20 世纪 50 年代，已是制成品出口主要国家的荷兰发现了大量石油和天然气。于是，荷兰政府大力发展石油和天然气，导致出口剧增，国际收支顺差，经济繁荣。然而，快速发展的石油和天然气业却严重打击了荷兰的农业和其他工业部门，削弱了出口行业的国际竞争力，以致到 20 世纪 80 年代初期，荷兰遭受到通货膨胀上升、制成品出口下降、收入增长率降低、失业率上升的困扰，国际上称之为"荷兰病"。

对于"荷兰病"的成因，人们用资源部门的扩张对制造业的挤出效应加以解释：一是丰裕的自然资源使得资源开采和简单加工业等资源部门的边际生产率大幅提高，势必引起生产要素相对价格的变化，以及要素在部门间的流动和重新配置，导致资本、劳动力等生产要素从制造业部门流向资源部门，进而造成制造业部门的日益萎缩，形成转移效应；二是自然资源出口带来的收入增加，会增加对制造业和不可贸易部门产品的需求，从而提高实际汇率，削弱制造业产品的出口竞争力，产生支出效应。上述两种效应发挥作用的结果，便是制造业部门的衰落，而制造业的衰落则必然会对经济增长形成不利影响。

## 2. 轻视人力资本投资

丰裕的自然资源会阻碍人力资本的积累：一方面，自然资源的开采需要的知识技能较低，因此，政府和家庭缺乏人力资本积累的内在动力；另一方面，制造业需要大量高技能工人，且具有"干中学"的特点，因此，当丰裕的自然资源导致制造业部门的衰落时，必然会影响整个地区的人力资本积累，进而阻碍地区经济的增长。

## 3. 可持续发展能力衰退和政治激励扭曲

第一，自然资源的大规模开发，加大了生态环境的压力，导致城市环境问题突出，污染治理水平较差。脆弱的自然环境状况不仅阻碍了地区潜在优势的发挥，而且成为经济增长的主要障碍。

第二，在自然资源接近枯竭时，经济发展的可持续性必将受到严峻挑战，由此引发大量的失业和社会不稳定问题。

第三，丰裕的自然资源使那些靠资源租金生活的人所获得的收入远高于企业家。这势必会促使具有潜在企业家才能的人转向自然资源部门，限制了潜在创新者的创新活动，从而不利于经济的可持续增长。

## 4. 资源寻租与腐败

丰裕的自然资源就像一个国家或地区的"天然租金"，被当作"天上掉下来的馅饼"。因此，在产权制度不清晰、法律制度不完善、市场规则不健全的情况下，极易诱发寻租行为。在此情况下，人们普遍只想着通过"攫取"丰裕资源而"一夜暴富"，由此就会驱使人们不惜通过采取贿赂等不正当手段与掌握资源分配大权的官员进行权钱交易，牟取暴利。其结果，就使得社会上从事生产性活动的人逐渐减少，从事分配性活动的人逐渐增多，最终导致经济增长停滞不前。

### （三）消除"资源诅咒"的对策

如何消除资源诅咒？学术界提出了以下几点对策建议。

### 1. 藏富于民

牛津饥荒救济委员会（Oxfam）认为，为了消除"资源诅咒"现象，应该把自然资源留在地底下。为此，必须对自然资源开采的速度以及由此产生的社会经济后果加以仔细权衡。

### 2. 产业多样化

产业多样化的意义在于，可以减少对自然资源部门的过度依赖。Auty（2001）认为产业的单一是导致资源丰裕国家经济绩效差的一个重要原因。尽管产业多样化被几乎所有经济学家公认为是解决"资源诅咒"的良方，但要成功地实施却并非易事。为此，一是大量的资金不能被注入一些毫无效率和竞争力的产业中。二是政府不能忽视市场自发力量的培育。三是必须限制政府垄断经营，拓宽和增加私人投资的发展空间与机会。

### 3. 收入冻结

资源出口国家或地区往往会因巨额的出口收入而带来不断增加的财政收入。在此情况下，政府通常会被大好的形势冲昏头脑，匆忙上马一批耗资巨大、周期长的项目。而这往往又会造成国内总需求的膨胀。一旦资源价格意外地回落，政府每每又迅速地陷入严重的财政危机。由此造成的需求紧缩，势必会导致国民经济的大起大落，从而极不利于经济的正常增长。这就需要政府阻止将来自资源出口的收入转化为增加的总需求。

### 4. 政治改革

一方面，应该重视资源丰裕国家或地区的政治制度改革，通过引入民主制度，对寡头和上层精英的统治进行制衡，以此阻碍资源财富继续集中于少部分人手中，从而促进政府决策的公开化、公众参与的大众化以及产业的多样化和收入的均等化；另一方面，应当加大反腐败力度，遏制寻租行为，以此来防止政府部门和官员滥用资源收入损害民众利益。

延安市是著名的资源富集区，延安区域经济是典型的资源型经济。如何摆脱对单一资源型经济的过度依赖，摆脱"资源诅咒"带来的消极影响，实现产业多样化和区域经济转型升级，是一个亟待研究的重要问题。从这个意义上说，"资源诅咒"假说对于深入研究延安区域经济转型问题具有一定的参考价值。

### 四 区域发展理论

旨在使一个区域的经济发展达到整体最优效果的区域发展理论，是20世纪50年代在宏观区位理论的基础上逐渐发展起来的。该理论的内容非常丰富，主要包括增长极理论、"核心—外围"理论、乡村学派区域发展理论、工业集聚理论、产业集群理论、产业区理论和新经济地理学等内容。本书着重介绍与延安区域发展关系最为密切的相关理论。

（一）影响区域发展的因素

1. 外生因素

外生因素主要有两个。一是产生于区域之外并被偶然或有意转移到区域内部的外生因素，例如，外来创新在区域内部的扩散。二是产生并在区域内部发展的外生因素，例如，区域内部偶然形成知名公司或跨国公司。上述要素虽然与地区特征和生产能力毫无关联，但一旦出现，势必会产生新的经济活动，从而促进区域的发展。

2. 内生因素

内生因素主要包括区域内部的企业家能力、地区要素禀赋（资本和劳动力）、地区经济和社会活动者针对地方发展的决策能力等。

（二）增长极理论

1955年，法国经济学家佩鲁（Francois Perroux）提出了增长极理论。佩鲁认为，增长极是围绕推进性的主导工业部门而组织的有活力的高度联合的一组产业，它不仅能迅速增长，而且能通过乘数效应推动其他部门的增长。增长并非出现在所有地方，而是以不同强度首先出现在一些增长点或增长极上，这些增长点或增长极通过不同的渠道向外扩散，从而促进整个区域的经济发展。法国的另一位经济学家布代维尔（J. B. Boudeville）把增长极概念推广到地理空间，认为增长极在拥有推进型产业的复合体城镇中出现。据此，增长极概念便有两种含义：一是在经济意义上特指推进型主导产业部门；二是地理意义上特指区位条件优越的地区。上述两种含义的增长极都能在影响范围内引导区域经济活动的进一步发展。

1958 年，德国经济学家赫尔希曼（Albert Otto Hirschman）提出了"极化—涓滴效应"学说。认为在经济发展前期，经济发达地区（增长极）的增长，势必导致劳动力需求的上升。由于发达地区的工资高于落后地区，因此在就业机会和高收入的诱导下，落后地区的劳动力特别是技术性劳动力势必向发达地区转移，从而削弱落后地区的发展。这就难免出现发达地区（增长极）越来越发达、欠发达地区越来越落后的极化现象。赫尔希曼称之为极化效应。但随着时间的推移，发达地区（增长极）的发展将对欠发达地区产生众多积极的影响：发达地区（增长极）可以为欠发达地区提供科学技术、管理方式、思想观念、基础设施、医疗、教育、娱乐和文化产业等众多高级服务，由此必将对欠发达地区的发展产生多方面的推动作用。赫尔希曼称之为涓滴效应。如果说极化效应扩大了地区差距，那么涓滴效应则缩小了地区差距。

1974 年，瑞典著名经济学家、诺贝尔经济学奖得主缪尔达尔提出了"回波效应"和"扩散效应"原理，进一步说明了经济发达地区（增长极）对落后地区的双重作用和影响，从而丰富和发展了增长极理论。其中，"回波效应"（相当于赫尔希曼的极化效应）是指发达地区（增长极）对周围落后地区的阻碍作用或不利影响，它促进了各种生产要素向增长极的回流和聚集，产生了一种扩大两大地区经济发展差距的趋势；"扩散效应"（相当于赫尔希曼的涓滴效应）是对周围落后地区的推动作用或有利影响，它促成了各种生产要素从增长极向周围不发达地区的扩散，从而产生了一种缩小地区间经济发展差距的趋势。

增长极理论的适用条件是：一是在一个地区内存在具有创新能力的企业群体和企业家群体；二是必须具有规模经济效应；三是要有适宜经济与人才创新发展的外部环境。上述三个条件揭示了形成增长极的三个方面：创新、规模和营商环境。

### （三）产业区理论

19世纪末20世纪初，马歇尔提出了"产业区"概念，认为产业区作为与大企业相对应的产业组织模式，是同一产业中大量小企业的地理集中，这种集中同样能够获得大规模生产的许多好处，并且这种地方产业系统与当地社会具有强烈的不可分割性。

马歇尔指出了集中在一起的企业比单个孤立的企业更有效率的主要原因：企业集中能促进专业化供应商队伍的形成；企业的地理集中分布有利于劳动力市场共享；企业的地理集中有助于知识外溢。

20世纪70年代，人们见证了"第三意大利"的发展奇迹：20世纪70年代经济快速崛起的意大利东北和中部（NBc），以区别于意大利经济较为落后的南部地区（"第二意大利"）和经济较为繁荣但20世纪70年代以后经济面临重重危机的西北地区（"第一意大利"）。

"第三意大利"的发展历程表明，传统产业的集聚无疑是从落后的农业经济走向发达工业经济的关键。对这种发展模式，联合国工业发展组织总结了几条经验：一是企业在地理上的靠近性；二是部门专业化，以中小企业为主；三是在创新基础上企业间的密切合作和激烈竞争；四是社会文化的同一性；五是企业间信任和积极的自治组织；六是支持性的区域和地方政府。

20世纪80年代以来，西方学者提出了新产业区的概念。新产业区是指面向国内、国际市场的中小型企业在一定地理区域内集聚而成的既竞争又合作的中小型企业综合体。其特征有三：一是新企业快速衍生和成长；二是通过促进持续的产业创新活动建立比较优势；三是合作网络。

从产业组成角度，可以把新产业区分为以下类型。一是高新技术产业开发区。包括科技园、技术城和高新技术产品加工区等。二是新工业区。包括工业园区、出口加工区和专业性产业聚集区等。三是现代农业园区。

除了一般的聚集意义外，新产业区特别强调专业化和小企业集群，强调企业之间的合作与竞争、制度建设以及基于相互信赖的社会文化环境。

（四）工业区位理论

现代工业区位理论的奠基人是德国经济学家韦伯（Alfred Weber）。其在《工业区位论》一书中，把影响工业区位的因素分为两类：一类是影响工业分布于各个区域的"区域性因素"；另一类是在工业区域分布中，把工业集中于某地而不是其他地方的"集聚因素"。他认为，集聚因素是一种"优势"，或者表现为一种生产的廉价，或者表现为由生产在很大程度上被带到某一地点所产生的市场化。

韦伯将工业集聚分为两个阶段：第一阶段，仅通过企业自身简单的规模扩张而使工业集中化，这是初级阶段；第二阶段，各个大企业以其完善的组织而在某个地方集中化。这时，大规模生产的经济优势就成为有效的地方性集聚因素，这是集聚的高级阶段。

促成高级阶段到来的基本要素有四个方面：一是技术设备的发展使生产过程专业化，而专业化的生产更要求有工业的集聚；二是劳动力的高度分工要求有完善且灵活的劳动力组织，而劳动力组织有利于集聚的发生；三是集聚可以产生广泛的市场化，而批量购买和销售则降低了生产的成本；四是集中化可以促使基础设施如煤气、自来水管道、街道等实现共享，从而带来降低"一般经常性开支成本"的好处，促进工业生产的集中化。

（五）地域生产综合体理论

地域生产综合体理论最早是由苏联学者罗科索夫斯基（Konstantin Konstantinovich Rokossovsky）等提出来的。我国在 20 世纪 50 年代至 80 年代广泛宣传过这一理论。

根据这一理论，所谓"地域生产综合体"，是指以国家一定地区的劳动力资源和自然资源为基础发展的专业化部门的空间组合。在这些地区里有统一的生产性和社会性基础设施，有共同的建筑和动力基地。

根据功能，可以把地域生产综合体各组成部分分作五类。一是核心类，主导专业化部门，通常为大型联合企业，一般布局在地域生产综合体的核心区位。二是主体类，与核心企业在生产上相衔接的，在利用其产品基础上与其发生密切经济联系的各种企业。三是补充类，包括利用核心企业废料进行生产的各种企业；为平衡和充分利用劳动力而安排的企业。四是服务类，为上述企业提供原料、燃料、零配件和设备的企业，布局在更外的圈层。五是生产性和非生产性基础设施，包括生产性、机构性、社会性设施。

构建地域生产综合体，能比企业单独布点带来更大的聚集经济效果。因为它不是企业之间简单的地域聚集，而是生产上相互补充的、经济上密切相关的企业在地域上有序结合的布局。其组成部门拥有统一的生产性基础设施、居民体系以及社会生活基础设施。它不仅有利于综合利用该地区的自然资源，而且能够保证建立起舒适的生活条件，以吸引和稳定劳动力并使生态环境得到保护。

（六）产业集群理论

产业集群理论是 20 世纪 80 年代由美国哈佛商学院的迈克尔·波特（Michael E. Porter）创立的。

1. 产业集群的含义

所谓产业集群，是指在一个特定区域的一个特别领域，集聚着一组相互关联的企业和相关支撑机构，通过这种区域集聚形成有效的市场竞争，构建出专业化生产要素优化集聚洼地，使企业共享区域公共设施、市场环境和外部经济，从而形成区域积聚效应、规模效应、外部效应和区域竞争力。

2. 产业集群的类型

1998 年，联合国贸发组织秘书处根据网络化中的每个企业的技术水平、市场的扩展和企业之间的合作程度，将产业集群分为五种类型：一是非正式的合作网络；二是有组织的合作；三是创新型集群；四是科技园区；五是出口加工区等。

### 3. 产业集群与区域经济发展

实践表明，一个区域的经济如果能够形成一定的产业集群，那么该区域的经济将会借集群的创新与学习过程，得到更加快速的发展，并持续地存在下去。因此，一个有作为的地区，应当通过制定有效的产业集群政策，以集群模式推动产业发展。

当前，延安正面临着区域经济的全面转型问题，但转型本身并不是目的，而是为了更好地实现发展。作为一个地级市，延安如何才能在全面转型中实现更好的发展？包括如何打造区域经济增长极，如何构建产业集聚区，如何培育产业集群等，都是迫切需要加以认真研究的重要课题。从这个意义上说，上述区域发展理论无疑有着重要的借鉴作用。

## 第二章

# 延安时期经济建设与新时代
# 延安区域经济转型

## 一 延安时期经济建设的背景

### （一）延安时期概述

延安时期特指——1935 年 10 月 19 日党中央率领工农红军到达陕北吴起镇，至 1948 年 3 月 23 日中共中央离开陕北——这一特定的历史时期，共 12 年 5 个月零 4 天。

延安时期跨越土地革命战争末期、整个抗日战争时期和解放战争前期，占中国新民主主义革命 28 年的将近一半时间。在这一历史时期，中国共产党由小变大，革命力量由弱到强，革命事业由挫折走向胜利。延安时期在中国共产党和中国革命历史上无不有着极其重要的地位。

通常，延安时期被划分为三个重要阶段。

第一阶段：落脚陕北，走进延安。从 1935 年 10 月 19 日开始，到 1937 年 1 月 13 日止。

第二阶段：延安岁月，光照千秋。从 1937 年 1 月 13 日开始，到 1947 年 3 月 18 日止。

第三阶段：转战陕北，迎接胜利。从 1947 年 3 月 18 日开始，到 1948 年 3 月 23 日止。

（二）延安时期经济建设的背景

1. 延安时期革命事业的发展壮大对经济发展产生了巨大需求

1937 年陕甘宁边区成立时，党政军脱产人员仅 1.4 万人，1938 年亦仅 1.6 万人。1939 年后，主要是 1940 年和 1941 年，国民党发动两次反共摩擦，用重兵包围陕甘宁边区，并伺机大举进攻。在这样的情况下，党中央被迫从前线陆续调回军队，保卫陕甘宁边区。由此导致脱产人员（主要是军队）从 1939 年起直线上升。1941 年，陕甘宁边区脱产人员达到 7.3 万人。脱产人员猛增，导致陕甘宁边区财政支出随之大幅增加。

此外，延安时期，陕甘宁边区的移民规模是十分惊人的。从全区看，抗战期间先后约有 289180 人移入边区（见表 2 - 1），占当时边区总人口（约 143 万人）的 20.0%。从分区看，1940 年接收移民最多的是延属分区，占 90%。

表 2 - 1　　　　　陕甘宁边区 1937—1945 年移民数量统计

| 年份 | 移民人口（人） | 占移民总人数的比例（%） |
| --- | --- | --- |
| 1937—1940 | 170172 | 58.8 |
| 1941 | 20740 | 7.1 |
| 1942 | 12431 | 4.4 |
| 1943 | 30447 | 10.5 |
| 1944 | 26629 | 9.3 |
| 1945 | 28761 | 9.9 |
| 合计 | 289180 | 100 |

资料来源：严艳、吴宏岐：《陕甘宁边区移民的来源与安置》，《中国历史地理论丛》2005 年第 4 期。

2. 陕甘宁边区的资源禀赋与经济状况

陕甘宁边区位于我国西北黄土高原，由陕北、陇东和宁夏东南三个区域组成，面积 1937 年约为 12.96 万平方公里，1944 年约为 9.90 万平方公里；1937 年，人口 200 万人，1941 年，人口为 149.5 万人。

农业是陕甘宁边区最主要的经济部门，但一方面由于自然条件恶劣，阻碍着农业的发展；另一方面由于最重要的农业生产资料——土地的 60%—80% 掌握在占人口极少数的封建地主手里，农民不得不以高额地租为代价向地主租种土地，从而难以形成基本的积蓄以维持农业的再生产。所以，边区的农业处于极端落后的发展状态。由于长期的战乱，边区原有的手工业遭到严重破坏，工业基础极为薄弱，几乎没有近代工业。边区的商业、交通、教育等服务业也处于异常落后的状态。

3. 外部援助的不确定性和对边区人民过度索取引发的负效应

外援主要包括海外华侨的捐款、国内民主人士和抗日团体的捐助，以及国民党给八路军的军饷等。外援在边区的财政收入中占有很大的比例。据统计，外援在财政收入中所占的比重，1938 年为 51.6%，1939 年为 85.79%，1940 年为 74.7%。但是从 1940 年 10 月起，国民党停发了八路军的军饷，同时对边区实行断邮。国民党对边区的这种封锁政策，造成在当时环境下外援的大部断绝，边区财政陷入极度困难的境地。

党中央规定，党政军脱产人员不能超过人口总数的 3%，但当时实际已经达到了 5.4%，这势必会增加人民的负担。以人民的公粮负担为例，从 1939 年的 5 万石剧增至 1941 年的 20 万石。1941 年 6 月 3 日，陕甘宁边区召开县长联席会议讨论征粮问题。突然天下大雨，延川县一位姓李的代县长遭雷击身亡。同时，一位农民的驴也被雷电击死。这个农民逢人便说：老天爷不睁眼，咋不把毛泽东劈死呢。这位农民的话引起了毛泽东的深思。毛泽东后来说："那年边区政府开会时打雷，呱嗒一声把李县长打死了，有人就说，哎呀，雷公为什么没有把毛泽东打死呢？我调查了一番，其原因只有一个，就是公粮太多，有些老百姓不高兴。那时确实征公粮太多。要不要反省一下研究研究政策呢？要！"

## 二　延安时期经济建设的方针与政策

陕甘宁边区经济建设的总方针是与时俱进的。抗战初期，陕甘宁边区实行的是"争取外援、休养民力"的方针；抗战后期和解放战争时期，陕甘宁边区实行的是"发展经济、保障供给"的方针。

（一）"争取外援、休养民力"的方针

抗战初期，根据中共中央的指示，陕甘宁边区提出和实行了"争取外援，休养民力，恢复经济，积蓄力量，支持长期抗战"的财经工作总方针。之所以提出和实行这一总方针，主要是由抗日战争初期国内政治环境和陕甘宁边区的实际情况决定的。

从抗日战争初期国内的政治环境看，一方面，"西安事变"的爆发与和平解决，迫使国民党接受了中共"停止内战，一致对外"的政治主张，承认中共和陕甘宁边区的合法地位，给共产党领导的抗日武装力量拨付军饷。另一方面，陕甘宁边区民主政权的建立以及共产党领导的八路军、新四军在敌后英勇抗战，引起了国内外爱国进步人士的同情和支持，不断给边区提供财力物力上的援助。正是这一难得的、对共产党极为有利的政治环境，促使共产党制定了"力争外援"的经济政策。

"力争外援"的经济政策在当时是十分有效的。从表2－2可以看出，1937—1940年，外援分别占到当年边区财政收入的77.20%、51.69%、85.79%和70.50%。

表2－2　　　　　1937—1940年外援占边区财政收入比例　　　单位：%

| 项目 | 1937年 | 1938年 | 1939年 | 1940年 | 合计 |
|---|---|---|---|---|---|
| 外援 | 77.2 | 51.69 | 85.79 | 70.50 | 82.42 |
| 其他 | 22.8 | 48.31 | 14.21 | 29.50 | 17.58 |
| 全部岁入 | 100 | 100 | 100 | 100 | 100 |

资料来源：陕甘宁革命根据地工商税收史编写组、陕西省档案馆：《陕甘宁革命根据地工商税收史料选编》第7册，陕西人民出版社1987年版，第59页。

从陕甘宁边区的实际情况看，一方面，边区自然条件恶劣，经济异常落后，不借助外援，恢复经济，无力支持共产党长期抗战；另一方面，历经10年的战乱使边区的经济遭受巨大创伤，人民生活贫困不堪，亟待医治创伤，休养生息。这就要求边区政府利用外援暂时比较充足的有利时机，在边区内部实行休养民力的政策，以减轻边区人民的负担，积蓄力量，支持共产党长期抗战。

（二）"发展经济、保障供给"的方针

抗战后期和解放战争时期，根据中共中央的指示，陕甘宁边区废止了"争取外援、休养民力"的方针，代之以"发展经济、保障供给"的方针。

边区之所以用"发展经济、保障供给"的方针取代"争取外援、休养民力"的方针，主要是由于种种因素导致陕甘宁边区的财政经济出现了严重困难的局面。一是国共关系的恶化。1939年1月，国民党五届五中全会制定了"溶共、防共、限共、反共"的方针，会后又陆续颁布了"限制异党活动"的各种文件，对陕甘宁边区实施军事上包围、政治上打击、经济上封锁的政策。特别是1941年"皖南事变"发生后，国民党政府完全中断了给八路军、新四军的军饷。二是日本帝国主义无时无刻不在准备突破黄河防线进攻边区。三是1940年至1942年发生的三年严重自然灾害使边区青黄不接、民不聊生。四是为了寻求救国真理，大批革命青年乃至海外侨胞纷纷来到边区，加之为了保卫边区的安全，中央陆续从前线调回一批部队，由此导致边区非生产人员大量增加。凡此种种，造成了1939年以后边区财政经济的严重困难局面。

面对严重的财政经济困难，1939年1月，毛泽东在边区第一届参议会上发出了"发展生产，自力更生"的号召。2月2日，中共中央在延安召开了生产动员大会，发动了以发展农业生产为中心的大生产运动。1942年12月，毛泽东在边区高干会议上作了"经济问题与财经问题"的报告，他说："未有经济无基础而可以解决财政困难的，未有经济不发展而可以使财政充裕的。陕甘宁边区的财政问题，就是几万军队和工作人员的生活费和事业费的供给问题，也就是抗日经费的供给问题。"① 这些供给问题，是要靠人民的赋税及几万军队和工作人员自己的生产来解决的。因此，"发展经济，保障供给"应该成为"我们的经济工作和财政工作的总方针"。

（三）延安时期经济建设的具体政策

1. 农业政策

（1）减租减息与耕者有其田。1935 年 12 月瓦窑堡会议以后，中共中央停止了"打土豪，分田地"的土地政策。1937 年 8 月洛川政治局扩大会议上，中共中央确立了减租减息的土地政策。解放战争时期，根据新的形势，1947 年 7 月，中共中央制定了"废除封建及半封建性剥削的土地制度，实行耕者有其田的土地制度"。12 月，西北局、边区政府掀起了陕甘宁边区土地改革运动的高潮。

（2）农业第一。1940 年 11 月，边区中央局发出了《对财政经济政策的指示》，提出"边区的经济建设目前要以发展农业生产为第一位"。1942 年 12 月，毛泽东在边区高干会议上作的"经济问题与财经问题"的长篇报告进一步指出：由于边区经济基础十分脆弱，解决边区的财政困难，要以农业为第一位。

（3）组织起来。为了克服分散的个体生产和旧的农业劳动组织的不合理因素，遵照毛泽东的有关指示，陕甘宁边区党和政府在 1939 年颁布了《陕甘宁边区劳动互助社暂行组织规程》和《陕甘宁边区义务耕田队条例》。其中，前者旨在引导农民走农业集体生产的道路，后者旨在义务帮助抗属进行农业生产。

2. 工业政策

（1）工业品自给。1944 年 5 月，西北局在《关于争取工业品全部自给的决定》中要求，二至三年之内必须完成工业品全部自给的任务。

（2）以轻工业为主。边区中央局在 1940 年 11 月发出的《对财政经

---

① 《毛泽东选集》四卷合订本，人民出版社 1968 年版，第 846 页。

济政策的指示》中指出，发展边区工业要特别着重于不需要巨大固定资本的轻工业与手工业。1942 年 12 月，毛泽东在边区高干会议上作"经济问题与财政问题"的报告，批判了有些同志不顾此时此地的具体条件，要求建设重工业的错误观点，认为这种观点是不切实际的，不能采用的。

（3）奖励发展私营工业。在《关于争取工业品全部自给的决定》中，西北局提出要奖励边区地主商人创立工业，并欢迎边区以外的工商业家来边区发展工业。

（4）以发展手工业为主。1938 年，陕甘宁边区建设厅厅长刘景范在《一九三八年边区经济建设工作的报告》中首次提出，边区建设工业应该以现有的手工业为主，在此基础上发展机器工业和矿业。在《陕甘宁边区 1946 年至 1948 年建设计划方案》中，边区第三届参议会进一步强调要实行"以民间手工业及家庭副业为主，以公营工业为辅，使工业生产全面提高"的工业政策。

（5）加强工厂管理。在 1942 年西北局高干会上，毛泽东针对工厂管理存在的问题，提出了一系列加强工厂管理的政策：建立全部自给工业的统一领导，克服无政府状态；建立经济核算制；克服工厂机关化与纪律松懈状态，使一切工厂实行企业化；实行计件工资制等。

3. 商业政策

（1）保护和鼓励私营商业。1935 年中华苏维埃政府西北办事处在颁布的《关于发展苏区工商业的布告》中首次提出了保护和鼓励私营商业的政策。

（2）对外调剂、对内自由。1941 年 5 月，边区政府在《关于贸易工作的决定》中将边区的商业政策集中概括为"对外调剂，对内自由"。

（3）加强出入口货物管理。1941 年 4 月，边区政府颁布了《陕甘宁边区禁止粮食出境条例》，规定"凡边区所有粮食不问属于原料或制成品，一概严禁私运出境"，"凡运粮食入境者，一律不受任何限制"。

1942 年 7 月，边区决定对食盐实行专卖。1943 年 5 月，边区政府颁布了《陕甘宁边区战时管理进出口货物及过境物品暂行办法》，规定"凡进口货物分为允许、特许、禁止三种"。1943 年 9 月，边区政府颁布了《统一购买土棉实施办法》。1944 年 7 月，边区政府颁布了《陕甘宁边区货物出入口登记办法》。此外，在财政经济最困难的时期，边区政府还对烟酒先后实行了禁卖和专卖政策。

4. 屯田政策

1940 年 2 月，中共中央和军委发出了《关于开展生产运动的指示》，要求军队"一面战斗，一面生产，一面学习"，以达"改善生活，克服困难，节省公费之目的"。八路军总司令朱德从华北前线回来后，提出在边区遭受经济封锁的情况下，应实行军垦屯田政策。毛泽东也要求军队实行生产自给。

5. 财税政策

（1）征收农产品。1937 年 8 月，陕甘宁边区党委做出了《关于征收救国公粮的决定》。10 月，边区政府颁布了《征收救国公粮条例》，规定"凡边区人民，均须按本条例，缴纳救国公粮"。

（2）征税。1946 年，在试点的基础上，边区政府颁布了《陕甘宁边区农业累进税条例》。鉴于农业累进税仍然存在税负不公平、负担过重和负担不固定等弊端，1948 年 10 月，边区政府停止执行累进税办法，试行有免征额的比例税制。

（3）紧缩开支，厉行节约。为了渡过财政经济的严重困难，1941年和 1942 年，边区在财政支出方面坚决贯彻"紧缩开支，厉行节约"的政策，对机关、部队、学校人员的生活费与抗战事业费的供给实行了最低标准。

6. 金融政策

（1）建立国家银行。在中央红军抵达陕北以前，西北各苏区就建立了金融机构，中央红军到达陕北后，1935 年 11 月，中华苏维埃共和国国家银行在瓦窑堡改名为中华苏维埃共和国国家银行西北分行，同时撤销了陕北晋省苏维埃银行。1937 年 10 月 1 日，中华苏维埃共和国国家银行西北分行改名为陕甘宁边区银行。

（2）统一货币发行。陕甘宁边区银行成立前，西北苏区各金融机构曾经发行过各种形式的苏区货币，即苏币。陕甘宁边区银行成立后，根据抗日民族统一战线的需要，边区以国民党的"法币"作为本位货币，但鉴于国民党给八路军、新四军的军饷均为整币，为了找零需要，边区银行以其下的光华商店名义发行"代价券"作为辅币。皖南事变后，边区政府于 1941 年 1 月发布了《关于停止法币行使的布告》，终止了法币在边区的本位货币地位。2 月，边区政府发布了《关于发行边币的布告》，决定从即日起发行陕甘宁边区银行币，即"边币"，作为边区的本位货币，并停止了光华代价券的发行。鉴于边币发行过多，引起边币信誉下降，1944 年 5 月，西北财经办事处第五次会议做出了《关于发行商业流通券的决议》，决定以陕甘宁边区贸易公司名义发行商业流通券以代替边币。1948 年 1 月，陕甘宁、晋绥两边区财政经济体制实行统一，并停止发行陕甘宁边区贸易公司商业流通券，以西北农民银行发行的西北农民币作为两区通用的本位币。1948 年 12 月，中国人民银行成立并发行新币，即人民币，西北农民币由此终止发行。

（3）实行宽松的货币政策。为了克服边区的财政经济困难，边区银行实行了宽松的货币政策。

（4）平抑物价。针对宽松的货币政策导致的严重通货膨胀和边币信誉下降，边区政府出台了一系列平抑物价的政策措施。例如，1943 年 12 月，西北财经办事处做出速卖特产、票子不发、三个月不发经费、公营商店统一管理等六项决定，以稳定物价，挽救边币。

### 三 延安时期经济建设的成就

延安时期，陕甘宁边区的国民经济是由公营经济、合作经济、个体经济、私人资本主义经济和受到限制的封建地主经济等 5 种经济成分共同构成的。在党的经济建设政策的指导下，陕甘宁边区的 5 种经济成分均得到了长足发展。

（一）陕甘宁边区公营经济的发展

公营经济是陕甘宁边区国民经济的领导力量之一，主要由公营农业、公营工业和公营商业等组成。

1. 公营农业的发展

陕甘宁边区的公营农业首先是由边区留守部队从 1938 年开始的。1939 年 12 月，边区中央机关、军事机关、边区政府系统和县乡政府机关共取得了开荒 162841 亩、收获细粮 17619 石、蔬菜 2290861 斤的好成绩。[①] 1943 年，中直军直系统耕地 13144.7 亩，粮食收获 1823.09 石，蔬菜收获 8092755 斤，养猪 5238 头，牛 861 头，羊 3570 只；边区系统耕地 7202.8 亩，粮食收获 1455.93 石，蔬菜收获 2434896 斤，养猪 993 头，牛 50 头，羊 1738 只。[②] 1946 年，部队、机关、学校的自给生产取得了新的成绩，蔬菜大部分能够自给，伙食费和办公费的自给率也达到 47% 左右。[③] 在机关、学校开展大规模的农业生产运动的同时，边区部队也掀起了以农业为主的部队大生产运动高潮。1943 年，全兵团共种粮食 185585 亩，收获细粮 19192 石，种菜 17409 亩，收蔬菜 22810064 斤，养猪 14529 头，羊 14348 只，牛 1419 头。1944 年，部队在边区的 16 个地区进行垦殖，耕种了 83.8 万余亩荒地，生产细粮 10 万石以上，除去自用部分，交公粮 4.3 万石，其中三五九旅部队生产细粮 2 万石，交公粮 1 万石。[④]

2. 公营工业的发展

陕甘宁边区的公营工业是从 1938 年开始建设的。经过 3 年的建设，

---

① 陕甘宁边区财政经济史编写组、陕西省档案馆：《陕甘宁边区财政经济史料摘编·生产自给》第 8 编，陕西人民出版社 1981 年版，第 107—108 页。

② 雷云峰：《陕甘宁边区史·抗日战争时期·下篇》，西安地图出版社 1994 年版，第 211 页。

③ 雷云峰：《陕甘宁边区史·解放战争时期》，西安地图出版社 1994 年版，第 40 页。

④ 雷云峰：《陕甘宁边区史·抗日战争时期·下篇》，西安地图出版社 1994 年版，第 212 页。

到 1940 年年底，边区的工业已初具规模，形成了纺织、印刷、肥皂、石油、煤炭、造纸、机械、制革等多个行业。1942 年，边区对政府、军队和机关学校所办的公营工厂进行了调整合并。截至 12 月，边区共有各类公营工厂 74 个，资金 5967 万元，职工 3036 人。[①] 到 1944 年，边区的公营工厂达到 101 家，职工 6354 人。截至 1945 年日本投降以前，边区公营工业职工总数已达 1 万多人。[②] 日本投降以后，受种种因素的影响，边区的公营工业一度有所下降，1947 年胡宗南进犯延安以后，边区公营工业多遭破坏，1948 年，延安光复以后，边区的公营工业逐渐得到恢复。其中军工生产发展较快，总产量已达到 1947 年水平的 250%，民用基本工业初步恢复，一些主要产品的产量逐渐接近 1946 年的生产水平。

3. 公营商业的发展

1938 年 3 月，光华商店的成立拉开了陕甘宁边区公营商业发展的序幕。光华商店是边区银行直属的商业机构，也是陕甘宁边区第一个公营商店和新民主主义国营商业的雏形。1939 年大生产运动兴起后，边区的部队、机关、学校纷纷开始从事商业活动。1940 年，仅延安、绥德、定边一带，机关学校设立的大小商店就有 60 余家。1942 年，边区政府成立了盐业公司和土产公司两家大型骨干商业企业。1941 年至1942 年，为了应对严重的财政经济困难，边区的部队、机关、学校兴起了经营商业热潮。1941 年 10 月，仅延安市就有公营商店 60 余家，绥德、碛口一带约有百家。1943 年 10 月，延安市几个大过载栈合股成立南昌公司。南昌公司由边区政府物资局直接领导，公司所属各部门的经营计划、经营方式、物价均由物资局统一规定，盈利统一分配，面貌焕

---

① 毛泽东：《经济问题与财政问题》1942 年 12 月，《毛泽东选集》，东北书店 1948 年版，第 819 页。

② 雷云峰：《陕甘宁边区史·抗日战争时期·中篇》，西安地图出版社 1994 年版，第 217 页。

然一新。[①]

（二）陕甘宁边区合作经济的发展

1. 农业合作社的发展

1939 年，全区参加劳动互助组织的劳动力达 249163 人。[②] 1943 年，全区春耕有 10%—15%、夏耘有 40% 左右、秋收有 30% 左右的劳动力参加了劳动互助，占到当年劳动力的 25% 左右。[③] 另据不完全统计，1945 年，全边区参加变工组织的劳动力，一个地区多至占全劳动力的 45%，少至占全劳动力的 28%，在锄草的时候，有些县份竟占到全劳动力的 80%。[④] 农业互助合作极大地促进了边区农业的发展和提高了边区的农业劳动生产率。据统计，全区粮食总产量 1944 年比 1937 年增加 70 万石，人均粮食产量由 1937 年的 0.86 石提高到 1944 年的 1.25 石，农业劳动生产率提高 46.5%。[⑤]

2. 手工业合作社的发展

1937 年秋，边区原供给部的鞋靴社和被服二厂解散后，边区总工会将流散的工人组织起来，成立了延安工人合作社，有社员 70 余人，股金 250 元。这是抗战时期边区成立的第一个手工业生产合作社。1939 年冬，边区仅有手工业生产合作社 10 个，社员 199 人，股金 11251 元。1940 年，边区手工业生产合作社增加到 17 个，股金增至 64000 多元。1941 年，边区手工业生产合作社增加到 30 个，股金增至 613117 元。[⑥] 1942 年 10 月，全区共有手工业生产合作社 50 个，股金 249.1 万元。1945 年 7 月，全区各种工业、手工业生产合作社增加到 253 个，社员

---

① 雷云峰：《陕甘宁边区史·抗日战争时期·下篇》，西安地图出版社 1994 年版，第 235 页。

② 黄正林：《陕甘宁边区社会经济史（1937—1945）》，人民出版社 2006 年版，第 112 页。

③ 《边区劳动互助的发展》，《解放日报》1944 年 2 月 10 日。

④ 《介绍陕甘宁边区组织集体劳动的经验》，《解放日报》1945 年 12 月 21 日。

⑤ 黄正林：《抗战时期陕甘宁边区农村经济研究》，《近代史研究》2001 年第 3 期。

⑥ 雷云峰：《陕甘宁边区史·抗日战争时期·上篇》，西安地图出版社 1994 年版，第 179—182 页。

2920 人，股金 45000 万元，月产值 43750 万元。

### 3. 消费合作社的发展

1937 年，边区有消费合作社 142 个，社员 57847 人，股金 55525 元，公积金 3594 元，销售额 26 万余元。① 1940 年与 1937 年比，社员增加 113%，股金增加 369.6%，公积金增加 1074.4%，年销货总值增加 342.8%，净利润增加 2418.3%。② 1942 年底，边区的消费合作社由 1941 年的 155 个增至 207 个，增加 33.5%；股金由 1362384 元增至 9346876 元，增长 4.86 倍。③ 1944 年，边区的消费合作社增至 281 个，占各类合作社总数的 44.3%，成为边区合作社的主要类型。④

### 4. 信用合作社的发展

1938 年，延安南区合作社曾试图举办信用合作社，但由于股金太少，没有单独成立信用合作社，也没有吸收存款，只是办理了信用贷款。1940 年，关中分区赤水县劳动英雄蒲金山创建了边区第一个粮食信用合作社。1943 年 3 月，延安县南区沟门合作社由消费合作社改制为信用合作社，成为边区第一个规模完备的信用合作社。1944 年，西北局研究室介绍了南区沟门信用合作社的经验后，延安成立了 6 个信用合作社，安塞、曲子县也各成立了一个信用合作社。1944 年底，全区的信用合作社增至 86 个，资金达到 5 亿元。⑤

---

① 建设厅：《抗战以来边区合作社发展概况》（1942 年），陕甘宁边区财政经济史编写组、陕西省档案馆：《陕甘宁边区财政经济史料摘编·互助合作》第 7 编，陕西人民出版社 1981 年版，第 131 页。

② 黄正林：《陕甘宁边区社会经济史（1937—1945）》，人民出版社 2006 年版，第 176—180 页。

③ 建设厅：《边区合作事业的发展》（1944 年），陕甘宁边区财政经济史编写组、陕西省档案馆：《陕甘宁边区财政经济史料摘编·互助合作》第 7 编，陕西人民出版社 1981 年版，第 81 页。

④ 边区政府研究室：《边区合作社八年的发展概况》（1944 年 8 月），陕甘宁边区财政经济史编写组、陕西省档案馆：《陕甘宁边区财政经济史料摘编·互助合作》第 7 编，陕西人民出版社 1981 年版，第 88 页。

⑤ 边区建设厅、边区银行：《边区信用合作社的检讨》（1945 年 12 月），陕甘宁边区财政经济史编写组、陕西省档案馆：《陕甘宁边区财政经济史料摘编·互助合作》第 7 编，陕西人民出版社 1981 年版，第 327 页。

（三）陕甘宁边区个体经济的发展

1. 个体农业的发展

土地革命和减租减息运动以后，边区一半农民获得了约60%的土地，实现了耕者有其田。另外40%的土地仍然主要归地主所有，约一半农民被迫继续主要依靠租地谋生，但由于实行了减租减息政策，这部分农民的负担也大大减轻了。这就极大地调动了边区农民从事农业生产的积极性，促进了边区个体农业的发展。据统计，1941年，边区的耕地面积扩大了481262亩，粮食产量达到1455860石，牛9676头，驴11947头。1942年，增开荒地354786亩，粮食产量达到1483683石，牛6770头，驴32965头。

2. 个体手工业的发展

1939年7月，边区有5万妇女从事纺织生产。1939年，延安市共有铁匠16家，木匠、锅匠、钉秤、裁缝、锡匠、银匠47家，流动工人500人。[1] 据对延川14县市的调查显示，1942年共有手工业作坊399家，从业人员656人；1943年，作坊增加到1108家，增加了2.8倍，从业人员2047人，增加了3.1倍；[2] 1944年，三边、陇东、绥德三分区共有各种作坊1425家，从业人员2857人。

（四）陕甘宁边区私人资本主义经济的发展

1. 私营工业的发展

1939年，边区有私营纺织厂6家，私营纸厂39户，延安、安定、延川、延长有私人煤矿20多处，定边、盐池有私人盐池五六处。[3] 1944年，边区的私营工业遍及煤炭、食盐、造纸、纺织、毡房、制鞋等30

---

① 雷云峰：《陕甘宁边区史·抗日战争时期·上篇》，西安地图出版社1994年版，第183—184页。

② 《建设厅一九四三年工业统计表》，1944年4月1日，陕甘宁边区财政经济史编写组、陕西省档案馆：《陕甘宁边区财政经济史料摘编·工业交通》第3编，陕西人民出版社1981年版，第481—482页。

③ 雷云峰：《陕甘宁边区史·抗日战争时期·上篇》，西安地图出版社1994年版，第183页。

多个行业，从业人员达到数千人，其中纺工 310 人，炭工 1891 人，盐工 1932 人。①

2. 私营商业的发展

1936 年至 1940 年，延安市私营商户从 168 户增至 297 户，增加了 129 户，其中 5 万元以上的商户增加了 1150%，1 万—5 万元的商户增加了 660%，5000—10000 元以上的商户增加了 40%。② 1936 年至 1940 年，延安市外省商户从 87 户增至 120 户，各县商户从 49 户增至 99 户。外籍商户在延安市商户总数中所占比例虽然不断下降，但直到 1940 年仍占 40%。1941 年，延安市拥有私营商户 355 家，比 1940 年增加了 58 家，1942 年增至 370 家，1943 年 455 家，1944 年 473 家。

（五）陕甘宁边区封建地主经济的发展

延安时期，陕甘宁边区的一部分地区经历了土地革命，全区约 60% 土地分给了农民，地主经济被消灭了；一部分地区没有经历土地革命，约 40% 的边区土地仍旧大部分掌握在地主手里，地主经济依然存在。尽管如此，由于对地主实行了减租减息，导致来自土地的地主收入减少，加之由于"地主成分在政治上永远是个负担"，③ 致使不少地主占有土地的愿望下降，低价出卖土地的趋势加剧。在此情况下，又有 50%—80% 的土地转移到了农民手里，④ 一些继续经营土地的地主，也大多不再靠收取地租生活，而是转向自耕，成为富农；一些地主则转向

---

① 西北局调查研究室：《边区经济情况简述》（1948 年 2 月 19 日），陕甘宁边区财政经济史编写组、陕西省档案馆：《陕甘宁边区财政经济史料摘编·工业交通》第 3 编，陕西人民出版社 1981 年版，第 647 页。

② 西北财经办事处：《抗战以来陕甘宁边区贸易工作》（1948 年 2 月），陕甘宁边区财政经济史编写组、陕西省档案馆：《陕甘宁边区财政经济史料摘编·商业贸易》第 4 编，陕西人民出版社 1981 年版，第 20 页。

③ 中央档案馆、陕西省档案馆：《中共中央西北局文件汇集》（1944 年），甲 5，内部资料 1994 年版，第 341—342 页。

④ 清庆瑞：《抗战时期的经济》，北京出版社 1995 年版，第 471 页。

了经营商业和工业。①

## 四 延安时期经济建设的贡献及对新时代延安经济转型的启示

### （一）延安时期经济建设的贡献

#### 1. 赢得了民心

延安时期的经济建设，创造了丰富的物质财富，既改善了老百姓的生活，又减少了对老百姓的索取，从而减轻了老百姓的负担，赢得了人民对革命事业的支持。1944 年，美军观察组到延安访问，主要成员谢伟思在同年 7 月 28 日撰写的调查报告中说："延安民众官兵打成一片，路无乞丐，家鲜赤贫，服装朴素，男女平等，妇女不穿高跟鞋，亦无口红，文化运动极为认真，整个地区如一校园，青春活泼，民主模范，自修、自觉、自评，与重庆另一世界。"② 这些所见所闻使他相信，"中共早晚会成为执政党"。这段话就是对延安时期党的经济建设取得重大成就并因此赢得了广大人民的支持，从而为新民主主义革命的胜利奠定了群众基础的有力证明。

#### 2. 为抗日战争和解放战争的胜利奠定了经济基础

延安时期的经济建设，不仅解决了老百姓的民生问题，也解决了党政干部和军队的生计问题以及军事装备问题，从而为党领导的抗日战争和解放战争的胜利奠定了必要的经济基础。

#### 3. 形成了光照千秋的延安精神

延安时期的经济建设，不仅创造了丰富的物质财富，而且锻造了宝贵的革命文化，形成了光照千秋的延安精神。抗战时期，面对严峻的经济困难，毛泽东采取了开源和节流并举的方法。所谓"开源"，就是号召党政军民开展"自己动手，丰衣足食"的大生产运动；所谓"节

---

① 贾拓夫：《关于边区土地政策问题的报告》（1945 年 3 月 15 日），陕甘宁边区财政经济史编写组、陕西省档案馆：《陕甘宁边区财政经济史料摘编·农业》第 2 编，陕西人民出版社 1981 年版，第 344 页。

② 一叶：《延安时期中共对美关系始末》，《湖北档案》2014 年第 9 期。

流"，就是号召党政军民厉行节约，艰苦奋斗。毛泽东通过开展自力更生的大生产运动和艰苦奋斗的节约运动，不仅克服了经济困难，也在全体党政军民中培育形成了自力更生、艰苦奋斗的延安精神。正是在这一精神的鼓舞下，新民主主义革命事业才取得了成功。

4. 为新中国经济建设事业积累了家底、培育了人才、提供了经验

延安时期的经济建设，一是为新中国积累了家底。延安时期建立的许多公营企业，后来都成为新中国国营经济的重要组成部分。二是为新中国培养出了一大批既懂得革命斗争又会经济建设的领导干部和专业人才。早在延安时期，毛泽东就高瞻远瞩地提出了学习经济工作、培养经济干部的重要意义。毛泽东指出："对于经济工作，尤其是工业，我们还不大懂，可是这一门又是决定一切的，是决定军事、政治、文化、思想、道德、宗教这一切东西的。因此，所有的共产党员都应该学习经济工作……如果我们共产党员不关心工业，不关心经济技术。只会做一种抽象的'革命工作'，这种'革命家'是毫无价值的。我们应该反对这种空头'革命家'。"[1] 正是在毛泽东的号召和重视下，延安时期的经济建设才培育出了包括朱德、陈云、李富春、林伯渠、高岗、习仲勋等老一辈既懂革命又懂经济的高级领导干部。从而为新中国的经济建设事业做了重要的人才储备。三是为新中国积累了丰富的经济建设经验。延安时期所建立起来的中国共产党局部执政的经济制度，不仅为新中国成立之后建立新民主主义经济制度，而且为建立计划经济体制都提供了最直接的智慧和借鉴。

（二）延安时期经济建设对新时代延安经济转型的启示

1. 解放思想、与时俱进是做好新时代延安区域经济转型工作的前提

延安时期，党的经济建设之所以能够取得巨大成功，首先得益于党的经济建设政策完全是根据当时革命形势的实际情况制定的，并且是根

---

[1]　《毛泽东选集》第 3 卷，人民出版社 1996 年版，第 153 页。

据变化了的革命形势不断变化着的，而不是从外国模式或书本中照搬过来的，更不是一成不变的。比如土地政策的制定和调整，货币政策的制定和调整等，无不是解放思想、与时俱进的结果。同样，做好新时代延安区域经济转型工作，也应该根据变化了的市情、省情、国情和世情，顺应形势，把握趋势，制定相应的转型战略和策略，而不能照抄照搬书本的理论或兄弟地区的经验，更不能因循守旧，裹足不前。

2. 加强和改进党对经济工作的领导，是做好新时代延安经济转型工作的关键

延安时期，党的经济建设之所以能够取得巨大成功，关键在于有以毛泽东为核心的日益成熟的党的领导集体的正确领导。党为什么能够领导延安时期的经济建设取得成功，一是善于学习，包括学习如何搞好经济工作；二是善于调查研究，而不是热衷于"拍脑瓜"；三是善于民主协商，群策群力，集思广益。比如厉行节约，精兵简政的经济政策，就是党中央倾听党外民主人士意见的结果。同样，做好新时代延安区域经济转型工作，关键在于中共延安市委的正确领导。为此，中共延安市委也应该像延安时期的党中央那样，重视学习，善于学习；勤于调查，认真研究；集体决策，民主协商。

3. 为了人民、依靠人民和发展成果由人民共享是做好新时代延安经济转型工作的根本宗旨

延安时期，党的经济建设之所以能够取得巨大成功，最重要的是，党始终没有忘记为人民谋幸福的初心，制定经济政策的出发点是为了改善民生，开展经济工作靠的是把人民群众组织起来，经济建设取得的成果则是用来保障人民战争和革命群众的供给。正因为如此，延安时期，党的经济建设才得到了最广大的人民群众的理解、响应和支持，从而才取得了巨大成功。同样，做好新时代延安区域经济转型工作，也应该以为了全体延安人民生活得更幸福更美好为根本目标，也应该依靠全体延安人民的共同奋斗，也应该让全体延安人民能够共享延安经济转型的成果。只有如此，新时代延安经济转型工作才能取得成功。

4. 继承和发扬自力更生、艰苦奋斗的创业精神，是做好新时代延安经济转型工作的力量源泉

延安时期，党的经济建设之所以能够取得巨大成功，归根结底，靠的就是党政军民发扬自力更生、艰苦奋斗的创业精神。正如1943年9月毛泽东视察南泥湾时，高兴地说的那样："困难，并不是不可征服的怪物，大家动手征服它，它就低头了。大家自力更生，吃的、穿的、用的都有了。"[①] 2019年是毛泽东给延安人民复电70周年。在复电中，毛泽东希望，"全国一切革命工作人员永远保持过去十余年间在延安和陕甘宁边区工作人员中所具有的艰苦奋斗的作风"。毛泽东之所以如此重视延安时期的艰苦奋斗作风，不仅因为这是共产党人的本色，也因为这是共产党领导经济建设乃至整个革命事业得以成功的法宝。毫无疑问，做好新时代延安区域经济转型工作，固然离不开党和国家的支持，离不开发达地区的援助，但归根结底，还要靠226万延安儿女继续发扬自力更生、艰苦奋斗的创业精神。

---

① 《建国以来重要文献选编》第20册，中央文献出版社1998年版，第473页。

# 第三章

# 延安区域经济转型的背景
# 及优劣势分析

## 一 延安区域经济转型的背景分析

### （一）延安市情概况

延安市位于中国陕西省北部即陕北地区。地处黄河中游，属黄土高原中南地区。北连榆林，南接咸阳、铜川、渭南三市，东隔黄河与山西临汾、吕梁相望，西依子午岭与甘肃省庆阳市为邻。全市总面积3.7万平方公里。

延安处于陕北黄土高原丘陵沟壑区。地势西北高、东南低，地形以塬梁峁为主。平均海拔1000米。境内河流均属黄河水系。陕北民歌"上一道道坡，下一道道梁"和毛泽东的名言"延安的山沟沟里出马列主义"，道出了延安地貌的特征。

延安属高原大陆性季风气候，北部属半干旱地区，南部属半湿润地区。延安四季分明，日照充足，年日照时数达2448.6小时；昼夜温差大，平均日较差为10.9℃—14.9℃，年平均气温9.9℃，年平均最高气温17.2℃，年平均最低气温4.3℃。年降水总量507.7毫米。

延安市辖2个区10个县，代管1个县级市，有16个街道办事处84个镇12个乡3398个行政村。截至2019年，全市常住人口225.57万人，人口自然增长率3.83‰。民族以汉族为主，市属常住少数民族有回、满、蒙古等27个民族4000多人，其中以回族居多。

表 3-1 延安市最新行政区划

| 宝塔区<br>（5街办、9镇、4乡） | 宝塔山街道办事处 南市街道办事处 凤凰山街道办事处 枣园街道办事处 桥沟街道办事处 河庄坪镇 李渠镇 姚店镇 青化砭镇 蟠龙镇 柳林镇 南泥湾镇 临镇 甘谷驿镇 川口乡 冯庄乡 麻洞川乡 万花山乡 |
|---|---|
| 安塞区<br>（1街办、8镇） | 真武洞街道办事处 砖窑湾镇 沿河湾镇 招安镇 化子坪镇 坪桥镇 建华镇 高桥镇 镰刀湾镇 |
| 延长县<br>（1街办、7镇） | 七里村街道办事处 黑家堡镇 郑庄镇 张家滩镇 交口镇 罗子山镇 雷赤镇 安沟镇 |
| 延川县<br>（1街办、7镇） | 大禹街道办事处 永坪镇 延水关镇 文安驿镇 杨家圪坮镇 贾家坪镇 关庄镇 乾坤湾镇 |
| 子长市<br>（1街办、8镇） | 瓦窑堡街道办事处 杨家园则镇 玉家湾镇 安定镇 马家砭镇 南沟岔镇 涧峪岔镇 李家岔镇 余家坪镇 |
| 志丹县<br>（1街办、7镇） | 保安街道办事处 杏河镇 顺宁镇 旦八镇 金鼎镇 永宁镇 双河镇 义正镇 |
| 吴起县<br>（1街办、8镇） | 吴起街道办事处 铁边城镇 白豹镇 周湾镇 长城镇 长关庙镇 吴仓堡镇 庙沟镇 五谷城镇 |
| 甘泉县<br>（1街办、3镇、2乡） | 美水街道办事处 石门镇 下寺湾镇 道镇 桥镇乡 崂山乡 |
| 富县<br>（1街办、6镇、1乡） | 茶坊街道办事处 羊泉镇 张村驿镇 张家湾镇 直罗镇 牛武镇 寺仙镇 北道德乡 |
| 洛川县<br>（1街办、7镇、1乡） | 凤栖街道办事处 旧县镇 交口河镇 老庙镇 土基镇 石头镇 槐柏镇 永乡镇 菩提乡 |
| 宜川县<br>（1街办、4镇、2乡） | 丹州街道办事处 秋林镇 云岩镇 集义镇 壶口镇 英旺乡 交里乡 |
| 黄龙县<br>（5镇、2乡） | 石堡镇 白马滩镇 瓦子街镇 界头庙镇 三岔镇 圪台乡 崾崄乡 |
| 黄陵县<br>（1街办、5镇） | 桥山街道办事处 店头镇 隆坊镇 田庄镇 阿党镇 双龙镇 |

资料来源：延安市各县区官方门户网站。

## （二）新中国成立以来延安区域经济发展的历程分析

1949年10月1日，毛泽东同志在天安门城楼上向全世界庄严宣告：

"中华人民共和国成立了"。新中国的成立，开启了实现国家富强、民族振兴、人民幸福的光辉历程。

新中国成立 70 多年来，延安经济的发展可以划分为两个阶段。

第一阶段：新民主主义社会时期和传统社会主义社会时期延安区域经济的发展（1949—1978）。

新民主主义社会不是一个独立的社会形态，而是由新民主主义转变到社会主义的过渡性的社会形态。从全国看，主要包括国营经济、合作社经济、个体经济、私人资本主义经济和国家资本主义经济等五大经济成分。与全国不同，新民主主义社会时期，延安的经济主要包括国营经济、合作社经济、个体经济和私人资本主义经济等四大经济成分，没有国家资本主义经济。

新民主主义社会时期可以具体划分为国民经济恢复时期和向社会主义社会过渡时期两个阶段。

国民经济恢复时期（1949—1952），延安由于没有官僚资本和外国在华企业，所以，主要是响应国家号召，开展了土地改革、农民互助合作运动、平抑物价、统一财经等工作。

向社会主义社会过渡时期（1953—1956），延安大力贯彻党在过渡时期的总路线，积极推进社会主义工业化，对个体农业、手工业和资本主义工商业进行社会主义改造，并实行了第一个五年计划。

经过社会主义革命，1956 年，延安初步建立起了以公有制为基础的社会主义计划经济体制。后经"大跃进"、人民公社化运动、"三年困难"时期和"调整"时期对生产关系的反复变革，至"文革"时期，延安传统社会主义计划经济体制得以形成。此后两年，延安经济陷入"徘徊"时期。

从新中国成立到1978 年十一届三中全会召开前，延安经济在曲折中前进，取得了一定的发展。从经济总量看，1949 年，延安地区生产总值3431 万元，1978 年为3.44 亿元，30 年增长了9.03 倍，年均增长8.3%。从财政收入看，1952 年延安财政收入428 万元，1978 年财政收入 2509 万元，30 年增长了 4.86 倍。从农业看，1949 年延安粮食产量 17 万吨，1978 年为 39.58 万吨，30 年增长了 1.33 倍。从工业看，新中国成立初期，全市只有陕甘宁边区遗留下来的丰足火柴厂、新华化工厂、新华陶瓷厂等 8 户小型工业企业，70 年代初期，在周恩来总理的亲切关怀下，国务院有关部委及北京市为延安援建了一批"五小企业"（小化肥、小水泥、小钢铁、小煤窑、小农机企业），使延安的工业结构和技术水平有了一定提高。新中国成立初期，延安工业总产值为 81 万元，1978 年为 6.09 亿元，增长了 6.51 倍。从服务业看，截至 1978 年，延安第三产业增加值仅为 0.69 亿元。从基础设施看，以公路为例，延安公里通车里程，新中国成立初期仅为 380 公里，1978 年达近 5000 公里，增长了 12.16 倍。

第二阶段：中国特色社会主义时期的延安经济发展（1978—2017）。

中共十一届三中全会作出把党和国家工作中心转移到经济建设上来、实行改革开放的历史性决策，新中国的发展进入了中国特色社会主义时期。

同全国一样，十一届三中全会以来的改革开放，极大地推动了延安经济体制的变革，使步入中国特色社会主义时期的延安经济，呈现出又快又好的发展局面。

第一，基本经济制度实现了从单一公有制到非公有制为重要组成部分的转变。1978 年，延安公有制经济占地区生产总值的 99.8%，2017 年，非公有制经济占 GDP 的 28.8%。

第二，经济体制实现了从计划经济向市场经济的转变。改革开放前，延安实行的是典型的计划经济，生产资料、劳动力、技术等一概不是商品，不能买卖；消费品虽可以买卖，但价格由政府制定，并且受到票证的限制。改革开放后，延安实行的是社会主义市场经济，绝大部分产品和生产要素变成了商品，由市场决定价格。

第三，对外经济关系实现了从封闭经济向开放经济的转变。改革开放前，延安实行的是封闭经济，进出口及利用外资均为零。改革开放后，延安实行的是开放经济，2017年，延安进出口总额达1.78亿元。

第四，综合经济实力实现了显著提升。2017年，延安地区生产总值1266.4亿元，是1978年的45倍，1978—2017年年均增长速度10.3%。2017年，延安人均地区生产总值56086元，是1978年的236倍。2017年，延安地方财政收入140.4亿元，是1978年的468倍。从粮食产量看，2017年，延安生产粮食76.71万吨，是1978年的1.92倍。2017年，延安生产苹果323.15万吨，是1978年的370倍。2017年，延安生产原油1516万吨，是1980年的180倍。2017年，延安生产煤炭5000万吨，是1978年的42倍。2017年延安发电43亿千瓦时，是1978年的43倍。

第五，经济结构实现了从农业社会到准工业化社会的革命性变化。1978年，延安三次产业结构为52.6∶27.4∶20.0，是典型的农业社会；2017年为9.5∶56.2∶34.3，已经进入准工业化社会。

第六，商品生产实现了从严重短缺到相对过剩的明显转变。改革开放前，延安是典型的短缺经济，排队和"走后门"是普遍现象。改革开放后，延安逐步变成了过剩经济，产能过剩成为制约经济发展的严重问题。

第七，基础设施发生了翻天覆地的变化。2017年，延安通车公路里程超过2万公里，是1978年的4倍。自然村通电率达100%。全市广电网络县、乡镇覆盖率达100%。

第八，人民生活实现了从普遍贫困到普遍温饱再到总体小康的转变。2017年，延安农村居民人均可支配收入11525元，是1978年的217.5倍。2017年，延安城镇居民人均可支配收入33168元，是1978年的96.7倍。详见表3-2。

表3-2 改革开放以来延安人民生活水平变化一览

| 类别 | 1978年 | 2017年 | 2017年是1978年的倍数 |
| --- | --- | --- | --- |
| 农村居民人均可支配收入 | 53元 | 11525元 | 217.5 |

| 类别 | 1978 年 | 2017 年 | 2017 年是 1978 年的倍数 |
|---|---|---|---|
| 城镇居民人均可支配收入 | 343 元 | 33168 元 | 96.7 |
| 居民人均存款 | 18 元 | 39000 元 | 2166.6 |
| 在岗职工年平均工资 | 566 元 | 67918 元 | 114.7 |
| 民用汽车保有量 | 0 | 35 万辆 | 平均两户 1 辆车 |
| 贫困人口 | | 3.7 万人 | 贫困发生率（3%） |

资料来源：《艰苦奋斗四十载 红色圣地谱新篇——改革开放 40 年延安经济社会发展成就》，延安市统计局官方网站，2018 年 9 月 11 日。

（三）延安区域经济发展的现状评估

经过 40 多年的改革开放，延安经济发展取得了巨大成就，在全国 330 多个地级行政区中处于中等水平，尚属于欠发达地区。

1. 除人均地区生产总值外，主要经济指标低于全省、全国平均水平

2019 年，延安人均地区生产总值和人均（地方）财政收入高于陕西平均水平，但城镇居民人均可支配收入和农村居民人均可支配收入均低于陕西平均水平；延安人均地区生产总值高于全国平均水平，但人均（地方）财政收入、城镇居民人均可支配收入和农村居民人均可支配收入均低于全国平均水平（见表 3-3）。

表 3-3　　　　　2019 年延安与全省、全国主要经济指标比较　　　单位：元

| 经济指标 | 全国 | 陕西 | 延安 |
|---|---|---|---|
| 人均地区生产总值 | 70892 | 66649 | 73764 |
| 人均（地方）财政收入 | 13598 | 5902 | 6913 |
| 农村居民人均可支配收入 | 16021 | 12326 | 11876 |
| 城镇居民人均可支配收入 | 42359 | 36098 | 32226 |

资料来源：国家、陕西省和延安市 2019 年统计公报。

2. 主要经济指标或远高于或略低于中、东部革命老区

2019 年，延安人均地区生产总值和人均（地方）财政收入分别是中部革命老区吉安市的 1.73 倍和 1.90 倍，分别是东部革命老区临沂市的 1.71 倍和 2.24 倍。但 2019 年，延安城镇居民人均可支配收入和农村居民人均可支配收入均低于中东部革命老区 3000—5000 元（见表 3 - 4）。

表 3 - 4　　　　**延安与中、东部部分革命老区主要经济指标比**　　　单位：元

| 经济指标 | 吉安市 | 临沂市 | 延安市 |
| --- | --- | --- | --- |
| 人均地区生产总值 | 42568 | 43126 | 73764 |
| 人均（地方）财政收入 | 3631 | 3093 | 6913 |
| 农村居民人均可支配收入 | 15227 | 14979 | 11876 |
| 城镇居民人均可支配收入 | 37543 | 37912 | 32226 |

资料来源：吉安市、临沂市、延安市 2019 年统计公报。

3. 农村面貌呈现"二元"特征

（1）体制二元：计划经济体制和市场经济体制并存。延安农村改革正在向纵深推进，包括农村土地承包经营权流转、农村村级组织合并、农村党组织和村长换届选举等都在悄然进行中。

（2）农业二元：传统农业和现代农业并存。调研发现：延安农村主导产业培育初具规模，初见成效。近两年，延安市实施的苹果产业北扩计划已经在志丹县杏河镇落地、开花、见效。例如，背台、阳台、后台、枣湾、孟洼和米台几个自然村的苹果产业就不仅上了规模，而且种植、养护方式大都遵循现代农业科技的规范和要求。

（3）农民二元：传统农民和现代农民并存。一方面，延安的大批农民仍然有着较强的小农意识和计划经济观念；另一方面，越来越多的延安农民已经掌握了现代农业科技知识，拥有着较强的市场经济观念和创业意识。

（4）发展程度二元：繁荣与衰败并存。如今的延安农村，既有像

志丹县旦八、延川县永坪、黄陵县店头这样的现代化农村小镇，又有不少衰败的空心村和空心区（社区），如志丹县的张渠、侯市等。

（5）生活方式二元：传统生活方式与现代生活方式并存。延安农村生活方式和社会风气正在向好转变。一是"住在城镇、干在农村"已经成为志丹县米台自然村等农民日益流行的生活方式。不仅农闲时绝大部分农民在乡镇所在地甚至县城居住、打工；即便农忙时，大部分农民也能做到每周两三天在城镇生活、四五天在农村干活，从而做到了农村城里"两不误、两兼顾"。二是以往石油开发特别红火的那些年，在志丹县农村存在的"村村有贩毒"的、"家家（族）有'抽大烟'"的现象如今正在悄然消失中，一些多年"抽大烟"的"老烟鬼"已经浪子回头、改邪归正了。

4. 延安的总体发展程度已经进入工业化后期阶段

（1）产业结构。2019 年，全国三次产业构成为 7.1∶39.0∶53.9；陕西为 7.7∶46.5∶45.8；吉安为 10.3∶45.3∶44.4；临沂为 8.9∶37.9∶53.2；延安为 8.9∶60.1∶31.0。根据现代化的相关指标要求，农业占比应该在 15% 以下，第三产业占比应该在 45% 以上。延安的农业占比虽然高于全国、陕西和东部临沂的水平，但低于中部吉安的水平，也远在 15% 以下。然而，延安第三产业占比远低于全国、陕西、中部吉安和东部临沂的水平，且低于现代化标准 14 个百分点。

（2）城镇化水平。2019 年，全国城镇化水平为 60.60%；陕西为 59.43%；中部吉安为 52.52%；东部临沂为 52.75%；延安为 64.07%。根据现代化的相关指标要求，城镇化应该在 50% 以上。而延安的城镇化水平普遍高于全国、陕西、吉安和临沂的水平，且超出现代化相关标准 14.07 个百分点。

基于上述分析，可以判断，延安的总体发展程度虽然尚未达到现代化水平，但已进入工业化后期阶段。

5. 基础设施初步达到现代化水准

2019 年，延安乡镇柏油路通达率达 100%，村庄柏油路（水泥路）

通达率已超 90%。境内市县之间、县际之间二级公路与高速公路四通八达；境外与全国主要大中城市实现了高速公路、火车、动车及航空线路直通直达。自然村通电率达 100%。全市广电网络县、乡镇覆盖率达100%。全市电视节目综合人口覆盖率 99.85%，广播节目综合人口覆盖率 99.79%。

6. 生态环境明显好转

2019 年，延安森林覆盖率达 53.07%，与新中国成立初期相比，提高了 5 倍。2019 年，延安城区空气优良天数 323 天，比 2001 年多 85天。2019 年，延安 PM2.5 平均浓度 33 微克/立方米，位居陕西全省PM2.5 考核第一。

7. 延安市没有进入全国百强市，延安市没有一个县区进入全国百强县

2019 年，陕西有西安、榆林、咸阳 3 个城市进入了全国百强市，延安没有入围；陕西只有 1 个县（含县级市）——神木市进入全国百强县，延安 13 个县区市没有一个入围。

（四）延安区域经济转型的必然性

最近 10 年来，延安经济增速总体呈现出持续下滑、区域竞争前甩后追的不利局面。2018 年以来，延安经济出现了触底反弹的向好态势，但仍然比较脆弱。

表 3 - 5　　2006—2019 年延安市在陕西省 10 地市经济增速中的排名

| 年份 | 经济增速（%） | 排名 |
|---|---|---|
| 2006 | 16.2 | 2 |
| 2007 | 14.6 | 3 |
| 2008 | 15.7 | 4 |
| 2009 | 12.2 | 10 |
| 2010 | 13.6 | 10 |
| 2011 | 11.0 | 10 |

| 年份 | 经济增速（%） | 排名 |
|------|------------|------|
| 2012 | 10.5 | 10 |
| 2013 | 6.5 | 10 |
| 2014 | 6.2 | 10 |
| 2015 | 1.7（名义增速 -13.52） | 10 |
| 2016 | 1.3（名义增速 -9.65） | 10 |
| 2017 | 7.6 | 10 |
| 2018 | 9.1（名义增速 18.77） | 1 |
| 2019 | 6.7 | 5 |

资料来源：延安市 2006—2019 年统计公报。

表 3-6　　2007—2019 年延安在陕西省 10 地市经济总量中的排名

| 年份 | 经济总量（亿元） | 排名 |
|------|---------------|------|
| 2007 | 594.03 | 3 |
| 2008 | 713.27 | 5 |
| 2009 | 720.52 | 5 |
| 2010 | 885.42 | 5 |
| 2011 | 1113.35 | 5 |
| 2012 | 1271.02 | 5 |
| 2013 | 1354.14 | 5 |
| 2014 | 1386.09 | 6 |
| 2015 | 1198.63 | 6 |
| 2016 | 1082.9 | 7 |
| 2017 | 1266.39 | 7 |
| 2018 | 1558.91 | 6 |
| 2019 | 1663.89 | 6 |

资料来源：陕西省 2007—2019 年 10 地市经济总量排名表。

从表 3-5 可以看出，2011 年以来，延安经济增速连续 6 年呈现下滑态势，由2011年的11%跌落至2016年的1.3%。在陕西10地市经济增速排名中，2006年，延安经济增速位居陕西10地市第二名。此后，排名逐年靠后，2007年和2008年分别排在第三和第四名。从2009年开始，延安经济增速跌落至陕西10地市倒数第一名。这种被动局面一直持续了9年。2018年名义增速一举达到18.77%，跃至陕西第一名，经济增长出现了强劲反弹的态势，但2019年，增速跌至6.7%，在陕西10地市的排名由第一名降至第五名。说明经济增长并不稳定，反弹的基础尚比较脆弱。

从表3-6可以看出，2007年，延安经济总量在陕西10地市中排名第三，2008年至2013年连续6年排名下降至第五名，2014年和2015年排名继续下降至第六名，2016年和2017年排名进一步下降至第七名，2018年至2019年回升至第六名。从经济总量的排名看，近两年延安初步遏制住了最近10年来在陕西十地市经济总量排名榜中持续下滑的态势，但经济总量仍然在第6位徘徊，说明延安经济仍然处在艰难爬坡的阶段，发展形势仍然比较严峻，持续向好的态势仍然不够巩固。特别是与经济总量排在延安之后、位居陕西第七、第八名的汉中市和安康市相比，由于上述两市的经济总量与延安相差并不大，加之上述两市的经济结构比较合理，经济增长速度总体保持稳定，所以不排除几年后，上述两市的经济总量超过延安的可能性。果真如此，若干年后，延安经济总量在陕西10地市的排名将倒退至改革开放前的落后状态。这在一定程度上说明，当前延安的经济形势并没有走出"前甩后追"的被动局面。

从一个较长的时期看，导致延安经济增速下滑、复苏乏力的根本原因正是在于经济结构的不合理。具体表现在以下几个方面。

1. 石油工业"一业独大"的资源型经济

据统计，2019年，延安石油工业增加值占工业增加值58%。石油增加值占全市GDP的比重最高时达到67%，2019年也达32%。这说明，延安曾经是迄今仍然是石油工业"一业独大"的资源型经济。这种资源型经济结构，一度给延安发展带来了惊人的辉煌，经济总量甚至由陕西倒数第三跃至正数第三，延安上下普遍沉醉于并且满足于这种"靠山吃山"的发展模式。但"好景不长"，发展经济学家提出的"资源诅咒"假说，在延安成为现实。

然而，比"资源诅咒"更为严峻的是，延安石油工业自身也必将面临难以为继、不可持续的问题。究其原因，既与国际石油市场的长期发展趋势有着一定的联系，更与延安石油工业自身面临的窘境直接相关。

（1）世界石油市场的长期趋势：据研究，未来全球将不可避免地进入廉价石油时代。近20年来，国际石油价格从最高时每桶140美元以上缓慢下降至2014年7月跌破每桶100美元。而2015年至今，国际原油价格更是在每桶27—60美元之间徘徊。究其原因，一是美国由世界上最大的石油进口国转变为最大的石油出口国，势必对所有石油生产国和地区形成巨大威胁。二是可再生能源储能技术的突破（新能源储能电池技术等），将导致化石能源的命运走向终结。三是欧佩克（石油输出国组织）不仅不似以往，"限产保价"，反而热衷于打价格战，推动国际油价暴跌，以便与俄罗斯、美国等石油生产国开展竞争。按理，欧佩克应该发挥垄断优势"限产保价"，但面临"页岩革命"和新能源革命，它限产，便意味着丢失市场。所以，他们想用低油价和对手竞争。

（2）延安石油生产现状及面临的困境。延安石油储量虽然较为丰富，目前仍有13亿吨左右，但一则延安石油本来就号称"世界最难开采的石油"；二则随着开采年度的增加，开采的难度势必进一步增大，从而开采数量的增长必将进一步放缓，开采成本随之必将上升（见表3－7）。据统计，延安石油开采成本2016年前后每桶为65美元左右，2017年以后，随着供给侧结构性改革力度的加大，降至每桶45美元左右，大大高于国内每桶大约29.9美元、国际每桶不足20美元的平均水平（见表3－8）。

表 3 - 7 延安原油开采情况 单位：%

| 年份 | 2011 | 2012 | 2013 | 2014 | 2015 | 2016 | 2017 | 2018 | 2019 |
| --- | --- | --- | --- | --- | --- | --- | --- | --- | --- |
| 原油产量增速 | 1.3 | 3.9 | 0.3 | 1.5 | -2.4 | -9.6 | 0.1 | 0.8 | -0.9 |

资料来源：根据延安市 2011—2019 年统计公报测算。

表 3 - 8 **20 个国家的原油生产成本**

| 国家 | 产油成本（美元/桶） | 国家 | 产油成本（美元/桶） |
| --- | --- | --- | --- |
| 英国 | 52.5 | 哈萨克斯坦 | 27.8 |
| 巴西 | 48.8 | 利比亚 | 23.8 |
| 加拿大 | 41 | 委内瑞拉 | 23.5 |
| 美国 | 36.2 | 俄罗斯 | 17.2 |
| 挪威 | 36.1 | 伊朗 | 12.6 |
| 安哥拉 | 35.4 | 阿联酋 | 12.3 |
| 哥伦比亚 | 35.3 | 伊拉克 | 10.7 |
| 尼日利亚 | 31.6 | 沙特阿拉伯 | 9.9 |
| 中国 | 29.9 | 科威特 | 8.5 |
| 墨西哥 | 29.1 | 阿尔及利亚 | 20.4 |

资料来源：UCube by Rystad Energy；Interactive published Nov. 23，2015。

由此可见，石油工业在延安工业乃至延安整个国民经济中的占比过高是极不合理的，必须通过加快产业多样化等途径，促进延安经济全面转型。

2. 第三产业严重滞后的产业结构

2012 年以来，延安第三产业占地区生产总值的比重持续偏低，2012 年只有 18.8%。此后虽然逐年有所提高，但最高的年份 2016 年也只有 36.1%，2018 年则下降为 31.7%。2019 年进一步下降到 31.0%，低于全国 22.9 个百分点、陕西 14.8 个百分点、吉安 13.4 个百分点、临沂 22.2 个百分点，低于现代化标准 19.0 个百分点（见表 3 - 9）。

表 3 - 9　　　　　　　　2019 年第三产业占 GDP 的比重　　　　　　单位：%

| 全国 | 陕西 | 延安 | 吉安 | 临沂 |
|------|------|------|------|------|
| 53.9 | 45.8 | 31.0 | 44.4 | 53.2 |

资料来源：全国、陕西省、延安市、吉安市、临沂市 2019 年统计公报。

第三产业发展严重滞后，不仅不利于延安区域经济的快速增长，不利于延安农业和工业的发展，不利于延安就业的增加和人民生活的改善，而且不利于延安与全国一道同步实现"两个一百年"的伟大奋斗目标。

3. 城乡差距较大的区域结构

从表 3 - 10 看，近几年来，延安的城乡差距始终高于全国、吉安和临沂的平均水平。2016 年和 2017 年延安的城乡差距虽然比陕西的平均水平低，但 2018 年和 2019 年，延安的城乡差距却高出了陕西的平均水平。且无论全国、陕西，还是吉林、临沂，城乡差距都呈逐年缩小之势，但延安却是例外：2019 年，延安的城乡差距高于 2016 年和 2017 年的水平。城乡收入比过大，对于经济增速持续回升无疑是极端不利的。

表 3 - 10　　2016—2019 年全国、陕西、吉安、临沂、延安城乡收入比对照

| 年份 | 2016 | 2017 | 2018 | 2019 |
|------|------|------|------|------|
| 全国 | 2.72 : 1 | 2.71 : 1 | 2.69 : 1 | 2.64 : 1 |
| 陕西 | 3.03 : 1 | 3.01 : 1 | 2.97 : 1 | 2.93 : 1 |
| 延安 | 2.90 : 1 | 2.88 : 1 | 2.99 : 1 | 2.94 : 1 |
| 吉安 | 2.58 : 1 | 2.55 : 1 | 2.51 : 1 | 2.47 : 1 |
| 临沂 | 2.65 : 1 | 2.64 : 1 | 2.61 : 1 | 2.53 : 1 |

资料来源：根据全国、陕西省、延安市、吉安市、临沂市 2019 年统计公报测算。

4. 非公有制经济发展严重滞后的所有制结构

2019 年，延安非公有制经济占全市地区生产总值的比重为 30.0%，低于全国 30 个百分点，低于陕西 24.6 个百分点（见表 3 - 11）。延安

非公有制经济在地区生产总值中的占比，不仅在陕西各地市中最低，在全国也处于垫底状态。非公有制经济占比过低，显然是阻碍延安经济持续快速增长的重要原因之一。

表3-11　　　　2019年非公有制经济占地区生产总值的比重　　　单位：%

| 全国 | 陕西 | 延安 |
|------|------|------|
| 60.0 | 54.6 | 30.0 |

资料来源：全国非公有制经济占GDP的比重，引自《习近平：在民营企业座谈会上的讲话》，《人民日报》2018年11月2日；陕西的数据来自陕西省2019年统计公报；延安市的数据来自2019年政府统计公报。

上述分析表明，制约延安经济持续快速增长的根本原因在于包括工业结构、产业结构、城乡结构和所有制结构等在内的经济结构不合理。因此，矢志加快延安经济结构转型，是延安奋力追赶超越，不断促进区域经济持续向好发展的必由之路。

## 二　延安区域经济转型的优势分析

### （一）显著的资源优势

#### 1. 土地资源优势

延安市共有土地面积3.7万平方公里，人均土地面积24.60亩，远远高于全国和陕西平均水平，以及中部和东部革命老区吉安和临沂的平均水平。根据表3-12计算，延安人均拥有土地面积是全国的2.39倍，是陕西的3.09倍，是吉安的3.17倍，是临沂的10.17倍。土地是财富之母。数量无比可观的土地资源，无疑是延安发展区域经济的重要优势所在（见表3-12）。

表3-12　2019年延安与全国、全省及部分地市人均土地面积对照　　单位：亩

| 全国 | 陕西 | 延安 | 吉安 | 临沂 |
|------|------|------|------|------|
| 10.29 | 7.96 | 24.60 | 7.75 | 2.42 |

资料来源：根据国务院、陕西省、延安市、吉安市和临沂市官方门户网站公布的数据测算。

## 2. 农业资源优势

延安拥有天然次生林 163 万亩，木材蓄积量 308 万立方米；有以甘草、五加皮、牛蒡子、柴胡为主的中药材近 200 种；有豹、狼、石鸡、杜鹃等兽类、鸟类 100 余种。林地总面积 4338.6 万亩，林草覆盖率 57.9%。延安土层深厚，光照充足，昼夜温差大，是世界上苹果、酥梨、土豆、红枣、杏、小杂粮（荞麦、红小豆、谷子）、烟叶、药材、白山羊等农作物和牲畜的最佳优生区之一，发展生态农业的优势显著。

## 3. 矿产资源优势

延安已探明的矿藏有 16 种，可开采利用的有煤炭、石油、天然气、紫砂陶土等。其中煤炭储量 115 亿吨，石油储量 13.8 亿吨，天然气储量 2000 亿—3000 亿立方米，紫砂陶土 5000 多万吨。煤炭、石油、天然气、紫砂陶土等资源可长期大规模开采，发展能源化工业和陶瓷产业具备坚实基础。延安是中国石油工业的发祥地，大陆第一口油井位于延安市延长县七里村，石油开发已有百年历史。"延长石油"被授予中国驰名商标。

## 4. 区位资源优势

延安地处晋、宁、甘及陕西关中等经济区的交汇处，位于陕北黄土高原的中心，具有成为区域中心城市的区位条件。

## 5. 文化旅游资源优势

延安市内拥有历史遗迹 5808 处，革命旧址 445 处，珍藏文物近 7 万件，是全国爱国主义、革命传统和延安精神三大教育基地，是国务院首批命名的中国历史文化名城，是中国优秀旅游城市。

## （二）巨大的政治优势

### 1. 延安是中国五大革命圣地之首

在中国共产党 28 年的新民主主义革命历程中，出现过五大公认的革命圣地：井冈山、瑞金、遵义、延安和西柏坡。其中，延安从 1935 年至 1948 年一直是中共中央所在地，是中国人民解放斗争的总后方。13 年间，延安发生了抗日战争、整风运动、大生产运动、中共七大和解放战争等一系列影响和改变中国历史命运的重大事件。可见，无论从时间之长，还是影响之大看，全国没有哪个革命圣地，可与延安相比，延安是当之无愧的中国五大革命圣地之首。

2. 延安是延安精神的发祥地

延安精神是中国共产党在延安时期培育形成的革命精神，主要包括坚定正确的政治方向，实事求是、不尚空谈的思想路线，全心全意为人民服务的根本宗旨，自力更生、艰苦奋斗的创业精神等内容。延安精神是中国共产党的性质和宗旨的集中体现，是中国共产党战胜国民党、取得新民主主义革命胜利和建立新中国的法宝。作为中国共产党性质和宗旨的集中体现，延安精神没有过时，也不会过时。中国特色社会主义进入新时代，无论是全面从严治党，还是治国理政；无论是加强企业文化建设、校园文化建设，还是加强家风建设，都应该继续继承和发扬延安精神。正如习近平总书记所说："伟大的延安精神教育和滋养了几代中国共产党人，始终是凝聚人心、战胜困难、开拓前进的强大精神力量。"①

3. 延安是中国共产党两代领袖毛泽东、习近平生活和战斗过的地方

毛泽东是中国共产党第一代中央领导集体的核心，1935 年至 1948 年，在延安生活和战斗了 13 个春秋，领导中国共产党和全国人民打败了国民党，建立了新中国。现任中共中央总书记、中央军委主席、中华人民共和国主席的习近平同志，1969 年 1 月至 1975 年 10 月曾在延安市延川县梁家河村插队，1974 年 1 月加入中国共产党，担任梁家河大队党支部书记。

2004 年，习近平接受延安电视台主持人采访时说："我把自己当作一个延安人，因为这是我人生的一个启程点，也是在我人生最需要各方面帮助的时候，延安人民向我伸出了无私的帮助之手。我现在的很多基

---

① 《"平语"近人——习近平谈革命战争年代的红色精神》，新华网，2016 年 6 月 30 日。

本观念和基本特点，也是在延安形成的，所以我理所当然地把自己看作是延安人。"

2009 年，习近平在和他当年插队的老乡座谈时说："陕北黄土高原是我的根，延安精神是我的魂。"

2015 年 2 月，习近平总书记回延安，并在延安主持召开了陕甘宁革命老区脱贫致富座谈会。在梁家河，习近平发表了深情感言："1969 年 1 月，我迈出人生的第一步，就到了梁家河。在这里一待就是 7 年。当年，我人走了，但我把心留在了这里。"

正是由于有着上述独特的政治地位和优势，新中国成立以来，延安屡屡受到党和国家的关怀和支持，由此给延安发展带来了多次特殊而重大的战略机遇，促进了延安的发展。

第一次机遇：1973 年，周恩来总理回延安。在对延安为期 1 天的视察中，周总理说："延安人民哺育了我们，使我们取得了全国革命的胜利，但是延安的农业还很落后，我们对不起延安人民。"在宴会上，周总理又说，"解放都这么多年了，延安的经济还没有发展起来，人民生活还这么艰难，我作为国务院总理，对此负有直接责任，今天要当众做自我批评"。回到北京以后，周总理及时安排北京市和中央有关部委对口支援延安，帮助延安发展生产。

第二次机遇：1986 年，为了落实周总理生前回延安时"帮助延安发展生产"的遗愿，支持延安老区尽快脱贫致富，根据国务院副总理兼石油部部长康世恩的指示，延长油矿被整体下划给延安地区。

第三次机遇：1999 年，朱镕基总理视察延安。朱总理要求国家有关部门和陕西省把延安作为生态环境建设的重点，加大资金投入，给予政策支持。延安市由此被确立为国家唯一退耕还林（草）试点市。

第四次机遇：2008 年，延安市安塞县被中央确立为胡锦涛总书记科学发展观学习实践活动联系点。

上述特殊机遇，特别是延长油矿采油权的下划和国家退耕还林补贴政策的实施，给延安经济发展注入了强大活力，使 20 世纪 90 年代以后的延安经济维持了十多年的辉煌。

### 三 延安区域经济转型的劣势分析

#### (一) 行政区划不合理

行政区划虽然是历史形成的，但从来没有一成不变的行政区划。从古至今，我国的行政区划都在不断调整之中。行政区划设置合理与否，不仅关系着辖区内资源配置的效率、经济合作的情况，而且关系着辖区内政府治理的成本大小，以及居民负担的财政供养人员的多寡问题。上述种种因素对一个地区的经济增长必然会产生重大的影响。

当前，延安的行政区划尽管经过多次调整已经有了较大改善，但仍然存在着县区和乡镇规模过小等突出问题。从表 3 - 13 可知，与全国、全省及中部和东部革命老区吉安、临沂相比，延安的县区规模和乡镇规模都是最小的。从县区规模看，全国平均一个县区人口 49.11 万人，是延安平均一个县区人口的 2.83 倍；陕西平均一个县区人口 36.23 万人，是延安平均一个县区人口的 2.09 倍；吉安平均一个县区人口 37.68 万人，是延安平均一个县区人口的 2.17 倍；临沂平均一个县区人口 88.89 万人，是延安平均一个县区人口的 5.12 倍。从乡镇规模看，全国平均一个乡镇人口 3.51 万人，是延安平均一个乡镇人口的 1.74 倍；陕西平均一个乡镇人口 2.73 万人，是延安平均一个乡镇人口的 1.36 倍；吉安平均一个乡镇人口 2.21 万人，是延安平均一个乡镇人口的 1.10 倍；临沂平均一个乡镇人口 6.84 万人，是延安平均一个乡镇人口的 3.40 倍。

表 3 - 13　　　延安与全国、全省及部分地市县乡规模比较　　　单位：万人

| 区域 | 县区平均人口 | 乡镇平均人口 |
| --- | --- | --- |
| 全国 | 49.11 | 3.51 |
| 陕西 | 36.23 | 2.73 |
| 延安 | 17.35 | 2.01 |
| 吉安 | 37.68 | 2.21 |

| 区域 | 县区平均人口 | 乡镇平均人口 |
|------|------------|------------|
| 临沂 | 88.89 | 6.84 |

资料来源：根据国务院、陕西省、延安市、吉安市和临沂市官方门户网站公布的数据测算。

"麻雀虽小，五脏俱全。"县乡规模虽小，但机构和干部编制通常不会少。由此势必导致公职人员和普通群众的比例过高，从而不可避免地增加普通群众的财政供养负担。

（二）农村经济发展滞后

1. 村级党政组织的引领作用式微

一方面，延安农村的党员老龄化、家族化现象比较突出；另一方面，各个自然村之间党员分布失衡，有的自然村较多，有的自然村少，有的自然村甚至没有。此外，延安农村村支书和村委会主任换届选举中拉票和贿选现象仍然比较突出，村官腐败时有发生，干群关系不够和谐。

2. 农村体制改革不到位

一方面，延安农村土地产权制度极不适应农村生产力发展的根本要求；另一方面，延安县、乡、村机构设置、人员配置与变化了的农村形势越来越不相适应。

3. 农业人力资源配置失衡

一方面，延安农村农业从业人员老龄化现象突出，"80后""90后"农民凤毛麟角；另一方面，现代农业发展所需高素质农民严重短缺，与农村籍大学生不愿从事农业造成的农村籍大学生失业并存。

4. 农村房地产闲置、废弃和撂荒现象严重

调研发现，伴随着农村城镇化的快速推进，包括老宅和在新农村建设中修建一新的住宅及希望小学、村委会办公室在内的农村房产闲置、废弃现象十分普遍。此外，举目望去，延安农村到处是修得平展展的梯田地，但不少杂草丛生，无人耕种。

5. 农村精准扶贫任重道远

近年来，尽管延安整体经济呈逐年滑坡甚至负增长，但城乡居民个人可支配收入却保持着较大幅度的增长。与此同时，大批贫困户告别绝对贫困，全市实现了整体脱贫。这尽管是令人欣喜的，但从中长期看却是不可持续的。可以预期，随着国际石油价格的持续走低，如果延安不破釜沉舟，矢志转型发展，那么延安经济低速增长的态势还将持续下去。果真如此，延安居民收入特别是农村居民收入增速持续下滑甚至出现负增长也不是没有可能的。可见，如何防止已经脱贫的农村人口重新返贫，仍然是摆在延安各级党政部门面前的一项重要课题。

（三）教育和科技发展水平低

1. 幼儿教育欠账较为严重

由于学前教育发展滞后，导致迄今为止延安各县区幼儿园的数量仍然不足，质量依旧不高。由此导致学龄前儿童入托难仍然是困扰延安广大群众的一大难题。

2. 中小学教育资源供给不足

近年来，由于对基础教育的投入不足，致使延安各县区中小学学位增长较为缓慢，加之随着农村城镇化进程的不断加快，进城农民子弟不断增多，城镇中小学生无学可上和上学难的问题愈益凸显出来。这一问题虽然受到延安党政领导和相关部门的高度重视，但由于历史欠账较多，解决起来绝非一日之功。

3. 教育质量有待提高

20 世纪 90 年代以来，延安出现了各县区中小学生源持续向西安等周边地区流失的现象。这一现象给不少学生家长在经济和精力等方面带来了不小的负担，并引起了延安民间资本包括群众的购房资金和消费的外流。这在一定程度上对延安的经济也造成了负面影响。延安老百姓为什么要让孩子"舍近求远"到异地去求学呢？基础教育质量不能令人满意无疑是最根本的原因。

4. 科技研发投入不足及地方大专院校教学科研与地方联系松散

近年来，延安各级地方政府对科技研发的财政投入虽然有了长足增长，但与榆林市等周边地区特别是南方发达地区相比，仍然显得捉襟见肘，力不从心。此外，延安大学和延安职业技术学院等地方大专院校的专业设置、科研面向与延安主导产业的培育脱节现象比较严重，致使延安发展主导产业面临着人才和科技的双重制约。

（四）对外开放度低

对外开放有利于充分利用国际国内两种资源、两个市场，从而借助外力发展自己。这点无论从改革开放 40 多年我国的成功实践看，还是从改革开放 40 多年中东部发达地区的成功实践看，都已得到了雄辩的证明。然而，由于种种原因，改革开放 40 多年来，延安的对外开放尚处于起步阶段，因而对区域经济发展的贡献小之又小。这无疑是延安区域经济转型面临的一个重要短板。

依据表 3-14，2019 年，延安进出口总额 24.2 亿元，人均进出口总额 1072 元，进出口总额占 GDP 比重为 1.45%。人均进出口总额和进出口总额占 GDP 比重分别只及全国平均水平的 4.76% 和 4.55%、陕西平均水平的 11.82% 和 10.64%、吉安的 10.70% 和 6.16%、临沂的 13.67% 和 7.97%。这表明，延安的对外开放程度不仅远远低于全国和陕西省平均水平，而且远远低于中部和东部可比较地区。

表 3-14         2019 年延安与全国、陕西省及部分地市
对外开放情况比较

| 经济指标 | 全国 | 陕西 | 延安市 | 吉安市 | 临沂市 |
| --- | --- | --- | --- | --- | --- |
| 进出口总额（亿元） | 315505.0 | 3515.8 | 24.2 | 490.8 | 836.7 |
| 人均进出口总额（元） | 22536 | 9070 | 1072 | 10019 | 7843 |
| 进出口总额占 GDP 比重（%） | 31.84 | 13.63 | 1.45 | 23.54 | 18.19 |

资料来源：根据全国、陕西省、延安市、吉安市和临沂市 2019 年统计公报测算。

# 第四章

# 延安区域经济转型的战略设计

## 一 经济转型战略：概念与依据

### （一）经济转型战略的概念

"战略"原本是一个军事术语。"战"是指战争，"略"是指谋划。"战略"就是指人们对战争的谋划或规划。后来，该词语被广泛运用于政治经济社会文化等各个领域，泛指人们对一种活动或一项工作的带有全局性、长期性的谋划或者规划。战略是与战术相对而言的。战术往往是短期的、局部的，是为战略服务的，而战略则是长期的、全局的。人们对所从事的活动或者工作的谋划，通常包括背景的分析、目标的设计、思路的选择、阶段的安排、重点的确定、对策的提出等方方面面的内容。因此，制定一种活动或一项工作的战略，自然应当包括分析战略背景、制定战略目标、选择战略思路、安排战略阶段、确定战略重点和提出战略对策等各个方面的内容。

基于对战略概念的分析，所谓经济转型战略，应当是指关于某一国家或地区经济转型中带有全局性、长期性的谋划或规划。经济转型战略通常由战略背景、战略目标、战略阶段、战略重点、战略对策等构成。

### （二）制定经济转型战略的依据

#### 1. 基本国情或区情

战略属于主观意识的范畴。人的主观意识是由客观实际决定的，并且只有符合客观实际的主观意识才是科学的。这就要求人们在制定任何战略时，都必须从客观实际出发，而不能任凭主观愿望来确定。制定经济转型战略概莫能外。也就是说，人们在制定一个国家或者地区的经济转型战略时，必须立足本国或本地区的实际，包括本国或本地区的资源禀赋、人口情况、经济发展水平、经济结构特点、科技发展水平等。只有如此，人们所制定的经济转型目标、所选择的经济转型思路、所提出的经济转型对策等才是符合本国或本地区客观实际的，从而才是正确的，也才是能够实现的。

2. 经济社会发展规律

经济社会发展规律是经济社会发展过程中内在的、本质的、必然的联系，是不以人的主观意志为转移的客观趋势，人们只能适应、遵循，而不能改造、违背。因此，经济转型战略作为一种主观意志，必须与经济社会发展规律相适应，而不能违背经济社会发展规律，包括市场规律、国民经济按比例发展规律、三次产业演变规律、城镇化规律、可持续发展规律等，无不是人们在制定经济转型战略时必须重点遵循的规律。

## 二 延安区域经济转型的目标定位

经济转型既包括经济体制的转型，也包括经济结构的转型。经济转型的目的是通过体制转型和结构转型实现更高质量的发展。不仅如此，经济转型只有在经济发展中才是有可能的，否则就是空中楼阁。基于此，经济转型的目标就应当是双重的，即：一方面是体制转型的目标，简称体制目标；另一方面是包括经济结构转型目标在内的发展目标。

### （一）体制目标

2019 年 10 月，中共十九届四中全会通过的《中共中央关于坚持和完善中国特色社会主义制度 推进国家治理体系和治理能力现代化若干重大问题的决定》提出，到中国共产党成立一百年时，在各方面制度更加成熟更加定型上取得明显成效；到 2035 年，各方面制度更加完善，基本实现国家治理体系和治理能力现代化；到新中国成立一百年时，全面实现国家治理体系和治理能力现代化，使中国特色社会主义制度更加巩固、优越性充分展现。

作为一个地级市，延安必须不折不扣地贯彻落实中共十九届四中全会精神，推进中国特色社会主义制度在延安落地和定型。基于此，结合延安区域经济体制改革的现状，延安区域经济转型在体制方面的目标应该是：到中国共产党成立一百年时，在区域经济体制更加成熟更加定型上取得明显成效；到 2035 年，区域经济体制更加完善；到新中国成立一百年时，使中国特色社会主义经济制度在延安更加巩固、优越性充分展现。具体包括以下几个方面。

第一，坚持公有制为主体、多种所有制经济共同发展。由于目前延安非公有制经济只占经济总量的 30%，远低于陕西 50% 以上、全国 60% 以上的平均水平，所以，延安在推进区域经济转型过程中应当格外重视非公有制经济发展，努力使非公有制经济占经济总量的比重，到 2021 年、2035 年和 2050 年分别提高至 35%、50% 和 60% 的水平。

第二，充分发挥市场在资源配置中的决定性作用。目前，延安的市场体系还不够完善，特别是要素市场培育明显滞后，妨碍着市场在资源配置中决定性作用的发挥。所以，延安在推进区域经济转型过程中应当特别重视市场体系的培育，确保到 2021 年，在市场体系更加完善方面取得明显成效；到 2035 年，延安市场体系更加完善；到新中国成立一百年时，市场在延安资源配置中的决定性作用得到充分发挥。

第三，更好发挥政府作用。目前，一方面由于地方行政区划设置不尽合理，另一方面由于地方政府职能转变相对滞后，致使地方政府在加快延安经济社会发展方面的作用发挥得还不够到位。基于此，延安在推进区域经济转型过程中应当十分重视地方政府体制改革，确保 2021 年，在地方政府体制更加完善方面取得明显成效；到 2035 年，延安地方政府体制更加完善；到新中国成立一百年时，政府在推动延安经济社会发展发展方面的作用得到更好发挥。

第四，建设更高水平开放型经济新体制。目前，延安的对外开放尚处于起步阶段，这与国家建设更高水平开放型经济新体制的要求相去甚远。为此要求，延安在推进区域经济转型过程中应当十分重视扩大对外开放，确保 2021 年，在扩大对外开放方面取得明显成效；到 2035 年，延安开放型经济新体制基本建成并更加完善；到新中国成立一百年时，延安更高水平开放型经济新体制更加巩固，作用得到更好发挥。

（二）发展目标

1. 总体要求

改革开放以来，围绕我国经济发展，党中央先后提出了"三步走"的战略目标和"两个一百年"奋斗目标。与全国人民一样，解决人民温饱问题和让人民生活总体上达到小康水平这两个阶段性目标，延安已经提前实现。目前，延安人民正在与全国人民一道，为实现"两个一百年"目标而奋斗。

基于对延安区域经济发展现状的评估，在确定延安的发展目标时，既不能不切实际地提出"率先"实现国家确定的发展目标的超高要求，又不能自降标准，滞后发展，拖全国人民的"后腿"。也就是说，延安应该在总的发展目标上保持与全国一致，即：力争如期实现国家确定的发展目标。

2017 年，中共十九大综合分析国际国内形势和我国发展条件，对 2020 年到 21 世纪中叶作出了分"两个阶段来安排"的战略部署。

第一个阶段，从 2020 年到 2035 年，在全面建成小康社会的基础上，再奋斗 15 年，基本实现社会主义现代化。

第二个阶段，从 2035 年到 21 世纪中叶，在基本实现现代化的基础上，再奋斗 15 年，把我国建成富强民主文明和谐美丽的社会主义现代化强国。

中共十九大确定的上述战略构想，为延安未来 30 多年的发展描绘了蓝图，明确了目标。这就是，从现在起至 2050 年，延安必须在 2020 年、2035 年和 2050 年如期实现全面建成小康社会、基本实现现代化和全面实现现代化三大战略目标。

2. 增长目标

按照国家的基本标准，2020 年建成全面小康社会，人均 GDP 要求达到 1 万美元以上；2035 年基本实现现代化，人均 GDP 要求达到 3 万美元以上；2050 年全面实现现代化，人均 GDP 要求达到 6 万美元以上。显然，为了确保如期够格实现延安经济发展的总体目标，未来 30 年，延安经济增长的具体目标就应当依据上述标准来确定。

测算未来经济增长速度和 GDP 总量，人口因素无疑是一个重要的变量。未来 30 年，延安常住人口究竟会如何变化？是逐年增加还是逐年减少或者长期不变？从实际情况看，近几年延安常住人口数量是逐年下降的。据统计，2017 年延安全市常住人口为 226. 31 万人，2018 年为 225. 94 万人，2019 年为 225. 57 万人，分别较上年减少 0. 37 万人，年均下降 0. 16%。究其原因，一是常住人口自然增长率在逐年下降。据统计，2016 年，延安常住人口自然增长率为 4. 62‰，2017 年为 4. 58‰，2018 年为 4. 30‰，2019 年为 3. 83‰，分别较上年下降 0. 04、0. 28、0. 47 个千分点。二是人口流出大于流入。据统计，2016 年至 2019 年，延安分别净流出人口 0. 46 万人、1. 08 万人、4. 96 万人和 1. 32 万人。尽管如此，考虑到延安人居环境在加速改善之中，完全可以相信，延安人口净流出的现象将会得到逐渐遏制，此其一；其二，虽然根据权威机构预测，全国人口总量 2030 年前后达到峰值以后将会逐年缓慢下降，但考虑到延安地处西部落后地区，居民生育观念的改变滞后于全国 20—30 年将是大概率事件。所以，据此预计，2030 年到 2050 年，延安人口总量将既不会较大幅度减少，也不会较大幅度增加，而是保持长期稳定不变的态势。

测算未来经济增长速度和 GDP 总量，人民币兑美元平均汇率同样是一个重要的变量。考虑到过去十多年，人民币兑美元平均汇率基本在 7. 00 上下盘整，本书假定未来 30 年，人民币兑美元平均汇率仍然维持在 7. 00 上下不变。

据此测算，2020 年延安人均 GDP 要达到 1 万美元以上，延安 GDP

至少应当达到 1578.90 亿元。经济增长速度至少可以下降到 – 5.1%。众所周知，2020 年年初以来，受新冠肺炎疫情的巨大冲击，世界经济大面积衰退将是不可避免的。受此影响，延安市经济 2020 年出现下滑也将是大概率事件。但为确保 2020 年如期实现全面建成小康社会的目标，延安能够容许的经济下降速度最多是 5.1%。据此看来，考虑到疫情的严峻冲击，完成这一任务仍将是十分艰巨的。

但是，作为一种突发的公共卫生事件，新冠肺炎疫情对经济的影响再巨大终将是短期的。笔者相信，新冠肺炎疫情过后，经济将沿着既往的轨迹继续前进。

在上述假定下，2035 年，延安 GDP 将达 4736.97 亿元，届时，延安人均 GDP 可以达到 3 万美元以上的目标水平。为此，2020 年至 2035 年，延安年均经济增长速度应当达到 7.6%。2050 年，延安 GDP 将达 9473.94 亿元，届时，延安人均 GDP 可以达到 6 万美元以上的目标水平。为此，2035 年至 2050 年，延安年均经济增长速度应当达到 4.7%。

表 4 – 1　　　　　　　　　　　延安经济增长预期目标

| 年份 | 人口<br>（万人） | 经济增长速度<br>（%） | 地区生产总值<br>（亿元） | 人均地区生产总值<br>（元） |
|---|---|---|---|---|
| 2019 | 225.57 | 6.7 | 1663.89 | 73643 |
| 2020 | 225.57 | – 5.1 | 1578.90 | 70000 |
| 2035 | 225.57 | 7.6 | 4736.97 | 210000 |
| 2050 | 225.57 | 4.7 | 9473.94 | 420000 |

3. 结构目标

根据延安经济结构现状及经济结构演变趋势，延安经济结构转型的目标应当包括以下三个方面。

（1）产业多元化。如前所述，目前延安经济是典型的资源型经济。根据"资源诅咒"假说，资源型经济最容易跌入"资源诅咒"的陷阱。因此，必须致力于产业多样化，也就是通过大力培育多种非资源型接续产业，使区域经济逐渐摆脱对单一资源型经济的依赖，从而降低产业单一化的风险，确保区域经济可持续发展。有鉴于此，延安经济结构转型必须把实现产业多样化作为首当其冲的目标。

（2）产业高级化。产业结构演变的一般规律是，第三产业占 GDP 的比重不断上升。前已述及，2019 年，延安第三产业占 GDP 的比重只有 30.9%，与实现现代化所要求的 50% 以上尚有较大差距。按照 2050 年必须全面实现现代化的目标要求，2050 年，延安第三产业占 GDP 的比重至少要达到 50% 以上。依此倒推，2035 年，延安第三产业占 GDP 的比重应当达到 40% 左右。此外，产业高级化还应该表现在产业高附加值化、产业高技术化、产业高集约化、产业高加工度化等方面。这些无疑都是延安经济结构转型应当努力追求的目标。

（3）城乡一体化。城乡一体化是经济发展的必然趋势，也是实现包括农业现代化、农村现代化在内的全面现代化的客观要求。当前，延安城乡差距仍然较大，城乡二元结构特征明显，农业现代化处于初级阶段。为此要求，延安经济结构转型必须把努力实现城乡一体化作为重要目标来追求。

### 三　延安区域经济转型的思路选择

根据延安市情及延安经济社会发展现状，实现延安经济转型目标，2020 年、2035 年和 2050 年如期建成延安市全面小康社会、基本和全面实现延安现代化，应当确立和实施"五轮驱动、三项培育、一体支撑"的总体思路，即"五驱动三培育一支撑总体思路"。

#### （一）坚持"五轮驱动"

所谓"五轮驱动"，是指在中华人民共和国成立一百周年前的这一时期，延安经济转型应该坚持旅游驱动、城市驱动、开放驱动、改革驱动和精神驱动。

1. 旅游驱动

从延安的资源禀赋看，延安主要有两大资源优势：一是矿产资源，特别是石油；二是旅游资源。改革开放以来，延安市依托矿产资源的大规模开采，经济社会面貌有了巨大变化，主要经济指标一度从陕西后列排到前列。然而，随着资源的大规模开采，不可再生资源日益枯竭的趋势已经显现，特别是随着浅层资源的开采殆尽，继续开采资源的成本已经上升，延安市单一资源型经济已经难以为继，不可持续。很大程度上正是由于此，延安经济才需要转型。

与此相反，延安是国务院首批公布的历史文化名城，是全国爱国主义、革命传统和延安精神三大教育基地，是中国优秀旅游城市。特别是以"两圣两黄"（民族圣地、革命圣地、黄河壶口瀑布、黄土风情文化）为代表的旅游资源独具特色、驰名中外，在全国地级市中具有唯一性、至高性、垄断性，比较优势十分明显，开发潜力特别巨大。由此观之，展望未来，延安经济社会发展的希望不在矿产资源，而在旅游资源，延安未来的发展不能靠石油而要靠旅游。可见，如果说改革开放四十年延安经济发展靠的是石油驱动的话，那么新时代，延安经济发展则要靠旅游驱动。

2. 城市驱动

由于资源是稀缺的，所以，要加快经济社会发展，就必须提高资源利用效率。由于把资源投入城市的效率一般高于农村，所以，城镇化就成为经济发展的客观规律。之所以如此，是因为与地广人稀的农村相比，城市的人口数量大，人口密度高，比较容易发挥规模经济效应和集聚经济效应，从而引致同样的资源，在城市可以比农村创造更多的财富。不仅如此，由于与大城市相比，小城市的规模经济效应和集聚经济效应并不显著。所以，纵观世界，城镇规模不断扩大也成了城镇发展的必然趋势。

从延安自身的情况看，延安虽然被称为拥有 225 万人口的地级市，但严格地说，延安并不是一座城市，而是以众多小县城和乡镇为主、农民占半数的城乡二元结构。所以，一方面众多的县城及乡镇由于城市规模过小难以发挥规模经济效应和集聚经济效应；另一方面延安旧城虽然人口规模较大，但由于自身条件先天不足，"城市病"十分严重，难以发挥中心城市对延安经济社会发展的辐射带动作用。可见，加快延安经济转型，实现延安城乡一体化，必须走"城镇驱动"的路子，做大城镇，以充分发挥城镇对农村的辐射带动作用，而不是以农村为中心，走"农村驱动城镇"的逆城镇化路子。

3. 开放驱动

在本土资源稀缺的情况下，加快区域经济社会发展的又一举措，就是实行对外开放，以充分发挥境内境外两种资源、两个市场的作用，借外力促发展。然而，目前，延安对外开放尚处于起步阶段，招商引资的效果十分有限，对外贸易的规模小之又小。这也正是近年来延安经济发展举步维艰的重要原因所在。由此可见，扩大对外开放，促进延安经济由封闭走向开放，恰恰是延安经济转型的题中应有之义。

4. 改革驱动

从经济转型的内涵看，体制转型是其中应有之义。而体制转型当然要靠改革来驱动。从理论上说，制度是重要的，正如邓小平所说："制度好可以使坏人无法任意横行，制度不好可以使好人无法充分做好事，甚至会走向反面。"① 所以，通过体制改革，构建一套适合延安经济社会发展需要的制度体系，既是延安经济转型的重要任务，又是延安经济社会发展的根本保障。从实践上说，中共十一届三中全会以来，我国之所以能够取得举世瞩目的发展成就，最根本的原因就是通过持续推进改革，构建了一套能够全面激发人的积极性的比较完善的中国特色社会主义制度体系。而反观延安区域经济发展，之所以至今尚处于欠发达水平，归根结底是由于改革滞后和制度不完善造成的。因此，新时代加快延安区域经济发展，必须坚持以改革为动力，促进延安经济全面转型，打破制约延安区域经济发展的体制藩篱，为延安区域经济发展提供体制保障。

---

① 《邓小平文选》第二卷，人民出版社 1994 年版，第 329 页。

### 5. 精神驱动

精神的力量是无穷的。当年中国共产党之所以能够领导全国人民取得新民主主义革命的成功，靠的就是延安精神这一无穷的精神力量。正如邓小平同志所说：从延安到新中国，我们靠的就是延安精神。①

2009 年，习近平同志也曾指出："伟大的延安精神滋养了几代中国共产党人，始终是凝聚人心、战胜困难、开拓前进的强大精神力量。"②延安是中国共产党的精神家园。延安精神是中国共产党给延安人民留下的最宝贵的财富。加快延安经济转型，离不开延安精神这一无穷力量的驱动。

研究表明，实际上存在着两种"延安精神"：一种是中国共产党立足延安 13 年之前，祖祖辈辈生活在延安这片土地上的延安人民所拥有的精神，包括开放、好客、厚道、包容等。很大程度上，正是靠着这种具有显著地方文化特色的延安精神，才使党中央和中央红军在历经两万五千里长征后得以在延安落脚。另一种是中国共产党立足延安 13 年期间，由中国共产党孕育而成并以"延安"这个地方命名的精神。这种精神实际上是中国共产党精神。这种精神包括理想、信仰、求真、务实、为民、自立、俭朴和奋斗，等等。

当然，延安人民由于有与党中央长达 13 年的"亲密接触"，受到了中国共产党革命精神最直接、最充分的熏陶，所以富有中国共产党孕育的延安精神也是理所当然的。这也正是全国人民在情感上对延安人民有认同感、在道德上对延安人民有更高期望值的原因所在。

然而，近年来，不管哪一种意义上的延安精神，在延安人民身上的表现都没有过去充分了。这正是延安经济转型缓慢、区域经济发展滞后的重要原因之一。由此可见，无论从继承优良传统的角度，还是从做大做强延安区域经济的角度，都应当坚持用延安精神教育延安人民，使延

---

① 《邓小平文选》第二卷，人民出版社 1994 年版，第 367 页。
② 习近平：《决胜全面建成小康社会 夺取新时代中国特色社会主义伟大胜利——在中国共产党第十九次全国代表大会上的报告》，人民出版社 2017 年版。

安精神真正成为助推延安区域经济转型的强大精神动力。

（二）加强"三项培育"

所谓"三项培育"，是指产业培育、人才培育和市场培育。加快延安经济转型，之所以必须加强产业、人才和市场培育，原因在于：

第一，国民经济是由一个一个产业组成的。产业兴则经济兴，产业衰则经济衰。延安经济之所以持续滑坡，主要是在资源型产业走向衰败之前，没有未雨绸缪地及时培育后续产业造成的，也就是没有通过多种产业的培育，实现经济转型。这就势必要求通过高度重视后续产业培育，努力应对矿产资源枯竭给延安已经带来并势必继续带来巨大困境的风险，加快延安经济转型，促进延安持续发展。

第二，经济增长理论表明，区域经济发展与人力资源的数量和质量有着密切的联系。此其一；其二，接续产业的培育，离不开人才。而近年来，延安出现了比较明显的师资、生源和家长大量外流的现象。究其原因，在于教育资源短缺，教育质量不高。这就势必危及延安接续产业的培育，从而危及延安经济的成功转型。这就要求通过教育的大发展大繁荣，为延安经济转型提供强劲的人才支持。

第三，经济学研究表明，市场是迄今为止实现稀缺资源最优配置的最有效的方式。所以，延安经济转型，特别是延安接续产业的培育和人才的培育所需要的稀缺资源的配置，必须充分发挥市场的决定作用。然而，长期以来，由于改革相对滞后，致使公平、统一、开放、高效的市场体系迄今尚未在延安建立健全起来。这就要求通过高度重视市场培育工作，充分发挥市场在延安经济转型中的重要作用，助推延安接续产业培育和人才培育，促进延安区域经济高质量发展。

（三）夯实"一体支撑"

所谓"一体支撑"，是指营商环境支撑。营商环境既包括硬件基础设施，又包括软件基础设施。营商环境是经济发展的平台和前提，没有良好的营商环境的支撑，国民经济的起飞和可持续发展就是"无皮之毛"："皮之不存，毛将焉附！"

近年来，虽然延安的营商环境有了较大改善，但在广袤的农村，还存在着诸如交通道路落后、水利灌溉系统缺失等基础设施不健全的问题。至于政府工作作风、教育、医疗和生态等因素仍然是制约延安经济转型的重要瓶颈。这就要求通过营商环境的改善，进一步降低水、电、暖、路、气、油、地、房等的价格，以及劳动成本、公务成本和税费标准，进一步简化政府办事程序，提高政府办事效率，增强政府和公民的规则意识和诚信意识，为内外资投资经营和公民创业提供强有力的支撑。

## 四 延安区域经济转型的对策探索

依据延安区域经济转型的总体思路，实现延安区域经济转型的目标，拟采取以下战略举措。

### （一）充分发挥政治优势

#### 1. 打好"圣地"牌

延安曾经是革命圣地，是全国人民朝圣的净土和向往的地方。但新中国成立以来，由于在一定程度上忽视了对圣地的建设和保护工作，使得延安在长期的发展中对圣地元素和形象形成了不应有的"蚕食"甚至破坏，从而使今日的延安越来越失去了往日的光彩，与全国普通地级市相比，已经没有了多少区别。

建设好圣地延安，对保护中国共产党的光荣历史，对面向全国人民开展爱国主义、革命传统和中国共产党革命精神教育，对巩固中国共产党的执政地位，对增强中国人民的凝聚力和向心力，无不具有重要的政治意义。可见，延安不只是225万延安人民的延安，而是14亿中国人民的延安。因此，保护圣地延安、建设圣地延安，不只是延安人民理所当然的责任，也是全党、全国人民义不容辞的责任。

#### 2. 把"用延安精神建设延安"落到实处

毋庸讳言，在如今为数不少的延安老百姓身上，不仅已经很难找到中国共产党在延安时期孕育而成的延安精神的影子，而且已经很难找到

20世纪三四十年代延安老百姓在与来自五湖四海的中国共产党人的交往中所表现出来的开放、包容、好客、质朴、厚道、老实、大方、善良、热情的精神。这不仅是外地游客"来了延安就后悔""后悔了就不想再来"的主要原因，也是延安旅游做不大做不强的重要原因，因而也是新中国成立已经70年了，延安还没有走出欠发达状态的重要原因。

由此可见，无论从留住游客、做大做强延安旅游的角度看，还是从加快延安区域经济转型的角度看，都应当持续不懈地用两种"延安精神"教育延安人民，使延安人民真正成为两种"延安精神"的传人。

为此，笔者有如下建议。

第一，市委市政府应当尽快酝酿出台《用延安精神建设延安实施办法》，为用延安精神建设延安提供顶层设计和行动方案。

第二，组织人力和资金，加大对第一种"延安精神"即由祖祖辈辈的延安老百姓孕育而成的延安精神的研究、宣传力度。同时，加强两种"延安精神"相互关系的研究与宣传。

第三，在延安全市范围内，持续不懈地大力开展用两种"延安精神"教育延安市民的活动。

第四，全面推行两种"延安精神"进教材、进课堂、进头脑活动，使新一代延安人民从小就受到两种"延安精神"的教育和熏陶。

第五，定期开展"用延安精神建设延安"先锋模范人物和先锋模范单位评选表彰活动，发挥先锋模范的榜样和引领作用。

3. 抢抓机遇

2015年2月13日至15日，中共中央总书记习近平专程回延安看望和慰问老区人民，并在延安主持召开陕甘宁革命老区脱贫致富座谈会。习近平总书记指出："老区和老区人民，为我们党领导的中国革命作出了重大牺牲和贡献。我们要永远珍惜、永远铭记老区和老区人民的这些牺牲和贡献"，"革命老区是党和人民军队的根，我们不能忘记自己是从哪里来的"。

习近平总书记曾经在延安市延川县梁家河插队并生活工作了7个年

头。正是这 7 年，使他迈出了人生中最重要的第一步，形成了自己为人民做实事的人生观，并接受了延安精神的熏陶和洗礼。正如习近平总书记所说，"陕西是我的根，延安是我的魂，延川是我的第二故乡"；"当年，我的人走了，但我把我的心留在了这里"。

习近平总书记指出："加快老区发展步伐，做好老区扶贫开发工作，让老区农村贫困人口尽快脱贫致富是我们党和政府义不容辞的责任"，"对这个问题，我一直挂在心上，而且一直不放心，所以经常讲这个问题，目的就是推动各方面加紧工作"。

习近平总书记强调："没有老区的全面小康，我们全面建成小康社会就是不完整的。这就是我常说的'小康不小康、关键看老乡'的含义。"

当年，中国共产党从事革命活动的目的，不是为了让少数人发财致富，而是为了给最广大的老百姓谋幸福。正是因为如此，中国共产党才得到了包括革命老区人民在内的最广大人民的支持，打败了国民党，建立了新中国。

在革命取得成功以后，中国共产党理所当然应该采取一切措施，使最广大的人民群众特别是老区人民尽快富裕起来，以兑现当年给人民的承诺，从而得到最广大人民对中国共产党长期执政的支持。正如 2012年就任总书记当天习近平所说的那样："我们一定要始终与人民心心相印、与人民同甘共苦、与人民团结奋斗，夙夜在公，勤勉工作，努力向历史、向人民交出一份合格的答卷。"

习近平总书记在延安主持召开的陕甘宁革命老区脱贫致富座谈会有两个关键词，这就是"脱贫"和"致富"。"脱贫"是指消灭绝对贫困。从这个意义上说，习总书记所讲的加快陕甘宁革命老区脱贫致富步伐是针对陕甘宁革命老区尚处在贫困线以下的那部分绝对贫困人口而言的。"致富"是指从温饱到小康，再到富裕。从这个意义上说，习总书记所讲的加快陕甘宁革命老区脱贫致富步伐，就不仅仅是针对陕甘宁革命老区尚处在贫困线以下的那部分绝对贫困人口，还包括更多虽已摆脱贫困但仍然没有达到小康和富裕程度的广大人民群众。

可见，决不能把习近平总书记所讲的加快陕甘宁革命老区脱贫致富步伐理解成仅仅是陕甘宁革命老区党和政府的一项扶贫工作，而是要理解成既要让陕甘宁革命老区脱贫，又要让陕甘宁革命老区致富的一项战略部署。

加快陕甘宁革命老区脱贫致富步伐必须继续发扬自力更生、艰苦奋斗的延安精神，必须紧紧依靠陕甘宁革命老区人民自身的智慧、勤劳和努力，而不能躺在历史的功劳簿上等靠要，但正如国家任何一个地区的发展都离不开党和国家的支持一样，加快陕甘宁革命老区的发展同样也是党和国家的重要责任和使命。

在延安经济增速持续下滑、区域竞争前甩后追的重要时刻，习总书记回延安调研和视察，不仅深入了解延安经济社会发展现状和存在的困难，而且主持召开陕甘宁革命老区脱贫致富座谈会，明确提出中央要采取更加倾斜的政策，加大对老区发展的支持和扶持力度。这无疑是延安迎来的又一次重大机遇。抓住这一机遇，延安区域经济转型之路必将越走越宽广。

为此，笔者有如下几点建议。

第一，把延安确立为陕甘宁革命老区中心城市和全国革命老区脱贫致富示范城市。实现包括陕甘宁在内的全国所有革命老区脱贫致富是党中央早在中共十七大就提出的庄严承诺，也是习总书记此次回延安并在延安主持召开陕甘宁革命老区脱贫致富座谈会的重要目的。但鉴于全国革命老区量大面宽，而国家的经济实力有限，所以在对全国革命老区推出普惠性措施的基础上，抓住几个具有代表性、示范性的老区予以特殊倾斜和重点支持，待取得经验后，再向其他地区推广，应该是中央加快包括陕甘宁在内的全国革命老区脱贫致富步伐的总体战略部署中的一个重要原则。这就为我们争取把延安确立为全国革命老区脱贫致富示范城市提供了成功的可能。

第二，把延安市境内全部石油、天然气的开采权交由延安市管理。

在陕甘宁革命老区脱贫致富座谈会上，习总书记指出：利用好革命老区自身资源优势，大力发展特色产业，是实现脱贫致富的重要途径。而石油和天然气资源无疑是延安最大的资源优势。但遗憾的是，目前这一资源并不在延安手里。其中一部分资源在延长石油手里，而延长石油早在2005 年以后就上划给了陕西省政府；另一部分资源在长庆油田手里，而长庆油田属于中央企业。这就要求从延安作为我国的民族圣地、革命圣地和石油工业发祥地，曾经为中华民族发展、为新民主主义革命作出过巨大贡献和牺牲的角度，说服陕西省政府和中共中央，把延安境内全部石油和天然气的开采权重新下放给延安市，由延安人民支配和获益。

第三，继续延续退耕还林补贴政策。在陕甘宁革命老区脱贫致富座谈会上，习总书记强调：生态环境整体脆弱仍然是陕甘宁革命老区发展的明显制约因素。因此，在发展中要坚决守住生态红线，让天高云淡、草木成荫、牛羊成群始终成为黄土高原的特色风景。就延安而言，自从20 世纪 90 年代延安被确立为全国退耕还林试点市以来，生态环境已经有了很大改观，但一方面成果尚不巩固，另一方面成果还需要扩大。所以，要从退耕还林给全国特别是黄河中下游地区产生了巨大的正外部性的角度，特别是长期保持退耕还林成果，不仅需要当地农民不断付出（如造林、护林等），而且会给当地农民继续带来机会成本（有地不能种）的角度，呼吁中央继续延长退耕还林补贴政策，并努力谋求退耕还林补贴长期化。

第四，把延安大学确定为教育部直属的重点大学和"211"工程大学。在视察杨家岭福州希望小学时，习近平总书记指出：教育很重要。革命老区、贫困地区要脱贫致富，从根儿上还是要把教育抓好，不能让孩子输在起跑线上。国家的教育资金要向革命老区倾斜。延安大学是陕甘宁革命老区唯一一所拥有硕士学位授予权的综合性大学，在促进陕甘宁革命老区脱贫致富方面有着不可替代的独特作用。不仅如此，延安大学并非陕西省或延安市创办的一所地方性大学，而是延安时期中共中央创办的第一所综合性大学，曾为中国新民主主义革命和社会主义建设事业做出过特殊贡献。因此，办好延安大学不仅仅是陕西和延安的光荣使命，也是中国共产党的责任所系。

第五，把延安新区建设和延安旧城保护纳入国家"十四五"规划或国家级重点项目——中国共产党革命文物保护工程。新区建设是以姚引良为书记的中共延安市委、市政府 2012 年从延安先天不足的旧城实际出发，本着为 225 万延安人民谋幸福的宗旨，以及主动对中共延安 13 年革命历史文物进行妥善保护与修复的良好愿望，做出的科学而重大的战略决策。因为如果完全从经济学角度去决策的话，中共延安市委和市政府完全可以通过移平坐落在延安旧城周边的几座山，来拉大延安旧城框架，根治延安线型城市"未大先病"的痼疾，建设规模更大、功能更优、现代化程度更高的新延安。但为了更好保护和修复中共延安 13 年革命历史遗址，恢复延安旧貌，中共延安市委和市政府本着为党负责、为人民负责、为历史负责的宗旨，并没有选择这一不负责任的捷径，而是主动做出了把市级和区级行政中心以及有关企事业单位从旧城搬出去，上山造地建新区的战略决定。从这个意义上说，新区建设是延安人民继革命战争年代给中华民族的解放和中国共产党革命事业的成功做出巨大牺牲之后，再次给全国人民和中国共产党的建设事业做出的巨大贡献。

第六，全面降低延安人民的税费水平。在陕甘宁革命老区脱贫致富座谈会上，习近平总书记强调，要鼓励引导社会资金投向老区建设，形成支持老区发展的强大社会合力。要加大产业培育扶持力度，国家大型项目、重点工程、新兴产业，在符合条件的前提下，要优先向老区安排；发达地区劳动密集型产业转移，要优先向老区引导。习近平总书记的号召尽管在动员社会资金投向延安老区建设、发达地区劳动密集型产业向延安老区转移等方面会起到重要作用，但资本是逐利的，如果在成本、价格、市场、投资环境等方面没有明显优势，投向延安老区的社会资本的规模、转移到延安老区的发达地区劳动密集型产业的数量一定不会太多。而要增强延安老区在成本、价格、市场、投资环境等方面的优势，税费减免就是一个不错的选择。

（二）矢志聚焦转型发展

改变延安石油工业"一业独大"的畸形经济结构，最根本的是要尽快培育若干个能够替代石油工业的接续产业，并在传统产业的基础上，大力发展枢纽经济、门户经济和流动经济等"三个经济"，以及数字经济、平台经济、分享经济和智能经济等新经济。

1. 延安不宜大力发展石油深加工业

2008 年以后，为了应对石油价格下跌带来的挑战，延安选择石油深加工产业——石油化工产业作为接续产业大力培育，但至今举步维艰。尽管如此，延安市县两级政府仍然对石油深加工产业情有独钟。我认为，这是不明智的。首先，从炼油行业看，我国石化炼油行业产能过剩情况远大于钢铁行业。其次，从石油化工看，中国石油和化工行业联合会发布的报告指出，我国化工行业结构性过剩尤为突出。其中，氯碱、化肥、轮胎、基础化学原料制造等行业过剩问题十分严重，企业之间竞争异常激烈。再次，从延安发展石化工业所依赖的原料看，石化工业发展的前景在于石油化工产品的价格是否有优势；而决定石油化工产品价格的重要因素是原油价格。由于延安原油的开采成本远高于国内外水平，所以可以断言，即便全国的石化工业不过剩，延安的石油化工也必将是严重亏损的，从而成为延安的包袱，而不是希望。

2. 延安应当大力发展现代生态农业

如前所述，延安具有显著的农业资源优势。加之从全国而言，农业至今仍是制约我国可持续发展的短板，不存在产能过剩问题。所以，延安理应发挥优势，大力发展具有显著生态效益的现代农业。一是加快林地、草地和荒地产权制度改革，大力发展林业、草业和畜牧养殖业。通过明晰林地、草地和荒地产权，促进退耕还林还草和畜牧养殖业和谐共生，实现生态效益和经济效益的统一。二是加快耕地制度三权分置改革，促进耕地经营权流转，实现小杂粮、果业、烟叶、中草药等农业主导产业规模化、农场化经营。三是加快培育、引进现代农业经营主体。

四是着力完善"互联网＋公司＋农户＋基地"模式，促进农业专业化、产业化、市场化经营。五是加快农业基础设施建设和社会化服务体系建设。六是加快包括村级党政体制和乡镇党政体制改革等在内的农村上层建筑改革进程和农村意识形态现代化进程。

3. 延安应当大力发展农副产品加工业

延安发展农副产品加工业具有"五大优势"。一是显著的原料优势。二是巨大的政治优势。三是潜在的品牌优势。延安是历史文化名城，拥有壶口瀑布、乾坤湾等自然风光，拥有炎黄文化和陕北民歌、安塞腰鼓等黄土风情文化。这些资源既是旅游资源，又是潜在的品牌资源。四是传统的生产优势。延安卷烟，甘泉豆腐干和美水酒，宜川稠酒，志丹糜子黄酒，延川枣饮料，洛川浓缩果汁，轩辕特曲，子长粉条，常泰药业等，大多在延安有着悠久的生产历史，目前既在省内家喻户晓，又在全国有一定的知名度。五是初步的园区优势。目前，延安市县两级工业园区的发展已经初具雏形，为农副产品加工企业入住、生产和经营创造了条件，奠定了基础。

延安发展农副产品加工业具有"四大机遇"：一是我国东中部地区劳动密集型加工业向西部地区转移的机遇；二是农副产品加工业在国内基本不属于过剩产业；三是习近平总书记2015年农历春节前夕回延安并在延安主持召开陕甘宁革命老区脱贫致富座谈会，为延安走出一条通过发展农副产品加工业实现脱贫致富奔小康的路子提供了莫大机遇；四是深化供给侧结构性改革带来的机遇。供给侧改革的主要任务是降成本。这对提高农副产品加工业的利润率、促进延安农副产品加工业发展无疑是一大机遇。

发展延安农副产品加工业必须走现代市场经济之路：一是重视品牌建设；二是坚持农业、工业、商业、旅游业和信息产业"五业融合"；三是实施创新驱动战略；四是在拓宽资金渠道上坚持"外引内育"原则；五是重视优化营商环境。

4. 延安应当大力发展旅游业

当前，"延安的希望不在矿产资源，而在旅游资源；延安的未来不能靠石油而要靠旅游"的观念,在全市上下几近成为共识。做大做强延安旅游产业拟采取以下对策:一是强力实施延安旧城恢复重建计划;二是把清明节公祭轩辕黄帝仪式由省祭重新升格为国祭;三是强力实施旅游产业北扩计划;四是做大做强红色教育培训与传统文化培训;五是强力打造"养生延安"品牌;六是大幅提高旅游从业人员准入门槛。

5. 延安应当大力发展文化产业

前已述及,延安具有巨大的文化资源优势,而文化资源则具有做成产业的属性。近年来,东北二人转、天津相声等文化资源已经纷纷实现了产业化经营,取得了可观的经济效益和社会效益。再则建设社会主义文化强国,促进文化大发展、大繁荣已经上升为国家战略。这说明延安文化产业大有可为。加快发展延安文化产业,必须重视培育"赵本山"式的领军人物,必须走公司化、市场化、规模化、集团化的路子。

6. 延安应当大力发展"三个经济"

2017 年以来,中共陕西省委书记胡和平 10 多次谈到发展枢纽经济、门户经济、流动经济等"三个经济"。2018 年 7 月 30 日,中共延安市委召开发展"三个经济"研讨会。会议一致认为,加快发展枢纽经济、门户经济、流动经济等"三个经济",是延安加快转型发展、追赶超越的战略举措,对延安 2020 年如期实现全面建成小康社会和 2035 年、2050 年基本和全面实现现代化具有重要意义。

加快发展延安"三个经济",应当采取以下措施。

一是进一步强化开放意识和市场意识。促进经济高质量发展,就是要用最小的资源消耗获取最多的、最适销对路的产出。为此,最重要的就是要让资源流动起来。所谓"树挪死,人挪活","流水不腐,户枢不蠹","货畅其流,物尽其用",都说明没有流动,就没有经济发展,更没有经济的高质量发展。流动,从内容看,有资源或要素的流动和产品或财富的流动两种;流动,从空间看,有区域内部的流动和区域内外的流动两种。资源和产品不管在区域内还是区域内外的流动,必须有通道,能够连接四面八方的通道,这就叫枢纽。资源和产品在区域内外流动，必须有个出入口，这个出入口就叫门户。枢纽和门户的作用发挥得越好，资源和产品的流动性就越好，资源变产品即经济发展的质量就越高。这便是"三个经济"之间的内在关系及"三个经济"与区域经济高质量发展之间的关系。

加快"三个经济"发展，关键是要做好开放和市场两个工作。古代自然经济的弊端说明，要加快经济发展，仅有资源和产品的内部流动是远远不够的。古代所谓"鸡犬之声相闻，老死不相往来"，就是描述自然经济条件下资源和产品自给自足的景象。这种自给自足的自然经济必然是小生产的、低质量的经济。人类之所以有今天的繁荣，主要是打破了资源和产品仅仅在区域内部流动的自然经济，实现了资源和产品在区域内外之间的流动。而资源和产品在区域内外之间的流动，一是要开放门户，即让资源和产品能够"走出去"和"请进来"；二是不仅要有资源和产品流动的通道，而且要有资源和产品交换的场所即市场。

二是充分发挥现有枢纽和门户的作用。当前，延安"三个经济"与发达地区相比显然是落后的，但已经迈开发展的步子。所以发展延安"三个经济"并不是从头开始，而是要在充分发挥现有枢纽和门户作用的基础上，不断增强经济发展的流动性，进而推动延安经济高质量发展。例如，从枢纽方面看，延安城区无疑是促进资源和产品在境内外流动的最重要的枢纽；从门户看，延安与周边兄弟地市接壤的县区，无疑都是延安重要的门户。此外从不同资源和产品看，延安无疑是全国红色旅游资源流动的重要门户，洛川无疑是全国苹果产品流动的重要门户等。

三是切实做好有中生新和无中生有两篇大文章。所谓有中生新，就是针对延安现有的枢纽经济、门户经济和流动经济存在的不足，进行创新性改进和完善，提高现有"三个经济"的发展水平，比如怎样围绕延安作为全国红色旅游资源流动的门户所存在的短板，进一步改进和提升等。所谓无中生有，就是在延安现有"三个经济"之外，另起炉灶，打造全新的枢纽经济，培育全新的门户经济，发展全新的流动经济。

四是紧盯产业发展趋势，切实做到产业发展与时俱进。经济发展归根结底是产业的发展。因此，"三个经济"的发展，归根结底要服务于产业的发展。而产业的发展是有其内在的、不以人的意志为转移的趋势的。这就是：城镇化、市场化、工业化、信息化、绿色化、智能化和农业现代化。产业发展的上述一般趋势对所有国家和地区都是一样的，没有例外。这就要求延安在发展"三个经济"过程中，必须紧盯产业发展的趋势，切实做到产业发展与时俱进。

五是坚决优化营商环境。马克思在《资本论》里指出：投资是经济发展的第一动力和持续动力。延安的资源优势之所以不能转变为经济优势，主要原因在于投资不足；而投资不足的重要原因则在于营商环境不良。延安的"三个经济"之所以落后，很大程度上也是由于营商环境不良导致的投资不足造成的。可见，加快发展延安"三个经济"必须以优化营商环境为前提。

7. 延安应当大力发展新经济

近年来，随着世界信息技术革命、科技革命、产业革命的迅猛发展，新技术、新产业、新业态、新模式在我国层出不穷，数字经济、分享经济、平台经济、智能经济等新经济正在成为我国新时代经济发展的主流。

在上述背景下，2017 年以来，中共延安市委、市政府高瞻远瞩，审时度势，出台了《延安市促进新经济发展暂行办法》《支持延安创新小镇和基金小镇加快发展的指导意见》和《延安市促进新经济发展暂行办法兑现规程》等发展新经济的政策举措。

一年多来，延安新经济的发展初见成效。一是着力打造了延安创新小镇、基金小镇、双创街区、孵化基地、大数据中心等一批新经济发展平台，初步形成了延安新区、延安高新技术产业开发区和南泥湾景区三大新经济聚集区。二是重视传统产业转型升级。例如，洛川苹果产业的转型发展就呈现出由传统经济向新经济转变的特点，"互联网＋苹果业"渐成气候。三是重视发展互联网与现代信息技术服务业。四是重视发展新型能源和节能环保产业。五是重视发展现代技术服务和创新创业服务。据统计，截至2018年8月，延安市累计引进新经济企业269家，实现营业收入19.3亿元，纳税1.65亿元。但与全国发达地区相比，延安新经济发展仍然存在着一系列突出问题。一是认识不到位。调研发现，延安县级部门负责人对新经济的认识普遍比较模糊，有较为严重的畏难情绪。有官员甚至认为延安不适合发展新经济。二是起步过迟。从世界范围看，远在20世纪90年代中叶，新经济就在美国兴起并迅速席卷全球；从我国看，早在20世纪90年代末，新经济就进入我国，并开始在全国快速发展起来。然而，延安真正积极主动开始发展新经济则是近两年的事情。三是发展规模过小。2017年，我国新经济总量高达27.2万亿元，占GDP比重为32.9%。可见，新经济已经成为推动我国经济实现高质量发展的重要动力。而直至2018年8月底，延安具备纳入统计范畴的新经济企业才有3家，实现营业收入尚不足1亿元。四是发展不平衡。从区域分布看，除了延安新区、宝塔区、延川县、延长县和洛川县有零星的新经济企业外，延安其他县区几乎没有新经济企业落地。从新经济产业结构看，延安现有新经济企业多数为大数据、云计算、数字化娱乐、创客空间等现代信息技术产业和服务业，以及少数节能环保产业，至于先进制造业、智能经济等尚是空白。五是经济效益低。近年来，延安引进的为数不多的新经济企业，不少只是在延安进行了注册，并未在延安发生实际的生产经营活动，所以给延安带来的包括就业在内的实际经济效益是有限的。

综上所述，延安新经济发展尚处于起步阶段，亟待采取富有针对性的举措加以推进。

（1）充分认识发展新经济的重要地位和作用。新经济是世界经济发展的最新趋势。既然是最新趋势，就不能忽视，不能违背；就没有例外，没有特殊。为此，应当在全市上下，特别是各级领导干部中掀起一场解放思想的新高潮，深入开展"发展新经济、培育新动能、谋求新跨越"大讨论，学深研透新经济发展的特点、趋势和路径，形成发展新经济的共识和自觉。

（2）立足优势，大力发展富有延安特色的新经济。一是充分发挥延安得天独厚的政治优势，加大招商引资力度，争取更多全国著名新经济企业在延安落户并开展实质性生产经营活动。二是充分发挥延安山地资源丰富及独特的农业资源优势，加快延安农业城镇化、机械化、信息化、智能化和绿色化进程，特别是要加快促进全市苹果产业由劳动密集型向资本密集型转变，并高度重视苹果产业自主技术研发和新品种、新产品开发及"互联网＋苹果业"工作。三是充分发挥延安文化资源丰富的优势，做大做强延安文化创意产业。四是充分发挥延安旅游资源丰富的优势，按照"互联网＋旅游业"的模式，在继续发展吃、住、行、游、购、娱等传统旅游业的基础上，大力发展商、情、养、奇、学、闲等新兴旅游业。五是继续以延安新区、延安产业技术开发区和南泥湾景区等为载体，不断加大新经济产业平台建设力度，促进延安新经济积聚化、集群化和规模化发展。

（3）不断优化适应新经济发展的软环境。一是尽快制定延安新经济发展战略规划及行动计划。二是尽快优化新经济发展所需的体制机制环境，包括建立健全加快新经济发展的专门领导机构和工作机构，建立健全加快新经济发展的管理机制、推进机制和考核机制等。三是尽快优化新经济发展所需的政策保障环境，包括招商引资政策、引才聚才政策、科技成果转化利用政策、要素保障政策、专项资金扶持激励政策等。四是尽快优化新经济发展所需的优良服务环境。要变管理为服务，进一步提升行政审批、政策落实、法律服务等方面服务的科学性、灵活性和针对性，加快"最多跑一次"改革，坚决消除"中梗阻"，打通"最后一公里"。

（4）坚持用"延安精神"发展延安新经济。发展延安新经济，固然离不开招商引资，离不开国家和外地援助，但归根结底，干好延安的事情，包括发展延安新经济，还得依靠调动延安225万人的积极性、主动性和创造性，特别是本土企业家、创业者和全体党员干部的积极性、主动性和创造性。

（三）着力发展非公有制经济

非公有制经济具有产权清晰、与市场天然相适应以及管理简单高效等优势。矢志发展延安四大主导产业，必须放手、放胆、放开发展非公公有制经济。

第一，成立市县两级党委和政府促进非公有制经济发展领导小组，加强对非公有制经济发展的顶层设计、组织协调和引导服务。

第二，切实提高对非公有制经济重要性的认识，把非公有制经济确立为延安经济发展的重要组成部分。

第三，从事关非公有制经济生死存亡的高度，加快对延安金融市场、劳动力市场等生产要素市场的培育进程。

第四，切实减免税费负担，并将非公有制企业三年内上缴的地方税费全部设立为"非公有制经济发展基金"，资助非公有制企业发展，放水养鱼，藏富于民。

第五，切实尊重和保护私营企业主和个体工商户的合法权益，坚决制止和打击乱摊派、乱罚款、乱干预以及吃拿卡要等非法行为。

（四）高度重视科技创新和人才培养工作

江泽民同志在中共十六大报告中指出，创新是社会发展的动力，是民族进步的灵魂，是一个政党永葆生机的不竭源泉。著名经济学家熊彼特指出，创新就是生产函数的新组合；就是创造性的破坏。创新具体包括引入一种新产品、开发一种新技术、使用一种新原料、实行一种新制度、开拓一个新市场等形式。加快延安区域经济转型本身就是一种创新。没有一批勇于创新的领导干部，没有一支具有创新能力的人才队伍，没有层出不穷的新技术、新产品，没有不断开拓的新市场，实现延安区域经济转型就是无源之水，无本之木。这就要求延安各级党委和政府高度重视认真做好延安科技创新和人才培养工作。

第一，加快延安教育改革与发展步伐。一是确立政府是教育发展的主体和主要投资者地位，实行教育投入主要由政府财政统筹的制度。二是进一步提高城乡中小学教师的素质和待遇，加强和规范中小学管理。三是实行教育券制度，按照生均义务教育经费水准，对承担义务教育的民办中小学在经费上予以扶持，在此基础上降低民办中小学的收费标准，确保所有中小学生都能享受义务教育的权利。四是加快延安职业技术学院的发展，建立延安大学与延安职业技术学院对口支援机制。五是尽快建立健全中共延安市委、市政府与延安大学合作办学的机制与平台，以充分发挥延安大学作为延安经济社会发展的理论创新中心、人才培育中心、科技开发中心、文化发源中心的重要作用。

第二，构建延安科技创新体系。一是尽快召开延安市科技大会，修改完善延安科技进步政策，出台科技工作规划，唤醒全市人民的科技创新意识。二是切实加大科技投入力度，不断提高市县本级科技三项费预算占同级财政支出的比例。三是进一步加大科技人才的奖励力度，改善科技人才的工作条件和生活条件，激发科技人员的积极性和创造性。四是设立延安重大科技课题专项基金，全力攻克制约延安经济转型和经济社会发展的科技难题。五是有效整合延安现有科技资源，建立政府、企业、科研机构合作互动的机制与平台。六是加快培育和完善延安技术市场，尊重和保护科研人员的知识产权和专利技术，加快技术产业化进程。七是重视科技推广和普及工作。

第三，高度重视延安社会科学研究工作。江泽民同志指出：社会科学和自然科学同样重要。从延安区域经济转型的角度看，自然科学固然重要，社会科学同样不可或缺。而反观延安现状，社会科学研究并没有受到应有的重视。这就要求新一届中共延安市委、市政府高度重视延安社会科学研究工作。一是设立延安社会科学规划办公室，指导延安社会科学研究工作。二是设立延安社会科学研究基金和奖励基金，资助和鼓励延安社会科学研究工作。三是重视延安市社会科学联合会和各类社会科学学会的工作，发挥其在延安区域经济转型中的应有作用。

（五）切实做好金融风险防范工作

目前，延安市金融风险虽然总体可控，但发生系统性金融风险的隐患较大，且有恶化之势，需引起中共延安市委、市政府高度重视：一是金融机构不良贷款呈上升趋势。截至 2018 年 6 月，全市不良贷款余额 34.16 亿元，不良贷款率 2.94%，同比增长 17.92%。二是资金期限错配问题较为突出，银行流动性风险加大。多年来，延安银行活期存款占比 2/3，定期存款占 1/3。而贷款中，中长期贷款高出短期贷款 2 倍以上。三是金融企业杠杆率上升，债务风险继续加大。2017 年末，全市规模以上企业杠杆率为 61.2%，超过警戒线 1.2 个百分点。四是中小微企业违约率居高不下。2018 年 6 月，中小微企业不良贷款 27.69 亿元，占全市全部不良贷款的 81%。五是政府债务风险加大。据统计，2018 年一季度末，延安债务余额较同期增加 20 亿元以上，而同期财政收入仅增加 10 亿元，新增债务余额是同期新增财政收入的一倍多。六是非法集资时有发生。2017 年，全市立案非法集资案件 6 起，涉案金额 2.5 亿元，涉及资金参与人 750 人。2018 年上半年，全市仍立案 4 起，说明非法集资问题仍时有发生。七是民间借贷纠纷不断加剧。2018 年上半年全市受理民间借贷合同纠纷案件高达 5735 件，是 2015 年全年结案数的 166%。八是住房价格波动过大。2018 年 1 月，延安新房均价 5240 元/平方米，与 2017 年 10 月相比，3 个月上涨了 58.8%。

防范和应对延安金融风险，应当采取标本兼治、长短结合的对策。

第一，加大公民教育力度。一是引导全体市民形成正确的人生观、价值观和财富观，避免过度的贪婪。二是教育公民掌握必要的金融风险知识，避免无知带来的财产风险。三是筑牢诚实守信的道德底线。

第二，改革地方党委和政府绩效考核评估体系及党员干部业绩考核体系，引导地方党委和政府及党员干部形成正确的政绩观，不要让党政干部明知故犯地去做有可能会加大金融风险的事情。

第三，加强防范和化解金融风险的基础设施建设和能力建设。一是建立及时、充分、精准、公开的金融数据和金融信息统计和传递机制。二是从根本上改善社会诚信体系，优化地方金融机构的发展环境。市一级应该建立全国市联网的诚信系统，让诚信者在市场交易中畅通无阻；

让失信者寸步难行。三是提高金融系统及金融监管部门工作人员的准入门槛。四是培养、使用和打造一支懂金融、善监管的优秀金融人才队伍。

第四，设立防范和化解金融风险基金。一是设立农村产权抵（质）押融资风险补偿基金。二是实施创业担保贷款财政贴息政策并设立创业担保贷款担保基金。三是设立政府性融资担保风险补偿及小额贷款保证保险风险补偿专项资金。四是设立政府投资引导基金。

第五，健全金融监管制度。一是强化对金融机构的流动性监管。二是加强对金融市场运行态势监控。三是完善和改革金融监管框架，做到金融监管全覆盖。四是加大对非法集资和民间借贷纠纷案件审结和惩处力度。

第六，切实落实习近平总书记"房子是用来住的，不是用来炒的"的指示精神，坚决遏制因投机性因素致房价上涨的不正常现象，维护延安房价总体稳定。

### （六）切实加快配套改革进程

延安应该继续坚持以改革开放为动力，打破制约延安经济社会发展的体制樊篱，为延安经济社会发展提供体制保障。

第一，加快行政区划改革。适应生产力发展和社会主义市场经济体制的新要求，通过并、撤、拆等途径，对延安计划经济时期及以前形成的县、乡、村等行政区划进行彻底重组和再造，以便为彻底精简机构、淘汰冗员，从而系统性减税创造条件，为加快推进延安经济转型升级、追赶超越开辟道路。

第二，继续推进户籍制度改革。现存户籍管理制度是造成城乡分割的主要障碍，户籍差异导致城乡社会不公。因此，要在现有户籍管理制度改革的基础上，进一步加大改革力度，完善相关政策。要建立城乡统一的新型户籍管理制度，放宽户口迁移政策，取消农民进城落户种种限制，简化户口审批程序，彻底剥离附加在户籍制度上的非户籍功能，尽快实现户籍制度改革的最终目标即自动登记制度。同时，要依靠户籍政策的引导作用，促使农民向城镇集聚，鼓励各类人才到城镇居住和创业。

第三，完善土地流转方式，促进土地规模经营。要针对建设用地和农业用地分别实施不同的土地流转模式，鼓励农村建设用地向城镇集中，建立并完善增加城镇建设用地与减少农村建设用地挂钩的协调机制。在保障农民土地经营权的前提下，鼓励农民依据"依法、自愿、有偿"原则，采取入股、出租、质押、置换等途径，流转土地使用权，并在条件成熟的地区，进一步推广以土地承包经营权入股为主的股份合作经济。

第四，全面落实中共陕西省委出台的对干部鼓励激励、容错纠错、能上能下的"三项机制"，最大限度地激发和保护全市干部干事创业的积极性，营造争先创优的良好氛围，凝聚加快延安区域经济转型的精气神。

（七）切实加大对外开放力度

在本土资源稀缺的情况下，加快经济转型发展的又一举措，就是对外开放，以充分发挥境内境外两种资源、两个市场的作用，借外力促发展。加大延安对外开放力度，应当采取以下对策。

第一，树立"越是封闭越要开放的意识"，不断提高和增强延安干部群众的开放意识和信心。

第二，加大延安对外宣传与推广力度，积极开展对外交流与合作。

第三，加快延安基础设施建设和生态环境建设步伐，改善延安吸引境内外投资的硬环境。

第四，提高延安政府办事效率，简化审批程序，优化吸引外资的软环境。

第五，进一步做好延安招商引资工作。

第六，实行"走出去"战略，扩大延安农副产品和以农副产品为原料的工业品及劳务的出口。

# 第五章

# 延安区域经济转型与农业现代化

## 一 农村发展与农业现代化的理论分析

延安农村发展的实质和全国农村发展是一样的，这就是：生产力方面，要加快实现从传统农业向现代农业的战略性转变，即加快实现农业现代化；经济体制方面，要加快实现从计划型农村经济体制向市场型农村经济体制转变，即加快实现农村市场化。其中，前者是目标，后者是手段。

### （一）农业现代化的基本特征

延安农业生产力的发展，必须摆脱数千年来传统农业的束缚，全面走向现代农业，实现农业现代化。

农业现代化的基本特征表现在以下几个方面。

### 1. 农业机械化和电气化

从动力方面看，传统农业使用的动力主要是人力和畜力，生产工具主要是手工工具和铁器；现代农业使用的动力主要是机械力和电力，生产工具主要是各种机器。目前，欧美一些国家，已经拥有足够数量的技术领先性能优良的拖拉机、耕耘机、联合收割机、农用汽车、农用飞机以及林、牧、渔业中的各种机器，使多数农作物的生产从田间作业、运输、精选、烘干、入库的整个过程均实现了机械化和电气化。此外，畜禽业、林业、渔业等部门的产品生产、加工、运输也基本上实现了机械化和电气化。可见，机械化和电气化是现代农业的首要特征。延安农业转型必须走机械化和电气化的路子。

2. 农业科学化

从技术方面看，传统农业生产技术主要是靠世世代代积累下来的传统经验，肥料主要是农家肥和绿肥；现代农业依靠的是现代科学技术，也就是各种先进科学技术在农业生产中的广泛应用。一整套建立在现代自然科学基础上的农业科学技术的形成和推广，使农业生产技术由经验转向科学，如在植物学、动物学、遗传学、物理学、化学等科学发展的基础上，育种、栽培、饲养、土壤改良、植保畜保等农业科学技术迅速提高和广泛应用；生物工程、材料科学、原子能、激光、遥感技术、信息技术等最新技术在农业生产中开始运用；经济数学方法、电子计算机等在农业经营管理中的运用越来越广。此外，高产良种的推广，化肥农药的使用，生物技术的实施，"免耕""少耕"法的推行，都大大提高了生产力，迅速改变着生产的面貌。可见，科学化是现代农业的第二特征。延安农业转型必须走农业科学化的路子。

3. 农业社会化

从规模上看，传统农业生产规模小，以自给自足的自然经济为主，商品经济十分薄弱，基本上没有形成生产的地域分工。现代农业表现的形式是农业生产逐步形成地域化、专业化和农工商一体化的社会化大生产。随着社会分工的越来越细，协作范围越来越广，社会上形成了农产品的生产、供应、销售紧密联系的经济体系。这是农村经济走向综合发展和现代化的重要标志。它已远远超出了传统农业的范畴。可见，社会化是现代农业的第三特征。延安农业转型必须走农业社会化的路子。

（二）农村市场化的内在规定

和全国一样，延安农村经济体制的转型也应该是一个市场化的过程，即也应该是从计划经济体制向市场经济体制转型的过程。也就是说，延安农村经济体制改革的最终目标也是要建立能够反映市场经济内在要求的经济体制——市场型农村经济体制。

所谓市场型农村经济体制，一般来说，主要包括以下三个方面的内容①。

### 1. 市场型农村经济资源配置方式

所谓市场型农村经济资源配置方式，是指市场在农村经济资源的配置中发挥决定性作用的资源配置方式。一般来说，其主要涉及三种农村经济资源的配置问题，从而形成三种市场型农村经济资源配置方式。其一，市场型农村人力资源配置方式；其二，市场型农村资金资源配置方式；其三，市场型农村土地资源配置方式。只有通过这三大市场型农村经济资源配置方式，才能实现农村经济资源的最优配置，才能促进农村经济效率的不断提高。

### 2. 市场型农业生产经营方式

与自给自足的自然经济不同，市场型农业生产经营活动的最大特点就是农户是根据市场的需求来进行生产，并且是为市场而生产。因此，市场型农业生产经营活动面临的最大问题，就是在生产与需求之间存在着严重的信息不对称。即分散的、众多的广大农户根本无法真正把握农产品的市场需求信息，从而导致农业生产经营活动的大起大落和农业生产经营效益不佳。

解决市场型农业生产经营活动面临的生产与需求之间的信息不对称问题，就是要按照市场经济的内在要求，通过建立健全分散的小生产加大流通的市场型农业生产经营模式，即"农户＋公司"的农业生产经营模式，或"大生产＋大流通"的市场型农业生产经营模式，即"公司＋公司"的农业生产经营模式，把农产品的流通活动交由大公司去经营，从而建立起沟通生产与需求的大流通组织体系，以实现生产与需求的有效对接，使农业生产经营活动获得平稳、高效发展。这就是所谓的市场型农业生产经营方式。

---

① 参见魏杰《市场经济前沿问题——现代经济运行方式》，中国发展出版社 2001 年版，第 230—244 页。

3. 市场型农业产业保护方式

与其他产业相比，作为农村经济主业的农业产业具有两方面的特殊性：一是农业产业是一个"靠天吃饭"和"靠地吃饭"的产业，受自然条件的影响和约束太直接、太深重，往往会遇到自然所带来的不可抗拒的巨大灾难，所以它的发展在很大程度上取决于自然对人类的影响。二是农业产业的发展往往是滞后的，这在世界上任何国家或地区都是如此。农业产业的这两个特殊性，说明农业产业是一个非常特殊的产业。正因为如此，在当今世界上，几乎任何一个国家都要对农业产业进行保护，即对农业产业进行一定的补助。

## 二　延安农村发展现状

### （一）粮食生产能力显著提高

2019 年，延安市粮食产量达 70.57 万吨，比 1978 年的 39.58 万吨增加了将近 1 倍。从 1980 年起，延安粮食产量先后跨越 60 万吨、70 万吨、80 万吨、90 万吨大关，1998 年达到 97.68 万吨，1999 年、2000 年和 2001 年因受自然灾害和大面积退耕还林的双重影响，分别减产为 70.25 万吨、66.60 万吨和 56.44 万吨。此后，粮食产量平稳增长。2012 年至 2017 年，连续 5 年稳定 70 万吨以上的水平。

尤为可喜的是，在粮食产量稳定增长的背后，是粮食生产能力的显著提高。1949 年，延安粮食播种面积 564.74 万亩，总产量 17 万吨，平均亩产 60.2 斤。2019 年，延安粮食播种面积 216.54 万亩，总产量 70.57 万吨，平均亩产 651.8 斤。新中国成立 70 余年，延安平均每亩粮食产量提高了 9.83 倍。

### （二）农业主导产业培育步伐加快

近年来，为了响应党中央"再造陕北秀美山川"的号召和适应"入世"对延安粮食生产的挑战，延安自觉加大了"退耕还林、封山禁牧"力度，在压缩粮食生产面积的同时，大力发展具有比较优势和区域特色的林果业、养殖业、棚栽业和畜牧业，使延安农业主导产业培育步伐不断加快。

总体而言，延安农林牧渔业 1978 年完成产值 2.13 亿元，2019 年完成产值 261.07 亿元。2019 年比 1978 年增长了 121.57 倍。

具体来说，2019 年，延安苹果产量 349.8 万吨，比 1978 年增长 402.1 倍，延安苹果产量占到世界总产量的 4.6%，是国内地级市中苹果种植面积最大的地区。2019 年，延安蔬菜产量 116.1 万吨，牛存栏 6.11 万头，羊存栏 55.14 万只，生猪存栏 35.00 万头，家禽存栏 302.14 万只。

（三）农村基础设施不断改善

改革开放以来，特别是 21 世纪初以来，延安大力实施"村村通"工程及新农村建设、新型农村社区建设和小城镇建设工程，使农村的基础设施得到显著改善。据统计，截至 2018 年，延安农村道路硬化率 91%，自来水普及率 98%，电网改造率 95%，电信网络覆盖率 80%，农村危房改造率 100%，农村卫生厕所改造 5.5 万座，清洁村建成率 100%，生态村建成率 53%，美丽宜居示范村建成率 26%。2019 年以来，延安农村基础设施改进工作又取得了新的成绩。

（四）农村生态环境逐渐优化

1999 年延安市被确定为国家唯一退耕还林试点市以来，农村生态环境恶化趋势得到明显遏制，退耕还林效果十分显著。截至 2019 年，延安累计完成退耕还林面积 1150 万亩，占延安国土面积 19.5%，延安森林覆盖率由 33.5% 提高到 52.5%，植被覆盖度由 46% 提高到 81.3%。

（五）农民生活水平不断提高

2019 年延安农民人均可支配收入 11876 元，比 1978 年（53 元）增长了 223.1 倍。2019 年 5 月 7 日，延安正式宣布，告别绝对贫困，达到温饱和初步小康水平，正在向全面小康社会迈进。

### 三　延安农村发展存在的问题

延安农村发展虽然取得了较大成就，但距农村市场化和农业现代化的目标要求还有很大差距，具体表现在农村经营体制不合理和农村经济发展水平低下两个方面：

#### （一）农村经营体制存在的问题

第一，规模过小、实力过弱的农户式经营，难以适应日益激烈的市场竞争，特别是与国外规模大、实力雄厚的现代化农业企业短兵相接式的竞争。

第二，农村土地制度改革不到位，妨碍了土地的有偿流转、适度集中和规模经营，妨碍了市场在资源配置中决定性作用的发挥。

第三，农业产业化经营步伐缓慢，主要是龙头企业的市场竞争能力不强，风险承受能力脆弱，辐射带动能力差；为农民提供产前、产中、产后服务的农业社会化服务体系和市场体系发育滞后；龙头企业与农户之间的关系松散，远未形成"利益共享、风险共担"的利益共同体，致使大多数农户只能获得农业原料、初级农产品的基本收益，妨碍了农业的市场化、集约化、社会化进程。

第四，农村基层组织软弱涣散，村委会干部素质不高，挥霍、贪污、侵占集体资产、损害农民利益等问题依然较为严重。

第五，政府职能转变滞后，管得过多、管得过死，农户的生产经营自主权得不到尊重；此外，政府机构臃肿、人浮于事，官僚主义、形式主义现象仍然较为突出，加之行政区划过多，导致县、乡、村规模过小，财政供养人员过多。

#### （二）农村经济发展存在的问题

第一，农业生产力落后，抵御自然灾害能力不强，产业化进程滞后。迄今为止，延安农业基本上还是以手工劳动为主，有的地方甚至使用牛耕，远未摆脱"靠天吃饭"和"靠地吃饭"的状况。因此，一遇自然灾害，就会遭受严重损失。比如，截至2019年，延安发展较快的苹果产业，架设了防雹网的果园，占比不到 50%，拥有现代化果库的果园占比不到 50%，开花季节能够有效应对降温天气的果园不到 10%。此外，延安农业产业化进程较为缓慢，基本处于出卖原料和粗加工状态。

第二，农地撂荒现象较为严重。作为黄土高原丘陵沟壑区，延安的土地面积虽然较为广博，但多为凹凸不平的山地，且退耕还林就占据了将近一半的耕地。即便如此，延安依旧存在着包括计划经济时期修建的梯田和近年来中央实施治沟造地工程兴建的沟地和坝地等在内的比较严重的杂草丛生、无人耕种现象。

第三，农业从业人员的素质相对偏低，不适应现代农业发展的根本要求。一是农业从业人员中文盲、半文盲占有很大比例。二是懂技术、善经营、会管理的现代农民凤毛麟角。这与早已普及了九年制甚至十二年制免费教育以及不经过培训就不能从事农业生产的西方发达国家农业现状形成了鲜明对比。三是农业劳动力老龄化、女性化现象严重。农业对年轻劳动力特别是素质较高的当代大学生缺乏吸引力。

第四，农村基础设施落后的问题没有得到根本解决。主要表现为通往自然村的公路硬化率不高和通往耕地的公路开通率低；现代化的农业滴灌系统严重缺失；农村电网改造力度有待提高；农村水污染处理率不足 30% 等。

第五，农民生活水平低。据统计，2019 年，延安农村居民人均可支配收入 11876 元，只及全国的 74.1%、陕西的 96.2%、中部革命老区吉安市的 78.0% 和东部革命老区临沂市的 79.3%。可见，经过 40 余年的改革开放，延安农民的生活水平与全国、全省及中东部革命老区的农民相比还有较大差距。

## 四　延安退耕还林工作的绩效分析

### （一）延安退耕还林工作的巨大成就

延安退耕还林 20 年，最显著的经验，就是成功实现了生态效益与经济效益的统一、"国家要被子"和"农民要票子"的统一。

从生态效益看，据统计，1999 年以来，延安累计退耕还林 1150 多万亩，植被覆盖率达 81.3% 以上，提高了 34.3 个百分点；森林覆盖率达 53.07%。土壤侵蚀模数由退耕前的每年每平方公里 9000 吨降为 2017 年的 1077 吨，年入黄泥沙由 20 世纪末的 2.58 亿吨降为 2017 年的 0.31 亿吨，降幅达 88%。延安城区空气优良天数从 2001 年的 238 天增加到 2019 年的 323 天。

从经济效益看，据估计，截至 2019 年，延安苹果种植面积达 323.65 万亩，实现年产值 140.31 亿元以上，加上森林旅游和林下经济，延安退耕还林产生的经济收益每年达 200 亿元以上。从粮食产量看，在耕地面积大幅减少的情况下，2019 年仍然达到 70.57 万吨，比 2000 年增长了 4 万吨。从农民收入看，2019 年，延安农村居民人均可支配收入 11876 元，是 1999 年的 8.6 倍。

延安退耕还林 20 年，之所以能够取得上述生态效益与经济效益双赢的巨大成就，原因主要有以下几个方面。

第一，国家退耕还林补贴在一定程度上调动了农民退耕还林的积极性。这是退耕还林之所以能够取得成功的重要前提。

第二，延安各级党政部门对中央退耕还林政策的高度认同，及一届接着一届干的责任担当，与驰而不息、久久为功的监管力。这是退耕还林之所以能够取得成功的重要保障。

第三，在耕地面积大幅下降的情况下，在不违背退耕还林政策的前提下，延安各级党委和政府矢志不移调整农业产业结构，科学高效培育农业接续产业，特别是林果业和草畜业。这是退耕还林之所以能够取得成功的重要基础。

第四，着力引导农村闲置劳动力城镇化，促进农民打工收入逐年增加。这是延安退耕还林之所以能够取得成功的重要补充。

**（二）延安退耕还林工作存在的突出问题**

在充分肯定延安退耕还林工作取得巨大成就的同时，也应该实事求是地看到和承认延安退耕还林存在的突出问题。

从生态方面看，延安退耕还林工作主要存在以下问题。

第一，生态林建设发展不平衡。一是林种单一，主要是槐树、杨树和沙棘。二是人工栽植成活率低，自然繁育效果明显但速度缓慢。三是城镇附近、道路两旁退耕效果较佳，偏远山区和荒山荒地效果较差。四是集中连片生态林少，一坨一坨式的"花豹脑"现象较多。五是小树多，大树少。

第二，经济林占比大幅提高。延安经济林占退耕还林面积的比重，2005 年为 15.6%，2018 年提高到 60.8%。

第三，水土流失依然较为严重。每遇发洪水，"绿水延河"就变成了"黄汤延河"。

从经济发展看，延安退耕还林工作主要存在以下问题。

第一，退耕还林的直接经济效益下降。一是退耕还林补贴收入占农民年人均可支配收入的比重下降。退耕还林初期，退耕还林补贴收入占农民年人均可支配收入的比重通常在 30%—40% 之间，目前不足 10%。二是退耕还林补贴期限过短。根据国家规定，生态林补贴 8 年，经济林补贴 5 年，连"10 年树木"的谚语都没有达到，更何况要培育一棵大树，没有三五十年时间是根本不行的。三是退耕还林补贴标准没有与通货膨胀率挂钩。第一轮退耕还林连续 8 年补贴标准没有变化；第二轮补贴标准虽略有提高，但补贴期限内，补贴标准无变化。而 20 年来，我国通货膨胀却在逐年提高。这就是说，国家给农民的补贴标准名义上不变，实际上降低了。

第二，农民个人可支配收入低。2019 年，延安农民个人可支配收入虽然达 11876 元，但比全国农民个人可支配收入低 4145 元，比全省低 450 元，比退耕还林搞得没有延安好的毗邻地区榆林低 1350 元，而1999 年开始大规模退耕还林时，延安农民个人可支配收入原本高出榆林 300 多元。

表 5-1　　　　　　　　2019 年延安与榆林、陕西及全国农民

个人可支配收入一览　　　　　　　单位：元

| 延安 | 榆林 | 陕西 | 全国 |
|------|------|------|------|
| 11876 | 13226 | 12326 | 16021 |

资料来源：2019 年国家、陕西、榆林和延安统计公报。

　　这在一定程度上说明，退耕还林 20 年来，延安广大农民的获得感并不明显。甚至可以说，退耕还林 20 年，是延安人民继续为国家建设特别是生态建设做贡献的 20 年。当前，延安部分农民对退耕还林的热情递减，对国家退耕还林政策不满意度上升，从一个侧面也说明了这一点。

　　第三，农民城镇化率虚高。2019 年，延安农民的城镇化率为 64.07%，高于榆林 4.53 个百分点、陕西 4.64 个百分点、全国 3.47 个百分点。延安的城镇化率比榆林、陕西和全国还高，这并不寻常。因为这既不是由于延安的农业劳动生产率高，导致延安的农业剩余劳动力多造成的，也不是由于延安的工业化水平高，导致延安对农业剩余劳动力的需求大造成的，而是由于延安退耕还林力度大，导致延安农村产生的闲置劳动力过多造成的。而农民由于闲置而进城，在城镇的就业质量就不会太高。延安城镇化率高于榆林、陕西和全国水平，但农民的个人可支配收入却低于榆林、陕西和全国，便能说明，延安农民不仅来自退耕还林的收入不显著高于榆林、陕西和全国水平，来自进城打工、经营的收入也不显著高于甚至低于榆林、陕西和全国水平。可见，延安农民城镇化率高是不正常的虚高。这种虚高不仅没有对延安经济发展和农民增收作出应有贡献，反而可能导致许多进城农民长期处于失业、半失业状态，甚至处于游手好闲和不务正业状态。这对延安社会和谐稳定显然是不利的。

表 5 - 2　　　　2019 年延安与榆林、陕西及全国农民城镇化率一览　　　单位：%

| 延安 | 榆林 | 陕西 | 全国 |
|------|------|------|------|
| 64.07 | 59.54 | 59.43 | 60.60 |

资料来源：2019 年国家、陕西、榆林和延安统计公报。

## 五　延安农村发展和农业现代化的对策探索

### （一）大力发展农业特色产业

**1. 壮大林果业**

目标上，力争 2020 年延安苹果面积达到 400 万亩，产量达到 400 万吨，产值达到 400 亿元；2050 年，延安苹果面积达到 800 万亩，产量达到 1000 万吨，产值达到 1000 亿元。对策上，一是以延安南部果业基地县为依托，强力推进苹果产业北扩计划，全力实现延安苹果产业全域化、全覆盖。二是大力发展山地苹果。三是大力推进果品标准化生产和非疫区建设，建成 100 万亩有机果品标准化示范项目、200 万亩绿色果品基地、50 万亩出口基地，取得有机认证果园突破 50 万亩。四是以"延安苹果"、"洛川苹果"和"梁家河苹果"品牌统领全市果业发展，全力打造世界优质苹果品牌。五是推进果品储藏增值工程，新建一批千吨级气调储藏库和省会城市外销窗口，占领国内高端市场，提高附加值。六是提高苹果防雹网覆盖面，增强防灾减灾能力。七是大力发展"互联网＋苹果"产业，推进苹果销售网络化进程。八是建立苹果研发中心，加大苹果研发投入，提高苹果的科技含量。九是建成中国·洛川现代苹果产业园区，谋划建立延安苹果期货交易所，争取把洛川建成国际苹果定价中心。十是加快发展以果品为原料的农副产品加工业，延长苹果产业链，提高附加值。

**2. 优化养殖业**

目标上，力争 2020 年延安生猪存栏达到 50 万头，牛存栏达到 10 万头，羊存栏达到 60 万只，家禽存栏达到 400 万只；2050 年，延安生猪存栏达到 100 万头，羊存栏达到 150 万只，牛存栏达到 30 万头。对策上，一是以北部 8 县区为重点，建设 500 万亩优质牧草基地。二是大力发展专业化、规模化、标准化、清洁化养殖，形成一批规模养殖专业村和标准化养殖企业。三是在退耕还林效果较明显的地区，以不破坏生态林为前提，允许适度轮牧和放牧。四是加大畜牧业研发投入，提高动物防疫和疾病防治能力。五是大力发展以畜牧业产品为原料的农副产品加工业，延长畜牧业产业链条，提高附加值。六是做好"延安山羊"等畜牧业驰名品牌建设，发挥品牌的放大效应。

3. 提升棚栽业

目标上，力争 2020 年延安蔬菜面积达到 40 万亩，蔬菜产量达到130 万吨。2050 年，延安蔬菜面积达到 80 万亩，蔬菜产量达到 300 万吨。对策上，一是坚持改旧与建新并举、川地与山地并重，围绕县城、重点镇、新型农村社区，发展以蔬菜为主的现代设施农业。二是加强蔬菜新优特品种和高新技术推广。三是积极发展大棚花卉、育苗、水果、菌类种养殖，拓宽棚栽产业发展空间。四是建成安塞、甘泉、宝塔三个功能齐全、设施完善、竞争有序的蔬菜批发市场。五是完善农民技术培训体系，加大农民技术培训力度，提高棚栽业的技术水平和附加值。

4. 做大粮食业

延安土地资源丰富，加上延安的气候条件，更适宜于发展小米、荞麦、绿豆等小杂粮。尤其是民间广为流传的当年共产党用"小米加步枪"，打败了国民党的"飞机加大炮"等传说，更是让延安的小杂粮成了胜利的象征。可见，延安小杂粮不仅具有营养、保健等特殊功能，而且具有显著的红色品牌效应。然而，由于种种原因，近年来延安的粮食产量虽然一直稳定在 50 万—60 万吨以上，但一方面，与 20 世纪 90 年代最高年份 90 多万吨的产量比，延安目前的粮食产量显然下降了很多；另一方面，在现有粮食产量中，玉米占有很大比例，小杂粮产量明显不足，难以满足市场需求，凸显延安优势，不得不依靠陕西榆林、宁夏、甘肃等地的小杂粮填补缺口。这就要求延安应当高度重视粮食产业发展，制定专项行动计划，出台鼓励扶持政策，把以小杂粮为主的粮食产业做大做强。

（二）加快农业产业化经营进程

农业产业化经营是克服小生产与大市场矛盾的锐利武器，是农业和农村经济发展的基本趋势。改革开放以来，延安在农业产业化经营方面虽然取得了一定的成绩，但尚处于比较初级的阶段。因此，必须采取切实措施，加快农业产业化经营进程。

1. 加快农业生产基地建设

要按照"一乡一业、一村一品"模式，加快延安林果业、烟薯业、畜草业、设施农业和小杂粮等农业生产基地建设。

2. 大力扶植和发展农业龙头企业

一是要对现有多数政企不分的官办龙头企业进行民营化改造，以切实转换龙头企业经营机制，增强市场适应能力和竞争能力。二是要按照"民办、民营、民受益"的原则，大力发展非公有制农业龙头企业。三是要制定各种优惠政策，切实加大对农业龙头企业的财政、税收、金融等支持力度，鼓励不同的龙头企业通过资产重组等形式走集团化、规模化经营的路子。

3. 高度重视市场体系培育和建设

农业产业化经营的特征之一就是市场化，即无论农户还是龙头企业，都不是为自己而生产，而是为市场而生产。因此，如果从商品到货币的"惊险跳跃"不成功，那么"摔坏"的就不仅仅是农产品，更是千万农户和大批龙头企业。而要完成这一"惊险的跳跃"，就必须高度重视市场体系的培育和建设，不断完善农业社会化服务体系。一是要切实加快以专业化、网络化、规模化为特点的农产品批发市场的培育和建设，以扩大吞吐量，提高集散力。二是要积极改建、扩建和整顿集镇、城镇和马路市场，以扩大流通能力，杜绝恶性竞争。三是要重视发展和引进农产品零售领域新的经营业态和流通形式，如农产品自选市场、连锁商店等，以发挥农产品流通的规模优势，降低价格，方便人民群众生活，促进农产品流通。四是要以宣传、直销、联销、代销等营销方式，大力拓展外部市场，包括市外市场和国外市场，以扩大市场辐射半径，提高市场占有率，切实把延安的农业产业做大、做活、做强。

4. 正确处理龙头企业与农户之间的利益关系

作为农业产业化经营的两大主体，农户与龙头企业好比同一艘船上的船员，一荣俱荣，一损俱损。因此，二者的根本利益是一致的。但在农业产业化经营实践中，二者的矛盾时有发生：当市场需求旺盛、价格看涨时，有的农户不愿把产品卖给"龙头"；当生产需求疲软、价格看跌时，有的"龙头"又不愿按协定价格收购农户产品。因此，有必要通过建立健全利益约束机制，正确处理龙头企业与农户之间的利益关系，努力实现农户与龙头企业双赢。具体办法是要加强法制约束，强化合同契约管理，明确各自的权利和义务，并对违约行为进行严惩，以便使二者结成利益共同体、命运共同体。

5. 切实加强和改善政府对农业产业化经营的宏观干预

农业产业化经营主要是一种市场行为，政府不应喧宾夺主，充当"龙头"，更不能用行政命令方式，自上而下地强制推行。但由于受信息不完全、不对称等的限制，农业产业化经营并不能完全克服小生产与大市场的矛盾。因此，一方面要求政府切实转变职能；另一方面又要求充分发挥政府对农业产业化经营的行政干预作用。一是加强市场信息网络建设，为农业产业化经营提供信息指导。二是根据市场需求，不断调整产业结构和生产布局，发挥比较优势。三是提供示范，改良品种，提高产品质量。四是加强农民的职业培训和技术推广，为农业产业化经营提供人才服务和技术服务。五是利用行政、法律和经济等手段，加强对农业产业化经营的规制和调控。

（三）加快农业科技进步

农业科技是农业现代化的重要支撑。加快延安农村发展和农业现代化进程，必须大力实施科教兴农战略，加快农业科技体制机制创新，建立延安农业生产经营科技创新体系；必须加大农业科技研发投入，为延安农业科技创新提供充足的资金支持；必须完善农业科技人才发展战略，加强延安农业科技人才队伍建设与储备；必须提升农业技术装备水平，为延安农业现代化提供设备支撑。

工业化是农业现代化的题中应有之义。必须积极推进农业现代化与工业化的深度融合，提升延安农业生产的工业化水平。一是坚持用工业生产方式组织农业生产经营，把市场、质量、标准化、品牌等现代工业理念贯穿农业生产与经营的全过程。二是推动现代工业企业与农业深度融合，建立工农一体化的产业集群。三是把农业生产、销售、市场运营、产品消费服务融为一体，改造提升传统农业，加快农业现代化步伐。

信息化是农业现代化的新要求。必须积极推进信息化与农业现代化的深度融合，强化延安农业生产经营领域的信息技术集成应用，以信息化推动农业现代化。一是加强农业信息化基础设施建设，强力推进农业基础设施、装备与信息技术的全面融合。二是推进农业电子政务建设，不断提升农业行政管理信息化应用水平。三是运用现代信息技术，打造农业科技创新信息化平台，构建现代农业科研信息体系。四是完善农业综合信息服务体系，推进信息技术在农业生产、流通、消费中的应用，提升农业生产的经营网络化水平。

（四）进一步做好退耕还林工作

延安退耕还林工作暴露出来的问题表明，延安的生态文明建设依然在路上。新时代，延安仍然需要进一步贯彻习近平总书记"绿水青山就是金山银山"的绿色发展理念，进一步巩固退耕还林成果，进一步扩大退耕还林战果，进一步提高退耕还林质量，进一步做好农民脱贫致富工作。为此要求国家进一步完善退耕还林政策，推动延安生态文明建设和农民脱贫致富工作迈上新台阶。

所谓完善国家退耕还林政策，最根本的就是要提高退耕还林补偿标准，延长退耕还林补贴期限，实行退耕还林补偿标准与通货膨胀率挂钩等新的惠民政策，让农民有切切实实的获得感，继续调动农民退耕还林的积极性，以达到巩固退耕还林成果、扩大退耕还林战果、提高退耕还林质量之目的。

理由如下。

第一，基于机会成本的思考。机会成本，简而言之，指的是利用一定资源获得某种收入时所放弃的另一种机会可能带来的收入。例如，对农民来说，在把耕地用于退耕还林以获得补贴收入时，就放弃了用耕地种地或放牧可能带来的收入。这说明农民退耕还林是有机会成本的。就像《南泥湾》那首歌唱的一样，"到处是庄稼，遍地是牛羊"。庄稼和牛羊是农民本来可以获得的收入，现在，国家号召农民自愿退耕还林，并按国家政策规定，给农民一定的补贴，这无疑是正确的。因为一旦退耕还林，农民就得放弃种地或放牧的机会。例如，现在游客到南泥湾，就只能看见到处是森林和假羊，而看不到庄稼和牛羊了。根据机会成本原理，决策者在实际选择一个项目时，一定要确保其收益高于机会成本。对农民而言，如果国家给农民的退耕还林补贴高于其种地或放牧的收入，农民就会积极响应国家号召，坚决退耕还林。否则，要是国家给农民的退耕还林补贴低于其种地或放牧的收入，甚至在若干年后，完全取消了补贴，还不让农民在自己的耕地上开荒种田或放牧，农民就会消极应付国家号召，不积极退耕还林。其结果，要么退耕还林会演变成一种超经济的强制，要么农民便会冒着超经济强制的风险开荒放牧。其结果，要么会使退耕还林业已取得的成果毁于一旦，要么会增加更多的监管成本和犯罪。这就要求，只要农民的土地一直处于退耕还林状态，国家就一直要给农民大于至少不小于其土地机会成本的补偿。因为没有一个理性的投资者，会一直愿意用自己的资源做一个收益低于机会成本甚至没有收益的事情。农民也不例外。

第二，基于外部性的思考。外部性，指一个人或一群人的行动和决策使另一个人或另一群人受损或受益的情况，分为负外部性和正外部性两种类型。延安退耕还林不仅使当地人受益，更使黄河中下游居民由于水土流失和沙尘暴大幅减少而受益。但黄河中下游的居民并没有为此给延安人民任何回报或补偿。这就是正外部性。从经济人角度讲，没有人会长期愿意从事这种具有正外部性的事情。外部性如何解决？经济学提供的基本思路就是使外部性内部化。比如采取办法，让延安农民因退耕还林而给黄河中下游居民带来的好处，变成延安农民自己的好处，以体现谁投资谁受益的原则，并调动延安农民继续退耕还林的积极性。如何实现外部性内部化？经济学家设计了很多办法，其中一种最传统的办法就是通过政府干预，让受益方交税，并通过国家将税收补贴给创造正外部性的单位或个人。我国政策规定，农民退耕还林应当获得补贴，就是基于这个原理做出的安排。但是，根据外部性原理，只要外部性一直存在，补贴也就应该一直存在。除非一次性买断，或一次性补贴到位。而目前我国政府给农民的补贴，显然没有使退耕还林的外部性内部化。比如，据国家有关部门介绍，退耕还林 20 年来，国家平均每年给农民的补贴只有 250 亿元。而按照 2016 年现价评估，全国退耕还林工程每年产生的生态效益总价值为 1.38 万亿元，产出是投入的 55.2 倍。可见，根据外部性原则，国家应该要么一次性大幅度提高退耕还林补贴标准，即买断，要么在现行补贴标准下，继续延长补贴期限甚至实现退耕还林期间补贴常态化是合情合理的。

第三，基于产权的思考。产权是主体对客体的一系列权利的总称，主要包括财产的所有权、占有权、支配权、使用权、处置权和收益权等。其中所有权是最重要的产权，具有绝对性、排他性和永久性等特征。我国农村土地属于集体所有。农民集体对农村土地享有他人包括国家不得任意干涉的所有权、支配权、使用权、处置权和收益权。不仅如此，保护集体所有权不受侵犯是国家的重要义务。这就意味着在集体土地没有转让的前提下，农民作为集体的成员，有在归自己所有的土地上永久性经营的权利，永久性获得收益的权利，不管集体土地是用来耕种还是放牧，抑或退耕还林。尤其考虑到在退耕还林情况下，农民等于事实上永久放弃了集体土地的自主经营权、支配权和转让权。所以，农民就有权永久性地从集体土地上获得收益，包括因放弃集体土地的自主经营权、支配权和转让权而应得的收益。但目前根据国家有关政策，农民只能从退耕还林的土地上获得5—8年的收益。这显然与产权经济学的基本原理是相悖的。

第四，基于经济史的思考。据考证，在历史上延安曾经是典型的秀美山川。但一是作为汉族与少数民族交会的边疆地区，延安长期处于屯垦充边的状态。二是20世纪三四十年代，党中央在延安13年，外来人口异常膨胀，导致党中央不得不在陕甘宁边区开展大规模的经济建设，从而造成了对当地土地资源的过度开发和对林业的过度砍伐。由此可见，从秀美山川变成光山秃岭，也是延安老区人民为新民主主义革命胜利和中华民族解放作出的重要的生态牺牲和贡献。1999年，朱镕基总理回延安，号召延安人民把"兄妹开荒"变成"兄妹造林"，并提出"退耕还林（草）、封山绿化、个体承包、以粮代赈"的政策，要求国家有关部门和陕西省把延安作为生态环境建设的重点，加大资金投入，给予政策支持。这本身就包含着党中央对延安人民在历史上为中国革命事业作出重要生态牺牲和贡献的肯定与补偿（用朱镕基总理的话说就是"还债"）。2015年，习近平总书记回延安并在延安主持召开陕甘宁革命老区脱贫致富座谈会。习近平总书记说："老区和老区人民，为我们党领导的中国革命作出了重大牺牲和贡献。我们要永远珍惜、永远铭记老区和老区人民的这些牺牲和贡献"，"加快老区发展步伐，做好老区扶贫开发工作，让老区农村贫困人口尽快脱贫致富是我们党和政府义不容辞的责任"。20年来，延安人民自觉响应党中央号召，在延安大地掀起了一场绿色革命，为中国乃至世界提供了"生态可逆"的成功样本。但延安人民的获得感并没有因此而得到应有的提高。

基于上述分析，进一步做好延安退耕还林工作应当采取以下对策。

第一，希望中共延安市委、市政府积极向中央和陕西省有关部门呼吁，尽快调整和优化国家退耕还林政策：一是延长退耕还林补贴期限，乃至实现退耕还林补贴长期化；二是实行退耕还林补偿标准与通货膨胀率挂钩政策。

第二，继续发扬延安历届党委和政府高度重视生态文明建设的优良传统，继续做好延安退耕还林工作。过去 20 年，延安退耕还林之所以取得巨大成功，一个重要经验是，各级党政部门对中央退耕还林政策的高度认同和一届接着一届干的责任担当，以及驰而不息、久久为功的监管力。这一经验和传统无疑需要继续传承。今后，尤其要坚持继续从延安市县两级财政中拨出专款，用于扶持退耕还林工作，确保延安退耕还林长期化、可持续。

第三，继续着力优化农村产业结构。一是大力发展包括苹果、杏、桃、梨等在内的经济林；二是大力发展林业经济和生态旅游；三是继续实施苹果产业北扩计划和苹果产业"后整理"战略。

第四，大力实施包括林产品在内的农副产品加工业振兴战略。一是切实把农副产品加工业当作主导产业来培育。二是不断延长包括林业在内的农业产业链。三是提高农副产品的科技含量和附加值。

第五，坚持走"内涵式退耕还林"之路，注重提高现有退耕还林区的退耕还林质量。

第六，妥善解决因退耕还林带来的农村劳动力过度闲置问题，提高进城农民的就业质量。为此建议，政府在进一步做大做强本地城镇经济以增加本地城镇就业机会的同时，继续与中东部发达地区乃至西部劳动力短缺地区建立常态化劳动力输出机制，组织闲置农民异地就业。

（五）积极稳妥实施乡村振兴战略

习近平总书记在中共十九大报告中，首次提出我国要实施乡村振兴战略。乡村振兴战略是一个新生事物。如何既坚定不移又积极稳妥地实施好这一战略，是摆在延安各级党委和政府面前的一项新的重大课题。

1. 总结历史，吸取教训

历史是一面镜子，它照亮现实，也照亮未来。改革开放 40 多年来，延安与全国一样，出现了城乡差距不断扩大的趋势。为了遏制这一趋势，20 世纪 90 年代以来，延安与全国一道相继大规模开展了"村村通"、新农村建设、农村新型社区建设、小城镇建设和美丽农村建设等工作。为了搞好这些工作，国家和农民先后投入的人力、物力和财力不可谓不多。这些投入究竟对延安农业和农村发展发挥了多大作用？究竟给延安广大农民带来了多少福祉？诸如此类的问题，理应深入研究和反思，以便对上述工作的得失做出深刻总结，从而"照亮"即将实施的乡村振兴战略，使之少走弯路，科学推进。

2. 规划先行，从长计议

"凡事预则立，不预则废。"实施乡村振兴战略一定要坚持规划引领的原则，率先制定出一个能够指导延安农村未来较长时期发展的乡村振兴规划，对延安乡村振兴的目标、阶段、重点以及延安乡村布局、乡村基础设施建设和产业培育计划等做出综合安排和部署。

乡村振兴规划是指引农村未来发展的蓝图，是乡村振兴的标准。只有本着一张蓝图绘到底、一届接着一届干的精神，持之以恒地实施乡村振兴规划，才能使延安的乡村建设取得实实在在的成果。

战略是管长期的。乡村振兴战略是一项从现在开始起一直实施到21世纪中叶的长达30多年的战略，而不是一个三五年就要完成的政治运动。这就要求延安在实施乡村振兴战略过程中一定要从长计议，循序渐进，切不可急躁冒进，急于求成。

所谓实施乡村振兴战略要"规划先行、从长计议"绝不是抽象的、泛泛而谈的，而是具体的、有所指的。只要深入农村考察一番，就不难发现，一些建筑漂亮的希望小学荒草丛生；一些崭新的农村庄院和新型社区荒无人烟；一些飘扬着五星红旗的村委会大院门可罗雀，院内办公室、卫生室、治安调节室、图书室灰土满面。面对此情此景，怎能不让人扼腕痛心。究其原因，与当初缺乏规划、论证和长远考虑不能说没有一点关系。

3. 统筹兼顾，通盘考虑

从空间看，乡村振兴实质上是农村振兴。在我国，县以下都是农村。而目前延安的两个区所管辖的地域仍然以乡村为主。所以，从这个意义上说，延安的乡村振兴，既应包括村庄的振兴，也应包括乡镇政府所在地的振兴，还应包括县区政府所在地的振兴。从内容看，乡村振兴实质上是农村的全面振兴。因此，就这个意义而言，延安的乡村振兴既应包括农村经济、社会和文化的振兴，又应包括农村治理体系创新和生态文明进步。这说明乡村振兴是一个综合概念。这就要求延安在实施乡村振兴战略时，必须统筹兼顾，通盘考虑，而不能只局限于村庄的振兴，而忽视了乡镇建设和县城建设；更不能只局限于农村的经济建设，而忽视了农村的社会建设、文化建设、政治建设和生态建设。

4. 尊重实际，遵循规律

所谓尊重实际，就是要求延安在实施乡村振兴战略时，一定要从延安的市情出发，不能教条地落实中央和省里关于乡村振兴战略的规划和政策，更不能照搬外地和外国的模式；所谓遵循规律，就是要求延安在实施乡村振兴战略时，一定要按照经济社会发展规律办事，不能从老百姓的主观愿望出发，不切实际地吊高胃口，或迎合少数群众短视、狭隘的观念和心理，更不能从领导干部的一腔热血出发，有权就任性，好心办坏事。

从延安市情看，农村以山岭村为主，村庄规模小，村内农户居住分散，村与村之间距离远，农民进城积极性高涨，城镇化率高达65%左右，远高于全国平均水平。从经济社会发展规律看，城镇化是经济社会发展的必然趋势，是最重要的经济规律之一，城镇化是农民的城镇化，是解决农民多、土地少这一农村基本矛盾的主要途径。考虑到延安农村的实际状况，延安农民的城镇化水平还将继续提高。在此情况下，延安农村必将继续出现更多的空心村和人烟稀少的留守村。这就要求一定要处理好城镇化与乡村振兴的关系，做到有所不为和有所为相结合，并且在统筹兼顾、全面振兴的过程中，一定要以小城镇建设和县城建设为重点，而不能以自然村为重点，避免刚刚建成的新农村不久便沦为"鬼村"的悲剧重演。

5. 产业为重，基础跟进

乡村振兴最重要的是产业振兴，产业振兴最重要的是农村基础设施的跟进。绝不能像过去开展的历次农村大规模建设高潮那样，把实施乡村振兴战略再次演变为新一轮农村房地产建设运动。须知，农民的问题从来主要不是住房问题，更不是洗澡问题和上厕所问题，而是农民的子女问题和农民自身的病有所医问题。至于农民的子女问题则主要是教育问题、就业问题和事业问题。而农民的子女教育、就业和事业问题，以及农民自身的病有所医问题，绝大部分须靠在城镇解决。所以，从这个意义上说，把农村修得像皇宫那样，也阻挡不住农民进城的步伐。

此外，需要指出的是，现代农业生产方式和生活方式与传统农业生产方式和生活方式有着明显不同。在传统农业生产方式和生活方式下，农民的生产和生活往往是融为一体的，即农民在哪里种地，就居住在哪里，以便于生产和生活。而现代农业生产方式和生活方式则是，农民的生产和生活相分离，即"干在农村，住在城镇"。因为在现代农业生产条件下，农村的交通道路等基础设施和农民的交通工具已经大为改善。所以，农民住在城镇并不影响其快速和低成本地去农村搞生产；农民在农村搞生产，并不影响其快速和低成本地去城镇居住。

令人欣喜的是，当前，在延安的部分农村，这种"干在农村，住在城镇"的现代农业生产方式和生活方式已经初露端倪。现在需要政府做的是，进一步改善农民发展农业生产所需要的现代化的基础设施和降低农民在城镇居住的生活成本，而不是恢复重建每个村庄，并在每个村庄给农民配备学校、医院、法院、图书馆和电影院。

6. 科教为本，改革是魂

乡村产业的振兴，要以农业科技进步为抓手，以新型职业农民为主体，以龙头企业为载体，以为农业提供产前、产中和产后服务的社会化服务体系为保障。为此，离不开增加政府对农业科技研发的投入，离不开扩大政府对农业科技的普及与推广，离不开政府对新型职业农民的培养，离不开政府对农业社会化服务体系和城乡市场体系的培育。而这一切又离不开由政府主导的市场取向的改革。

需要强调的是，政府实行的一切旨在推进乡村振兴的改革，要以尊重农民的家庭经营自主权和农民的意愿为前提，千万不要以壮大集体经济和发展规模经济为由，以组建股份合作制农业经营主体为名，重新变相剥夺农民对集体土地的承包权，强化村支书和村主任对村民生产和生活的干预和指挥，重蹈人民公社化时期社队集体经营的覆辙。

### （六）继续做好新形势下农村扶贫工作

当前，延安农村精准扶贫工作取得了显著成效，已经实现了现行贫困标准下的整体脱贫。但由于整体脱贫不等于全部脱贫，所以，延安现行贫困标准下，仍然存在着少量的绝对贫困人口，此其一。其二，由于贫困标准不断提高是一个趋势，所以，随着我国贫困标准的提高，延安还将面临更高贫困标准下的贫困问题。其三，如果按照国际通行的贫困标准，延安现有贫困人口占比还会更大。其四，由于经济具有波动性，所以，现行贫困标准下，已经脱贫的人口再度陷入贫困，也将势所难免。所以，仍然有必要对以往农村扶贫工作进行检讨，以总结经验和教训，为做好新形势下农村精准扶贫工作提供镜鉴。

以往延安农村精准扶贫工作存在的问题主要有如下几个。

第一，混淆了"济贫"与"扶贫"的区别。"济贫"和"扶贫"的区别是显而易见的。一是问题的性质不同。前者主要是国民收入再分配的问题；后者主要是经济发展问题。二是致贫的原因不同。前者的致贫原因主要包括：出生缺陷、自然灾害、老体弱或无子女、长期失业等。后者的致贫原因主要包括：自然条件恶劣或基础设施不良、投资匮乏、自身劳动力素质不高、劳动者劳动积极性低下、懒惰和不务正业等。三是应对贫困的方式不同。前者主要包括"政府救济"和"社会力量救济"两种方式。后者则包括移民扶贫、产业扶贫、金融扶贫、教育扶贫、科技扶贫、医疗扶贫、改革扶贫、法制扶贫等多种方式。四是政府主管部门不同。前者通常归各级社会保障部门和民政部门管理。后者通常归各级扶贫机构管理。

第二，在扶贫工作中"只见树木，不见森林"。党中央要求脱贫要"精准"，这是完全正确的。但现实中，把精准脱贫理解为"只见树木，不见森林"则是片面的。主要表现在，政府在脱贫工作中过分强调针对

"某一棵树"的"因户施策"和干部"一对一"式的帮扶，而忽视了政府面对"森林"的顶层设计和宏观施策。须知，政府的优势不在于管"树木"，而在于管"森林"，不在于管微观，而在于管宏观。而大凡群众陷入贫困，少数是由自身的微观因素造成的，比如懒惰和身体残疾，多数则是由外部的宏观因素导致的，比如体制不良和经济落后等。

第三，对消除绝对贫困的艰巨性认识不足。绝对贫困是难以一举永远消除的。一是惰性是人类固有的劣根性，很难根除。二是因出生缺陷导致劳动能力缺失的现象，同样难以根除。三是只要存在着市场经济，失业就是必然的。四是天灾人祸等不确定性是人类无法消除的。五是吸毒现象也难以在短时间内根除。这说明，扶贫济困将是人类长期面临的问题。与此相关，针对绝对贫困而设立的社会福利、救助、扶贫等制度安排必须长期存在下去，不能须臾削弱和取消。

第四，在扶贫工作中存在着政府包揽过度和不准不公等问题。脱贫工作中政府"包揽过度"表现在：一是政府不分部门、官员不分单位均下达有脱贫任务和指标；二是对扶贫对象给钱给物，不求偿还；三是在产业扶贫中存在政府替农民培育产业而不是政府帮农民培育产业的问题。

脱贫工作中政府"不准不公"表现在以下方面。一是确实存在着"该扶的没有扶、不该扶的却扶了"的"不准"现象。二是由于许多情况下，同一村庄、同一社区居民的收入差别不是很大，但因扶贫指标包括"低保"指标有限，有的居民被确定为扶贫对象，有的却没有。这难免导致没有被确定为扶贫对象的居民对政府的不满，以及居民相互之间隔阂的加深、冲突的加剧。三是忽视了对贫困人口的隐私保护和应有尊重。四是忽视对农民树立正确财富观、人生观、价值观的教育和自力更生艰苦奋斗的延安精神的教育。五是忽视反腐济贫。六是忽视改革扶贫。

基于上述问题，继续做好新形势下延安农村精准扶贫工作，应该采取以下对策。

第一，坚持以脱贫为底线，以致富为重点，全面推进脱贫致富工作迈上新台阶。使人类免于贫困是文明社会的基本标志，因此，当前和今后一个长时期，延安市的脱贫工作只能加强不能削弱。而致富是全体人民对美好生活的更高向往和要求，也是社会主义的本质体现和全面建成小康社会的题中应有之义。这就要求延安各级党委和政府必须处理好脱贫工作与致富工作的关系，本着"脱贫不等于致富"和"要脱贫、更要致富"的原则，坚持以脱贫为底线，以致富为重点，全面推进脱贫致富工作迈上新台阶。

第二，坚持以政府主导和社会力量相结合，不断完善社会保障体系，切实做好济贫工作。一是切实加强低保工作，真正做到应保尽保。二是进一步做好医疗保险工作，适度扩大报销比例和报销范围，实行大病救助制度城乡全覆盖。三是逐步建立农民退休制度和养老保险制度。四是建立农民工失业救助制度。五是完善工伤保险制度、残疾救助等福利制度。六是建立社会力量参与济贫工作的激励机制，调动社会力量济贫的积极性。

第三，坚持以微观脱贫与宏观脱贫相结合，发挥党和政府的宏观优势，依靠强有力的顶层设计和宏观施策，进一步做好扶贫工作。在充分发挥个人和市场在人民群众脱贫致富奔小康中的主观能动性和决定性作用的同时，更要加强通过党和政府顶层设计、整体施策，加快区域经济发展，促进公平分配，最大限度地发挥党和政府在摆脱贫困中的作用。

第四，增强对脱贫工作艰巨性的认识，做好打持久战的思想准备。诚如习总书记曾经在《摆脱贫困》一书中所告诫的那样："脱贫是一项长期艰巨的任务，要有打持久战的思想准备。"当前尤其值得注意的是，要警惕在脱贫问题上的急于求成和不切实际地"率先脱贫"。为此，应当尽快开展一次"回头看"行动，防止假脱贫、被脱贫和数字脱贫现象的发生，防止麻痹思想和松懈思想抬头，防止在脱贫措施上提前"鸣金收兵"，甚至"自废武功"。

第五，切实转变脱贫方式，改进脱贫工作。一是强化分工协作，避免脱贫工作中"全民动员"式的一哄而上。二是既要突出党在脱贫工作中的主体责任，又要对广大群众加强正确财富观、人生观、价值观的教育和延安精神教育，切实做到习近平总书记所强调的"扶智"与"扶志"相结合。三是要进一步加大监督力度，更加重视扶贫对象的精准性，避免"不该扶的却扶了"的现象发生。四是重视对贫困人口的隐私保护。五是充分发挥改革脱贫的作用。要通过行政区划改革和行政层级改革，加大农村上层建筑改革力度，使农村上层建筑与变化了的经济基础和生产力相适应。六是加大农村反腐力度，做好反腐济贫工作。

（七）加大现代农民培养力度

推进延安农业现代化进程必须提高农业从业人员的整体素质。为此应当采取以下措施。

第一，把新型农民培育纳入现代农业建设整体规划，出台专门育农政策，加强对农业生产经营人员的有序培训与再教育。

第二，通过优惠政策制定和优良环境打造，吸引具有现代市场意识的城市居民投身延安农业生产经营。"十年树木，百年树人。"靠教育来提高农民素质，可谓"远水不解近渴"。所以，在着力提高农民自身素质的同时，通过制定优惠政策，吸引城市居民自愿到农村干事创业是必要的。通常城市人进村，绝不会像农民那样，满足于"三十亩土地一头牛，老婆孩子热炕头"，他们势必会把现代化的耕作技术和管理理念带到农村去，实行农业的产业化经营、市场化经营和工业化经营、信息化经营甚至智能化经营，从而推进农业的现代化进程。可见，鼓励城市人到农村去，对农业现代化何等重要。

第三，加强农业后备人才队伍建设，着力优化延安职业技术学院和延安大学学科结构，提升办学质量，为延安现代农业培育大批专业人才，确保延安农业后继有人。

（八）加强农村基层组织建设

"政策制定以后，干部就是最重要的因素。"党的一系列富民政策之所以在农村走样变形，农村的发展之所以停滞不前，很重要的一个原因就是现行农村基层组织软弱涣散，阻碍了党的一系列富民政策的贯彻和农村的发展。

加强农村基层组织建设应当采取以下措施。

第一，提高农村党支部书记和村主任的任职门槛。原则上应该由具有大专以上学历的农业从业人员担任。

第二，实行村党支部书记和村主任回避制度。现行村党支部书记和村主任由本村农民担任的制度弊端很大：因为村党支部书记和村主任与本村部分农民往往有着血缘关系或裙带关系，因此很难站在超脱的、公正的立场上开展工作和处理本村发生的纠纷。

第三，实行村党支部书记和村主任专职化制度。当前，国家虽然给予村党支部书记和村主任一定的报酬，但一般较为微薄，不足以养家糊口。在此情况下，一方面，势必加大村党支部书记贪吃贪用集体资产或以权谋私的动机；另一方面，村党支部书记和村主任必须同其他农民一样，为养家糊口而从事农业生产或其他谋生活动。这不仅不利于其全力以赴地开展本村工作，而且很难把自家利益与全村利益区别开来。而实行村党支部书记和村主任专职化制度，则有利于在适度提高村党支部书记和村主任待遇的前提下，较好地克服上述缺陷，从而优化农村干群关系、维护农村稳定。

第四，大力发展年轻党员，并注意农村党员在各村民小组分布的均衡性，防止农村党员家族化、老龄化。

（九）做好农村人居环境改进工作

改革开放以来，特别是中共十八大以来，以基础设施为主要内容的延安农村人居环境改进工作虽然取得了显著成绩，但与国内发达地区相比，延安农村人居环境改进工作还存在着一定的问题。一是改进农村人居环境的投资不够充足。二是农村人居环境改进的覆盖面、受益面有待提高。三是农村人居环境的特色不够鲜明。四是农村人居环境改进工作与农民城镇化、农业现代化的趋势不尽适应。五是农村人居环境改进工作与乡村振兴战略的联系不够紧密。

针对上述问题，进一步做好改进延安农村人居环境工作，应该采取以下对策。

第一，切实提高改进农村人居环境工作专项资金投入力度。一是向中央和省里争取改进农村人居环境工作专项资金支持。二是设立市、县二级农村人居环境改进工作专项资金。三是扩大涉农资金整合力度。

第二，不断扩大农村人居环境改进工作的覆盖面和受益面。农村既包括行政村和自然村，也包括县城和乡镇。考虑到在县城和乡镇政府所在地居住的农民更集中，并将更多。所以，在切实做好行政村、自然村人居环境改进工作的同时，应当更加重视做好乡镇政府所在地和县城人居环境改进工作，不断扩大农村人居环境改进工作的覆盖面和受益面。

第三，努力使改进农村人居环境工作与农村城镇化、农业现代化的趋势相适应。当前，延安农民城镇化和农业现代化还在路上，因此，农民继续减少和农民"干在农村，住在城镇"必将越来越成为农村发展的趋势和农民新的生活方式。这就要求各级党委和政府善于运用系统思维、动态思维和长远观点，从长计议，与时俱进，辩证做好农村人居环境改进工作，避免造成人力、物力和财力的巨大浪费。

第四，重视保护和彰显农村人居环境的特色。2013 年 12 月，习近平总书记在中央城镇化工作会议上发出号召："要依托现有山水脉络等独特风光，让城市融入大自然；让居民望得见山、看得见水、记得住乡愁。"乡愁是人们对儿时的记忆。记得住乡愁，就是要让人们能够从现有的城镇、村落和民居中，仍然能够看得到我们的过去，并让我们的后人知道我们是从哪里来的，不要忘了我们的根，不要隔断我们的历史。由于自然的和历史的原因，延安以窑洞为标志的农村民居风格与关中、陕南及国内其他地区的民居风格是显著不同的。这就是延安的特色。但在以往的村村通、新农村、农村新型社区、小城镇及美丽乡村建设中，在一定程度上忽视了对这一传统民居风格的保护，出现了千村一面、千户一面的去特色化现象。其结果是，居住了几千年的冬暖夏凉的窑洞不见了，变成了千篇一律的排排平房或楼房。这无疑是令人遗憾的。当然，记得住乡愁，并不是要保护落后。而是要将包括水、电、暖、气、网络在内的现代化的基础设施和新型建筑材料等融入富有窑洞特色的传统建筑风格中去。也就是对窑洞进行现代化改造。此外，也应适当地、有选择地保护一批原汁原味的传统民居，供人参观和缅怀。

第五，把农村人居环境改进工作纳入延安乡村振兴战略，统筹谋划，协同实施。尤其是要在继续做好"村村通"工作，努力实现道路硬化、自来水、电力和网络等现代基础设施在有人居住的自然村全覆盖的前提下，积极推动"村村通"工程向"地地通"工程延伸，从而尽可能让延安凡用于耕种的土地都能实现通公路、通水、通电、通网络，从而为统筹推进农业现代化和农村人居环境改进工作奠定基础。

第六章

# 延安区域经济转型与新型城镇化

## 一　新型城镇化的理论探讨

### （一）城镇转型的概念与主题

城镇转型是指城镇发展进程即方向的重大转折，也就是城市发展目标、道路即发展模式的重大变革。一部城镇发展的历史，就是城镇转型的历史。城镇转型的直接结果，一方面是城镇的工业化及社会生产力的高速发展；另一方面是越来越多的人口从农村迁移到城镇，过着城镇的生活。

按照同济大学建筑与城市规划学院沈清基教授的看法，城镇转型的主题有以下三个。

1. 科学转型

即不能以意识形态主宰城市转型，而必须尊重城市客观现实和城市发展规律，以科学的方法对城市转型进行设计。

2. 文明转型

即城镇转型应当彰显进步、教养、秩序、公平、合理等价值观，确保人类社会的进步、和谐、稳定和可持续发展。

3. 生态转型

即城镇转型应当以构建生态城镇为重要目的，应当将多样性、紧凑性、共生性、可持续性相结合；注重挖掘"城市建设用地"的生态服务价值潜力，尊重和吸收地方性生态知识。①

（二）城镇转型的趋势

根据对发达国家城镇转型及发展的观察，城镇转型大体具有以下趋势。②

1. 生态化

为应对全球变暖、资源枯竭和环境恶化等问题，生态化已经成为世界各国城镇发展的共同目标。21 世纪初以来，欧盟和日本等大力推进低碳城镇建设，加快城镇发展，努力实现从高能耗模式向低碳模式转型。英国率先在城镇郊区推行了生态城镇建设。

2. 智慧化

当前，以"智能＋互联＋协同"为特征的智慧城镇，已经成为世界各国众多城镇的发展目标，其中科技创新与信息化成为其关键支撑，物联网、传感网、信息服务中心和信息化平台开发也成为智慧城镇建设的核心内容。从国外看，"智慧城镇"建设在新加坡、马来西亚、韩国等起步较早。它们通过推进电子政务、电子商务、电子娱乐、自动化交通、自动化环境监测和公共安全管理等进程，实现了各地政府之间、企业与政府之间、政府与市民之间随时随地的交流与沟通。

3. 创意化

20 世纪末，进入后工业化时代的西方国家，通过发展创意产业推动城镇由生产功能向消费功能转换，创意和文化消费已经转化为主导城镇发展的内在动力。而大力发展网络数字、动漫游戏、出版传媒、广播影视、演艺娱乐、文化旅游、会展博览、创意设计等文化产业，也已成为调整城镇产业结构、加快城镇发展转型的现实选择。

4. 集约化

优化空间结构，构建集约城市，是城镇转型的又一趋势。为此，应

---

① 沈清基：《论城市转型的三大主题：科学、文明与生态》，《城市规划学刊》2014 年第 1 期。

② 张飞相、陈敬良：《国外城市转型的趋势及经验借鉴》，《企业经济》2011 年第 5 期。

当对有限空间资源进行优化配置，以提升土地产出效率，引导城镇向集约型高效发展。20世纪末以来，新兴城镇化国家大力提倡兴起于欧洲的紧凑城市建设模式，发展边界控制、高密度、混合用地等理念，带动城镇建设模式由外延扩展向紧凑集约发展转型。

（三）城镇化的概念与意义

1. 城镇化的概念

城镇化是人口就业结构和经济产业结构的转化过程、城乡空间社区结构的变迁过程。具体体现在三个方面：一是农村人口向城镇迁移；二是非农产业向城镇聚集；三是农业劳动力向非农业劳动力转移。

2. 城镇化的意义

城镇化是人类文明进步和经济社会发展的必然趋势，是落后的农业国向先进的工业国转变的必由之路。城镇化是与人的发展水平密切联系在一起的。世界绝大部分国家或地区的人类发展指数与城镇化率之间展现出直接的正相关关系。

城镇化的意义主要体现在以下几个方面。

第一，城镇化是现代经济增长的重要推动力。人口在城镇中聚集会产生显著的聚集经济效应和规模经济效应，使私人和公共投资的平均成本和边际成本大幅降低，从而产生更大的市场和更高的利润。随着人口和经济活动向城镇的集中，市场需求将会迅速增长和多元化，这会促进专业化分工，从而进一步提高经济效率。

第二，城镇化有利于普及基本公共服务，改善公共服务质量，促进人民教育水平和健康水平的提高。人口在城镇的集中，大大降低了公共基础设施和教育、医疗卫生等公共服务的平均成本，从而有利于增加公共服务的有效供给，满足更多群众的公共服务需求。

第三，城镇化有利于推进政府治理效能的改善。城镇化使政府与群众的距离更近了，政府及其公务员的行为变得更易于观察和监督。人口的集聚还有助于推进人的组织化和分工，从而使民意的表达变得更加专业化和专职化，公众意见的传播成本也将大大降低。

（四）新型城镇化的概念与特征

1. 新型城镇化的概念

"新型城镇化"的概念是2012年由中共十八大首次提出来的。在中共十八大通过的《中共中央关于全面深化改革若干重大问题的决定》中，中共中央明确强调，要完善城镇化健康发展体制机制，坚持走中国特色新型城镇化道路。根据相关学者的概括，所谓新型城镇化，是相对于传统的以物为本的城镇化而言的，指坚持以人为本，以新型工业化为动力，以统筹兼顾为原则，在推动农村城镇化和人的城镇化的基础上，促进城镇现代化、集群化、文明化、生态化、个性化的城镇化发展路子。

2. 新型城镇化的特点

（1）人的城镇化。新型城镇化不仅要让更多农民到城镇定居，而且要让进城农民享受现代物质文明和精神文明成果。为此，一方面要将进城农村居民的户籍调整为城市居民；另一方面要让转变了身份的农村居民能够真正享受到平等的市民待遇。

（2）集约化。新型城镇化要着力克服传统城镇化存在的新城新区设置过多过滥、资源消耗过大、生态环境压力过重等弊端，提高城镇发展质量，控制新城新区建设和城镇发展规模，提升城镇国土开发强度和管理水平。

（3）产业化。就业是民生之本，而没有产业就没有就业。进城农民要在城镇生存下去，城镇必须有高效的产业来支撑。为此，城镇产业的选择和培育，既要考虑与周边城镇产业的关联度，又要坚持错位发展、特色发展。

（4）一体化。传统城镇化是以城乡差距不断扩大为代价的。而新型城镇化则要求建立以工促农、以城带乡、工农互惠、城乡一体的新型工农城乡关系。

（5）品牌化。文化是城镇的魂魄，是凝聚人、吸引人的重要载体，也是提升城镇软实力和独特魅力的重要催化剂。推进新型城镇化，不能盲目克隆国外建筑，而要注重传承具有地方特色的文脉。没有自己的文脉，形不成自己的特色，自身优势就发挥不出来，就会导致千城一面。

（6）生态化。在城镇建设中，要科学利用山、水、林、园的独特生态功能，创建山水相依、林园共秀的生态型城镇。要充分尊重广大群众对生态文明的向往，积极完善生态系统和环境设施，大力优化美化生产生活环境。要积极推进绿色建筑、绿色交通和绿色行政，创建生态、高效、安全的城镇环境。

## 二　延安城镇化的现状与问题

### （一）延安城镇化的现状

2010 年以来，延安坚持把推进城镇化作为推动城乡统筹发展的重心，通过加大投入、科学规划、全方位提升城镇承载服务功能，使全市的城镇化水平显著提升。

数据表明，延安的城镇化水平，2010 年以前低于全省和全国平均水平，2011 年开始连续 7 年超出全省平均水平，2014 年以来，连续 5 年超出全国平均水平（见表 6 – 1）。

表 6 – 1　　2010—2018 年延安与陕西、全国城镇化水平对比一览　　单位：%

| 年份<br>区域 | 2010 | 2011 | 2012 | 2014 | 2015 | 2017 | 2018 | 2019 |
|---|---|---|---|---|---|---|---|---|
| 延安 | 40.5 | 49.5 | 52.27 | 55.82 | 57.32 | 60.00 | 62.31 | 64.07 |
| 陕西 | 45.7 | 47.3 | 50.02 | 52.57 | 53.92 | 56.79 | 58.13 | 59.43 |
| 全国 | 49.95 | 51.3 | 52.57 | 54.77 | 56.10 | 58.52 | 59.58 | 60.60 |

资料来源：2010—2019 年全国、陕西省和延安市统计公报。

1. 规划引领，初见成效

2011 年 12 月，延安市召开第四次党代会，确立了"中国革命圣地、历史文化名城、优秀旅游城市"的城市定位和"中疏外扩、上山建城"的城镇发展战略。

2017 年，《延安市城市总体规划（2015—2030）》（以下简称《总体规划》）获得陕西省政府批准。这是自1979 年延安首次制定城市总体规划以来，第四次修改和编制城市总体规划。本规划把延安城市的性质定位为"革命圣地、历史名城"，并根据延安地形地貌特征，规划形成了"六纵、六横""三环、八放射"的市域骨架公路网格局。陕西省政府在批复中要求，在《总体规划》确定的 3704.5 平方公里城市规划范围内，实行城乡统一规划管理。重点发展县城和基础条件好、发展潜力大的重点镇，优化镇村布局，结合沿黄生态城镇带建设，在沿黄公路沿线重点培育形成一批特色镇村。此外，延安还编制了做美延安、新区开发、居民下山等多个专项规划。在上述总体规划和专项规划的引领下，延安的城镇建设取得了一定成效。

2. 项目带动，力度空前

2012 年以来，延安全面启动了六大工程，即"削山造地、上山建城"工程、"山体居民安居"工程、"老城改造"工程、"沟巷治理"工程、"市政设施配套"工程和"城市景观"工程。截至 2018 年，延安市重点项目建设 6 年累计投资 5000 多亿元，有效地推进了上述重点工程的实施，从而有效拓展了延安城市的发展空间，初步还原了延安老城的历史风貌，增加了城市的公共绿地，改善了延安的城市形象，提升了延安的城市品位。

3. 新区建设，成就斐然

延安新区位于清凉山北部，与老城区最近直线距离 300 米，控制面积 38 平方公里，规划建设用地 25 平方公里，计划承载人口 20 万人。2012 年 4 月开工以来，已完成造地 2.4 万亩，6 条新老城连接线及 28条市政道路及配套综合管廊全部建成，1.3 万套保障房、安置房和商品房及配套的幼儿园、商业街于 2017 年下半年陆续交付使用，延安大剧院、学习书院、为民服务中心建成投用，延安大学新校区建成招生，市中医院迁建项目建成投用，新区人民公园建成开放，7 所中小学校开始办学，延安鲁艺花园酒店进入试营业阶段，酒店餐饮、生活服务、建材家居等商圈正在形成，全民健身运动中心、鲁艺生态公园、文化公园和山体公园等公共服务设施和基础设施配套正在加紧推进，水、电、气、讯等配备到位，新区城市形象初步显现，受到广大市民和外地游客的一致好评。

4. 旧城面貌，焕然一新

在建设新区的同时，从2013年开始，延安用了6年时间，对旧城进行了较大规模的改造。

延安旧城改造的基本定位是，"展示古城风貌，突显圣地氛围"；改造内容包括"片区改造、古城展示、景区提升、生态建设、功能完善"5个方面；改造的具体设想是，使老城区成为城市文化、居民生活、旅游服务的核心区；东川成为新文化艺术和高端商业聚集区；杜甫川成为绿色生态休闲景观区；西北川成为红色文化风貌游览区；七里铺和南川成为门户活力新城区。

6年来，延安大体实施了60多个旧城改造项目，涉及被征收户3万多户，动迁户5万多户，动迁人口20多万人。目前，已完成了宝塔山、清凉山、凤凰山等核心区山体以上居民的搬迁，恢复了山体生态，构筑了山体文化特色；完成了杜甫祠、火车站西广场、新闻广场（解放剧院）、体育场、南门坡、中心街等片区的改造项目；实施了延河、二庄科、尹家沟、丁家沟等河道和沟道治理项目；完成了西北局旧址周边改造和宝塔山景区保护提升工程；增加了一批公园、绿地和广场；二道街改造项目还在如火如荼的实施之中。

通过一系列旧城改造项目的实施，不仅使延安城区革命旧址得到了保护，而且使城市空间得到了疏解，景区环境得到了优化，城市基础设施得到了完善，城市品位得到了提升，人居环境得到了改善。

5. 县城建设，屡获殊荣

近年来，延安各个县区按照统筹城乡发展和新型城镇化的要求，逐步明确了县城的发展定位，修订完善了县城的建设规划，加大了投资和项目实施力度，县城建设效果显著，屡获殊荣：志丹县、子长市、富县

等先后被授予"陕西省县城建设先进县"称号；志丹、吴起被授予
"全国文明县城"和"国家卫生县城"称号；子长、黄陵、洛川被授予
"省级文明县城"和"省级园林县城"称号；各县区陆续被授予"省级
卫生县城"称号；黄龙被授予"省级森林城市"称号；志丹被中央文
明办授予"第五届全国文明城市"称号。

6. 重点镇建设，引人注目

2011年，中共陕西省委、省政府在全省遴选了31个建制镇作为省
级重点示范镇，延安有5个镇入围。与此同时，延安在全市13个县区
择优确定了15个市级重点镇和13个县级重点镇予以重点建设。为了加
快33个重点镇建设，中共延安市委、市政府制定了配套政策，出台了
具体措施。例如，市财政连续3年对5个省级重点示范镇和15个市级
重点镇每个补助1000万元建设经费等。几年来，延安市重点镇建设精
彩纷呈，引人注目。

7. 制度创新，有目共睹

为推进城乡一体化发展，延安加快了制度创新步伐，出台了《关于
简化重点镇和新型农村社区项目审批的意见》《关于积极推进农村居民
进城落户的实施办法》等政策措施，打破了体制机制的束缚。延安还在
陕西率先实行了城乡无差别化户籍管理制度，率先实现了城乡居民养老
保险、医疗保险一体化，建立完善了老人、残疾人、孤儿生活补贴制
度。这些惠民举措有目共睹，深得人心。

（二）延安城镇化存在的问题

在充分看到成绩的同时，也应该看到，延安城镇化建设还存在着诸
多困难和突出问题：

1. 撤地设市效果不明显

1997年延安撤地设市以来，并没有按照城市的内在要求，开展大
规模的城市建设。导致20多年来，拥有200多万人口的延安，严格地
说，仍然算不上一座名副其实的城市。因为迄今为止，延安仍然是一个
以众多小县城和乡镇为主、农民和农民工占半数的城乡二元并存的地

区。即便对占总人口半数的市民而言，其多数也不是集中居住在规模较大的延安旧城，而是分散在十多个县城和 100 多个乡镇政府所在地。至于每个县城，多则 5 万—6 万人，少则 2 万—3 万人，而数量众多的乡镇政府所在地，常住人口多数只有区区 2000—3000 人。显然，延安并没有变成一座现代化的城市，而依旧是一个农村特征显著的地区。由于延安的县城及乡镇数量过多，规模过小，导致城镇应有的规模效应和集聚效应难以发挥，从而制约了延安城乡差距的缩小和延安经济高质量发展。

2. 旧城先天不合理

作为延安市级政府所在地，延安旧城的人口虽然较多，有 50 多万人，但延安旧城并不是一座选址合理、规划科学、功能完善的现代化城市，而是一座坐落在狭长的山沟里且被众山环绕的典型的线型城市。所以，交通拥堵等城市病十分严重，难以发挥中心城市对延安经济社会发展的辐射带动作用。

3. 旧城改造的力度有待加大

如上所述，近年来，延安的旧城改造虽然取得了较大成绩，但力度还有待进一步加大。特别是在旧城恢复重建和再现革命圣地历史风采、彰显延安红色魅力方面，力度还不够大，人民群众的认可度还不够高。

4. 新区建设步伐有待加快

一是与全国其他地区相比，延安新区建设至少滞后了 10 年时间。这就导致在全国大部分地区新区建设告一段落、"鬼城"现象愈演愈烈、国家从总体上对新区建设叫停之际，延安新区才开始启动建设。这就使得延安新区建设面临极为不利的政策形势和舆论氛围。二是根据延安新区建设规划，除北区以外，还有东区和西区两个板块。但新区建设 7 年来，只启动建设了北区一个板块，至于东区和西区两个板块，至今没有实质性的建设。这就制约了规划中的延安中心城市的打造和新经济增长极的形成。三是从体制上看，已经建成投用的延安新区（北区），至今仍属"管委会"性质，没有单独设为县级行政区划。这无疑既不利于新区事业的发展，也不利于延安中心城市建设。

5. "安宝一体化"进程过于缓慢

安塞撤县设区后，延安中心城市从一个宝塔区变成了一个宝塔区和一个安塞区。两个区按理应当同属一城。但截至目前，安塞区事实上仍然只是一个县。因为只要走出宝塔区河庄坪镇，进入安塞地界，就明显地感觉到走出了延安城。所以迄今为止，作为延安市的一个区，安塞仍然是名不副实的。

6. 县城建设力度有待加大

延安现有各县的城市框架普遍不大，人口承载能力十分有限，致使近年来延安各县的县城人口密集度越来越大，交通堵塞越来越严重，县城公共服务设施越来越不堪重负。诸如此类的问题，已经成为制约延安加速推进新型城镇化的瓶颈。

7. 小城镇建设问题凸显

主要是小城镇的数量过多，小城镇的建设步伐过快。调研发现，延安许多小城镇学校生源不足，卫生院病人稀少，居民住房过剩严重，街上人气不旺，市场生意冷清。诸如此类的现象引人深思。

8. 工业园区建设困难重重

主要是工业园区数量太多，布局过散，缺乏特色，资金不足，企业入住率低。

9. 城镇建设水平有待提高

主要是与智慧、生态、集约等现代城镇建设的发展趋势相比，延安各级城镇建设仍然存在着不够智慧、不够生态、不够集约的问题。

### 三　加快延安新型城镇化的对策探索

（一）加大老城区改造力度

1. 明确老城区改造的原则

延安老城区曾经是著名革命圣地。因此，延安老城区的改造必须坚持全面恢复重建的原则，建旧如旧。一是对 20 世纪 70 年代以前的建筑要尽可能保留，而不能一味地拆除。二是对 20 世纪 80 年代以来修建的建筑，能拆即拆。三是对已经拆掉的中共延安十三年时期修建的建筑，尽可能按照1：1的原则全面恢复重建。以便让延安真正成为全国人民心目中的圣地，成为人们神往和涤荡灵魂的心灵家园。

2. 强化老城区的教育培训功能

延安是国家命名的全国爱国主义、革命精神和传统文化三大教育基地。充分发挥老城区的教育培训功能，对唤醒全民的爱国主义激情、对增强全民的爱党和爱社会主义的意识，对提高全民的思想文化素质，树立正确的世界观、人生观和价值观，促进国家经济社会健康发展和中国梦的实现具有重要意义。

具体建议如下。

第一，把14亿人民全部作为延安红色教育培训与传统文化培训的潜在目标市场。

第二，通过置换方式，尽快把延安大学整体搬迁至延安新区，把延安大学老校区整体划归延安干部培训学院。目前，延安市在延安新区给延安大学划拨的1300亩土地，完全可以满足延安大学最多20000名师生的办学要求。如果不把延安大学全部搬到延安新区，一则会造成延安大学新校区不必要的土地浪费。二则会导致延安大学不得不继续维持两个校区的办学格局，这势必持续性地增加延安大学的重复投资（如不得不建两个图书馆等）和运行成本。

第三，在现有延安干部培训学院的基础上，实质性地恢复重建延安时期的延安大学，命名为延安培训大学。下设延安党员培训学院、延安社会主义培训学院、延安干部培训学院、延安国防培训学院、延安教育培训学院、延安鲁艺培训学院、延安青年泽东干校、延安工人培训学院、延安农民培训学院、延安民族培训学院等分院。

第四，明确延安培训大学为副地市级建制，配备一流师资和干部，面向全国开展高水平培训工作。

3. 为老城区注入旅游元素

近年来，前来延安接受红色革命传统和延安精神教育的党员干部群众逐渐增多，再次出现了当年"延安路上人如潮"的壮观景象，以至于出现了一房难求、一床难求、一车难求、一饭难求的局面。这一方面说明，延安对全国干部群众的巨大吸引力；另一方面说明，延安现有的培训供给能力不足。为此要求，在恢复重建20世纪三四十年代延安旧城原貌的过程中，应当融入吃住行游购娱等旅游要素，以便进一步完善老城区培训基础设施，为做大做强延安老城区党员干部群众培训事业提供物质支撑。

### 4. 处理好旧城改造和新区建设的关系

一方面，旧城改造和新区建设是互补关系。因为恢复重建旧城，客观上必须把延安旧城中的非圣地元素比如党政机关、学校、医院、工商企业和居民区等尽可能迁移出去，这就要求进行新区建设。这样，新区建设就是对旧城进行顺利改造的客观要求。另一方面，旧城改造和新区建设不可避免地存在着一定的冲突。因为无论旧城改造还是新区建设都需要耗费巨额资金。而延安经济发展实力有限，资金紧张，投资不足，是城市建设最大的瓶颈。这就要求在统筹兼顾旧城改造和新区建设的同时，必须分清轻重缓急。由于没有新区，旧城的非圣地元素便迁移不出去，势必影响旧城改造。所以，新区建设理应先行。为此，应当按照以新区建设为主、旧城改造为辅的原则，处理新区建设和旧城改造的关系。特别是在新区基本建成之前，旧城改造应该量力而行，以确保新区建设按时竣工。而在新区基本建成之后，则应把旧城改造作为重中之重，加快建设。

### （二）加快延安新区建设

### 1. 延安新区建设的特征

调研发现，与全国其他地区的新城建设相比，近年来，延安的新区建设呈现出明显的特点，也是优点。所以，不能把延安新区建设与国内其他地区的新城建设混为一谈，更不能用国内其他地区新城建设出现的问题否定和叫停延安新区建设。

（1）造地性。全国大部分地区的新城，都是靠占用大量农田来建设的。这也是人们对新城建设不以为然的一个重要原因。而延安新区是在荒山野岭上建设的，不仅没有占用耕地，而且通过削山填沟，造出2万多亩建设用地。

（2）扩建性。全国不少地区的新城，是在旧城之外独立建设起来的，新城与旧城之间距离远，难以连为一体，从而极易使新城沦为"孤城"。而延安新区分布在旧城的周围，与旧城的直线距离最近的只有几百米，从而通过现代化的路网建设，完全可以把新区与旧城连为一体。所以，延安新区实际上只是对旧城的扩建而已。也就是说，延安新区与旧城实际上仍然是一座城市。从这个意义上说，延安新区建设并不是通常所说的新城建设。也就是说，延安并不存在所谓"人造新城"的问题。

（3）搬迁性。延安新区是出于保护和开发历史文物，特别是保护和开发中共延安13年革命历史遗址的需要而建设的。一旦建成，旧城的市区政府及部分医院、学校、银行、企业等将整体搬迁到新区。所以，延安的新区在建成之初，甚至在建设过程中，就会形成一定的人气，而不会沦为"鬼城"。相反，与延安不同，全国不少地区新城建设的主要目的是基于经济增长需要的产业开发甚至房地产开发。所以，比较容易出现"鬼城"的情况。

（4）低成本性。延安新区建设当然需要较多的资金投入。这也是一部分人对延安建设新区存有疑虑的问题。认为延安新区建设可能会让延安负债累累，得不偿失。其实不然：一是与全国其他地区的新城建设相比，延安新区是在荒山野岭上修建的，而荒山野岭的土地征收成本较低。二是尽管延安新区建设也少不了拆迁及补偿、安置等支出，但与全国其他大部分地区的新城建设相比，延安新区建设所引发的拆迁数量及拆迁成本是十分有限的。三是延安新区与旧城接壤，所以新区建设过程中用水、用电及物资运输等的成本也相对较低。四是延安新区建设，通过削山填沟所增加的2万多亩建设用地，本身就是一笔巨额的财富。其销售价值不仅可以弥补造地成本，或偿还造地所形成的各种负债，还可以产生数额不菲的盈利，用于新区建设。五是当延安旧城的市区政府、部分学校、医院、银行、企业等单位搬迁至新区后，其旧址转让所带来的巨额收益，同样可以用于新区建设。六是招商引资是延安新区建设不可或缺的一个重要资金来源。

2. 加快延安新区建设的对策

当前，继续加快延安新区建设步伐，应当采取以下对策。

第一，切实做到从长计议，高标准做好基础设施，确保延安新区规划50年不过时，基础设施50年不更新。

第二，实施市场化运作，公司化经营，最大限度地降低和减少新区建设给延安财政和市民带来的负担与不利影响。

第三，最大限度地加强监管，确保工程质量与安全。

第四，格外重视新区的路网建设、产业建设、信息建设、生态建设及文化建设等工作，真正把新区打造成为适于居住、就业、生活的现代城、智慧城、生态城和文化城。

第五，加大对外宣传力度，特别是加大对延安新区建设的特殊意义、特殊优势的宣传力度，争取国家给予延安新区建设更大的政策倾斜与资金支持，并增强延安新区建设中招商引资的吸引力，彻底解决延安新区建设面临的资金问题。

第六，改革延安新区管理模式。由现有的"管委会"管理改设县级行政区，与宝塔区、安塞区并列。

（三）加快"安宝一体化"进程

2016年6月8日，国务院批复《国务院关于同意陕西省调整延安市部分行政区划的批复》，同意撤销安塞县，设立延安市安塞区，以原安塞县的行政区域为安塞区的行政区域。2016年10月15日，安塞"撤县设区"正式挂牌，由此结束了自宋淳祐壬子年（1252）设县至今长达764年的县制历史。

安塞撤县设区，使延安市由1区12县变成了2区11县。这意味着延安的中心城市将由1个区扩大为2个区。这无论对加快安塞区的城镇建设而言，还是对加快延安市的城镇建设而言，都是莫大的机遇。为此要求，市区两级党委和政府，应当采取切实措施，加快安（塞）宝（塔）一体化进程，尽快把安塞区打造成为延安中心城市的重要组成部分。

第一，加大宣传力度，增强全国人民对安塞区和宝塔区一样都是延安市中心城市的认同感。目前，全国人民已经形成了一种固化的认识，就是延安的中心城市就是宝塔区。来到了宝塔区，就是进了延安城；离开了宝塔区，就是出了延安城。为此，今后一定要加大宣传力度，让全国人民都知道，安塞区也是延安中心城市的重要组成部分。来到了安塞区，就是进了延安城；离开了安塞区，才算出了延安城。

第二，放弃"延塞一体化"的不合理提法。安塞撤县设区以后，延安市委、市政府迅速做出了"延塞一体化"的决策。其含义当然是明确的，但表述上有逻辑错误，并容易引起不必要的误解。因为安塞不管设县还是设区，本来就是延安市的一部分，也就是，安塞和延安本来就是一体的，所以不存在还要"一体化"的问题。可安塞和宝塔区在区划上虽然接壤，但由于过去安塞是个县，所以，宝塔区和安塞县并不是同处一城的两个区。这样，在安塞撤县设区后，就有个通过"一体化"建设，使安塞和宝塔区融为一体的问题了。

第三，延安市委、市政府要切实把安塞区当作延安中心城市的重要组成部分来对待和重视。一是要把安塞区纳入延安中心城市发展规划，在基础设施、公共服务、功能布局等方面，给予安塞区和宝塔区同等的考虑，避免重复建设和厚此薄彼。二是在政策和财力上加大倾斜力度，支持安塞加大城镇化建设力度。

第四，采取切实措施，加快安（塞）宝（塔）一体化进程。目前，安塞和宝塔虽然是接壤的，并且与北部其他县相比，安塞区的主城区距宝塔区的主城区最近，约半小时路程，但只要一走出宝塔区河庄坪镇，就进入了一个接一个的安塞小山村，让人不由产生了出城的感觉。这也说明，安塞虽然与宝塔区是接壤的，但并没有成为一体化的城市。这就要求，加快安塞主城区向南即向宝塔区延伸的进程，从而使安塞区和宝塔区真正成为一座城市的两个区，而不是两座毗邻的城市。

第五，大力发展城市经济，加快安塞城镇化进程。县与区不同。县是以乡村为主的行政区划；区是以城镇为主的行政区划。安塞县既然已经撤县设区，就应该按照城镇来打造。为此，一是要加快安塞农民城镇化与农业机械化、信息化、智能化、绿色化进程。二是要充分利用安塞腰鼓、民歌、剪纸、农民画、曲艺等文化资源异常丰富的优势，大力发展安塞文化产业。三是要充分发挥安塞区距离宝塔区最近的区位优势，用足用好宝塔区旅游产业井喷式增长给安塞区带来的溢出效应，大力发展安塞旅游产业。

（四）加快县城建设步伐

县城是县级党政机关所在地，也是一个县的政治、经济、文化中心。县城通常也是农民进城的首选地。然而，延安的县城，一方面由于建成时间久远，建设之初缺乏前瞻性；另一方面由于大部分处在狭长的山沟地带，所以普遍空间狭隘，框架不大，承载能力有限。致使近年来随着城镇化进程的加快，县城普遍出现了人满为患、交通拥堵、污染严重等"城市病"，从而制约了县城在县域经济发展中引擎作用的发挥和农民城镇化的进程。

为此要求采取切实措施，做大做强延安各县城。一是在推进新型城镇化和实施乡村振兴战略中，把县城作为重中之重。无论推进新型城镇化，还是实施乡村振兴战略，都不能撒胡椒面，在广袤的农村平均用力，而必须选择辐射力、带动力强的重点区域进行建设，也就是抓"牛鼻子"。县城无疑是农村建设的"牛鼻子"，是县域经济发展的增长极，所以，理应成为推进新型城镇化和实施乡村振兴战略的重中之重。二是重视拉大县城框架，扩大县城的承载力。要按照城镇化达到80%的水平时，县城预期的人口规模来对县城的框架和承载能力进行重新规划和定位，确保县城建设的前瞻性。三是加大县城的产业培育力度，确保进城农民进得来、住得下、有事干、有饭吃、有得玩。四是在县城建设中体现智慧、生态、集约等现代城镇转型的内在要求，确保县城建设30年不落后。

（五）大力发展小城镇

当前农民负担过重的一个重要原因就是农民过多。农民过多，不仅不能增产，反而由于土地有限、排斥现代耕作技术等原因而导致减收。较少的收入被过多的农民一平均，农民的人均收入势必减少。而收入少了，负担再轻也是重的。因此，出路只有一条："减农增收"，即通过减少农民，提高农业效益，增加农民收入，以相对减轻农民负担。既要减少农民又要增加农民收入，唯一的办法就是让农民进城。

农民进城好比"刘姥姥进大观园"，由于不适应城市生活而闹笑话，甚至给城市人带来麻烦都是在所难免的，但通常两三年后，"刘姥姥"就可能变成"王熙凤"。因此，绝不能因为农民进城会闹笑话，甚至会给城市居民带来麻烦，而阻挠农民进城。

农民进城，既不可能悉数进入大城市，也不可能悉数涌入县城，而更可能加入距乡村最近的小城镇。为此就应当加快小城镇建设。

第一，加快户籍制度改革进程，扫清小城镇建设的制度障碍。现行城乡有异的二元户籍制度是阻碍农民进城的主要障碍，因此必须改革。改革的目标是建立城乡统一的一元户籍制度，还农民以国民待遇。当前，主要应当采取以下对策。一是取消"农转非"指标限制，凡在城镇有合法固定住所包括租赁的住所，有稳定的非农职业或生活来源的人员及与其共同居住生活的直系亲属，均可申请办理城镇户口，而不受居住时间、地域的限制。二是要给取得城镇户口的农民以国民待遇，即在住房、医疗、就业、工资、教育、入伍、养老以及参加政治社会生活等方面享受与城镇居民完全相同的待遇，不得歧视。

第二，加快投资体制改革进程，打破小城镇建设的瓶颈制约。小城镇建设，特别是小城镇的基础设施建设，需要巨额投资，而基础设施建设是政府责无旁贷的职责。因此，加快小城镇建设所需资金绝不能通过向农民摊派加以解决，而应通过从市、县、乡镇财政中拨出专款或向中央、省政府寻求支持加以解决，或通过放宽市场准入限制，吸引外资或民间资本加以解决。

第三，重视现有小城镇的改造、扩建与重组工作。小城镇建设要立足于对现有小城镇进行改造和扩建，以最大限度减少浪费，降低成本，增大容量，改变面貌。象村庄不宜过多一样，小城镇也不宜过多。小城镇过多势必导致小城镇的规模太小，从而不仅导致土地等宝贵资源浪费，环境污染严重，基础设施利用率低，而且导致经济过于分散，主导产业难以培育，产业之间的有机联系削弱，第三产业发展困难等，从而影响农民进城的积极性。考虑到延安现有小城镇的规模普遍过小，延安的小城镇建设更应立足于对现有小城镇进行改造、扩建乃至合并，而不宜再新建小城镇。

第四，重视小城镇的市场建设。小城镇是商品的集散地，没有市场，就没有小城镇。市场发展了，不仅可以兴工、兴农、兴商、兴镇，而且可以扩大辐射半径，富裕一方百姓。

第五，促进乡镇企业向小城镇集中发展。乡镇企业向小城镇集中，可以最大限度地降低乡镇企业的运输、信息、能源、行政管理费用，实现乡镇企业的集约化经营。因此，必须改变以往"村村点火、处处冒烟"的乡镇企业经营模式，促进乡镇企业向小城镇集中连片发展。

# 第七章

# 延安区域经济转型与新型工业化

## 一 工业化的一般理论与新型工业化

### (一) 工业化的概念、衡量及意义

#### 1. 工业化的概念

按照《辞海》对工业化的定义，工业化是指"机器大工业在国民经济中发展成为占统治地位的过程"。这表明，工业化是与机器大工业密切联系在一起的。工业化中的工业，指的是机器大工业，而不是手工业。

工业化是一个过程，即机器大工业在国民经济发展中逐渐上升为统治地位的过程。从历史上看，工业化始于 18 世纪 60 年代的英国。初期时，工业生产活动往往局限在一定的地域范围内，随着交通条件的改善而逐渐向外扩散，最终达到一个国家或地区相对均衡的分布状态。

18 世纪 60 年代以来，人类已经经历了三次工业革命，目前，正处在第四次工业革命的过程中。

第一次工业革命，又叫"工业 1.0"，是机械设备制造时代，时间大约在 18 世纪 60 年代至 19 世纪中期，主要是通过水力和蒸汽机实现机械化。这次工业革命的结果是机械生产代替了手工劳动，经济社会从以农业、手工业为基础的传统社会转型到以工业为基础、靠机械制造带动经济发展的工业社会。

第二次工业革命，又叫"工业 2.0"，是电气化与自动化时代，时

间大约是 19 世纪后半期至 20 世纪初，也就是在劳动分工基础上采用电力驱动产品的大规模生产。因为有了电力，所以才进入了以电器、电气自动化控制为特征的机械设备生产时代。

第三次工业革命，又叫"工业 3.0"，是电子信息化时代，即 20 世纪 70 年代开始并一直延续至现在的信息化时代。该阶段，工厂大量采用由 PC、PLC/单片机等真正电子、信息技术自动化控制的机械设备进行生产。

第四次工业革命，又叫"工业 4.0"，是德国联邦教研部与联邦经济技术部在 2013 年汉诺威工业博览会上提出的概念。它描绘了制造业的未来趋势，提出继蒸汽机的应用、电力驱动产品的大规模生产和电子信息技术等三次工业革命后，人类将迎来以物联信息系统（Cyber – Physical System，CPS）为基础，以生产高度数字化、网络化、机器自组织为标志的第四次工业革命。第四次工业革命重点涉及三大主题："智能工厂"、"智能生产"和"智能物流"。

2. 工业化的衡量

通常，人们以工业总产值占国内生产总值的比例来衡量工业化的程度。具体而言，衡量工业化的标准主要有：

（1）农业产值占 GDP 的比重必须降到 15% 以下。我国在 2001 年农业产值占 GDP 的比重为 15%。

（2）农业就业人数占全部就业人数的比重降到 20% 以下。

（3）城镇人口上升到 60% 以上。

此外，人们也用制造业增加值占总商品生产增值额的比重来判断工业化水平。制造业是工业的主体部分（工业还包括采掘、自来水、电力、蒸汽、热水、煤气等，但在工业中所占比重较小），总商品生产增值额大体上相当于物质生产部门（第一产业、第二产业和交通、通信、商业）的增加值。

制造业增加值占总商品生产增值额的比重在 20% 以下，被称为非工业国；20%—40% 之间，被称为正在工业化国家；40%—60% 之间，被称为半工业化国家；60%以上，被称为工业化国家。

美国经济学家 H. 钱纳里提出了按人均收入水平划分工业化阶段的理论，见表 7 - 1。

表 7 - 1　　　　　　　　钱纳里工业化进程阶段划分

| 收入水平（以 1970 年美元计算） | 时期 | 阶段 | |
|---|---|---|---|
| 140—280 | 1 | 第一阶段 | 初级产品生产时期 |
| 280—560 | 2 | 第二阶段 | 工业化初期 |
| 560—1120 | 3 | | 工业化中期 |
| 1120—2100 | 4 | | 工业化成熟期 |
| 2100—3360 | 5 | | 工业化发达期 |
| 3360—5040 | 6 | 第三阶段 | 发达经济 |

资料来源：［美］霍利斯·钱纳里、谢尔曼·鲁宾逊等著：《工业化和经济增长的比较研究》，格致出版社、上海三联书店、上海人民出版社 2015 年版。

3. 工业化的意义

第一，工业化是推动经济发展的重要动力。世界经济发展史表明：任何国家的富裕和强盛都要以工业化为背景，工业化是国家或地区富裕强盛的必经之路。一是机器的大量出现，提高了劳动生产率。二是工业化促进了专业化，专业化分工和协作提高了劳动生产率。三是工业化促进了生产规模化，规模化生产提高了劳动生产率。四是从产业经济学的角度看，联系效应最强的产业才能较快带动经济发展，工业就是联系效应最强的部门。五是工业化能够促进农村剩余劳动力转移，缓解人多地少的矛盾，促进农业的现代化。

从经济发展史看，1820—1870 年：世界人均产值增长 40%，这一阶段正好是蒸汽机革命（第一次工业革命）时期；1870—1913 年：经济增长速度比前期加快 1 倍，这一阶段正好是电气革命（第二次工业革命）时期；1950—1973 年：世界财富增长速度是上一阶段的 3 倍，人均收入翻一番，这一阶段正好是无线电、电子技术革命时期。

第二，工业化促进了人类社会的城镇化。工业生产活动在空间上演化的最终结果将会是在城镇的集聚，进而推动交通、金融、商业等生产性服务业的发展及城市人口的扩张。工业化是城镇化发展的前提，城镇化是工业化发展的必然结果。

第三，工业化促进了人类社会的市场化。首先，工业经济是分工经济。分工越细，各种交易的需求就越强烈，而有交易需求就会有市场的形成。其次，工业化为市场化创造了基础设施：工业化促进交通事业的发展；工业化促进通讯事业的发展；工业化促进运输工具的进步。再次，工业化为市场化创造了可供交换的对象。

第四，工业化促进了人类社会的国际化。改革开放以来，我国利用自然资源、原材料、劳动力丰富的优势，发展劳动密集型工业出口换汇，进口国外高新技术产品，促进了我国经济的高速增长，同时也大大推动了我国的对外开放进程和国际化进程。

（二）传统工业化与新型工业化

1. 传统工业化

通常称20世纪90年代以前各个国家或地区实现工业化的过程或所走过的道路为传统工业化。传统工业化的特征主要有以下三个方面。

（1）依靠机械化和自动化带动工业部门迅速扩张。传统工业化不重视发挥人的主观能动性，人只是机器的附庸。由此容易产生严重的失业、贫富两极分化和社会动荡等弊端。

（2）工业生产基本上是粗放型或资源消耗型。传统工业化过度强调规模的扩张，忽视了经济增长的质量和效益。特别是以资源的无限消耗为代价，失去了发展的可持续性。

（3）先污染后治理的工业化。传统工业化一直伴随着比较严重的环境污染，直至欧洲主要发达国家的工业化接近完成以后，污染治理问题才被逐渐提到议事日程上来。

2. 新型工业化

2002年11月，中共十六大为我国确立了走"新型工业化道路"的发展方略，为新时期推进中国工业化道路指明了方向。中共十六大报告同时明确了新型工业化的标准：科技含量高、经济效益好、资源消耗低、环境污染少和人力资源得到充分发挥。

我国之所以不能继续走西方传统工业化的道路，而必须开拓出一条具有中国特色的新型工业化道路，完全是由我国的国情决定的。

从能源消耗看，发达国家是依靠消耗大量的国际资源而实现工业化的。产业革命200多年来，占全球人口不到15%的英国、德国、美国等40多个国家相继完成了工业化。这些发达国家在工业化进程中消耗了全球已探明能源的70%和其他矿产资源的60%。致使后发国家在工业化过程中面临着巨大的资源约束。以我国为例，我国矿产资源相对比较丰富，但人均占有量仅为世界平均水平的58%。其中，石油、天然气、铜和铝等重要矿产资源人均储量分别相当于世界人均水平的11%、4.5%、18%和7.3%。据国家发改委预测，到2020年，我国重要金属和非金属矿产资源可供储量的保障程度，除稀土等有限资源保障程度为100%外，其余均大幅度下降，其中铁矿石为35%、铜为27.4%、铝土矿为27.1%、铅为33.7%、锌为38.2%、金为8.1%。至于石油的对外依存度，2019年已经超过70%。

从环境承载看，中国走传统工业道路必将面临巨大的环境约束问题。据2018年中国环境状况公报显示，全国338个地级及以上城市中，仅有121个城市环境空气质量达标，占全部城市数的35.8%。在全国10168个国家级地下水质监测点中，Ⅰ类水质监测点占1.9%，Ⅱ类占9.0%，Ⅲ类占2.9%，Ⅳ类占70.7%，Ⅴ类占15.5%。生态环境质量"优"和"良"的县域面积占国土面积的44.7%；"一般"的县域占23.8%；"较差"和"差"的县域占31.6%，主要分布在内蒙古西部、甘肃中西部、西藏西部和新疆大部。818个国家重点生态功能区县域中，2018年与2016年相比，生态环境质量变好的县域占9.5%，基本稳定的占79.1%，变差的占11.4%。

上述资源和环境方面的基本国情说明，我国继续走高资源消耗和高环境污染的传统工业化道路，是绝对难以为继的、不可持续的。因此，只有披荆斩棘，开拓创新，走出一条资源节约型、环境友好型的新型工业化道路，才是全面实现社会主义现代化的必由之路。

与传统工业化道路相比，我国所要走的新型工业化道路主要具有以下几个方面的特征。

（1）新型工业化道路是与信息化、智能化密切联系在一起的。发达国家都是在工业化之后推进信息化、智能化的。我国虽然是一个发展中国家，但近年来信息化发展很快，智能化也已初见成效。可见，我们完全可以以信息化、智能化带动工业化，以工业化促进信息化、智能化，从而发挥后发优势，实现国民经济的跨越式发展。

（2）新型工业化是与环境得到保护密切联系在一起的。传统工业化大多数是以消耗能源、牺牲环境为代价，负面影响是很大的。而新型工业化则特别强调生态建设和环境保护，强调处理好经济发展与人口、资源、环境之间的关系。习近平总书记指出："环境就是民生，青山就是美丽，蓝天也是幸福，绿水青山就是金山银山；保护环境就是保护生产力，改善环境就是发展生产力。在生态环境保护上，一定要树立大局观、长远观、整体观，不能因小失大、顾此失彼、寅吃卯粮、急功近利。我们要坚持节约资源和保护环境的基本国策，像保护眼睛一样保护生态环境，像对待生命一样对待生态环境，推动形成绿色发展方式和生活方式，协同推进人民富裕、国家强盛、中国美丽。"[1]

（3）新型工业化是与人力资源得到充分利用密切联系在一起的。在发达国家实现工业化过程中，机械化和自动化是主要着力点，从而导致失业问题的出现。我国的国情是人口多，劳动力成本比较低。这就要求我们在工业化进程中，处理好资本技术密集型产业与劳动密集型产业的关系、高新技术产业与传统产业的关系、实体经济与虚拟经济的关

---

① 《在省部级主要领导干部学习贯彻党的十八届五中全会精神专题研讨班上的讲话》（2016 年 1 月 18 日），人民出版社单行本，第 19 页。

系，有意识地在推进工业化的同时，广开就业门路，积极扩大就业。

## 二　延安工业化的现状及优劣势分析

### （一）延安工业化的现状

改革开放以来，延安工业化进程显著加快，工业经济获得了长足发展，目前已经进入了工业化后期阶段，但也存在着不少亟待解决的突出问题。

#### 1. 工业综合实力迈上新台阶

1949 年，延安全部工业总产值只有区区 81 万元，1978 年也只有 1. 31 亿元，2019 年延安规上工业总产值 1727. 39 亿元。新中国成立 70 多年，延安工业从数十万元增长到上千亿元，真正实现了跨越发展。

从工业对国民经济的贡献看，1949 年，延安工业对国民经济的贡献几乎可以忽略不计。1978 年，延安工业对国民经济的贡献提高到 27. 4%，2019 年，提高到 56. 6%。工业占据了延安区域经济的"半壁江山"。

#### 2. 以资源工业为主的多元化工业经济格局基本形成

新中国成立初，延安只有火柴、化工、陶瓷等几户小型工业企业。1978 年，延安工业同样没有形成气候。1978 年以后，延安逐步确立了以资源为依托、以市场为导向的工业发展战略。石油、煤炭、天然气、电力、卷烟等工业主导产业乘着改革开放的东风飞速发展，以资源工业为主的多元化工业经济格局基本形成。2019 年，延安规模以上主要工业产品产量为：原油 1515. 76 万吨，原煤 5090. 6 万吨，天然气 56. 63 亿立方米，发电 69. 98 亿千瓦时，卷烟 30. 61 万箱。尤其天然气和发电，从无到有，从小到大，发展势头格外强劲。

#### 3. 能源工业独占鳌头

改革开放以来，延安市立足矿产资源优势，大力发展能源工业，取得了显著成效。据统计，2019 年，延安能源工业实现增加值 811. 85 亿元，占全部工业增加值的 86. 2%。其中石油工业增加值 544. 19 亿元，占能源工业增加值的 67.0%。从产量看，延安市生产原油（不含长庆油田），1949 年仅有 800 吨，1978 年不过 3.6 万吨，2019 年达到 839.22 万吨，2019 年是 1978 年的 233.1 倍；延安市生产煤炭，1978 年仅为 0.99 万吨，2019 年达 5090.6 万吨，2019 年是 1978 年的 5142.0 倍。从加工量看，1980 年，延安石油加工规模仅为 7.9 万吨，2019 年达到 950.9 万吨，2019 年是 1980 年的 120.4 倍；从发电量看，1978 年，延安发电量仅为 1 亿千瓦时，2019 年达到 69.9 亿千瓦时，2019 年是 1978 年的 69.9 倍。天然气生产从无到有，2019 年产量达到 56.63 亿立方米。

4. 非能源工业发展迅速

2019 年，延安市非能源工业实现增加值 130.16 亿元，同比增长 29.5%。2019 年，延安建筑工业实现增加值 57.84 亿元，是 1992 年的 91.8 倍。

5. 工业园区建设不断加快

近年来，延安高度重视工业园区建设，从 2008 年至 2017 年，共建设县域工业园区 17 个，规划总面积 69.34 平方公里，开发建设面积 29.96 平方公里，已建成面积 11.08 平方公里，在建面积 11.08 平方公里，入驻企业 436 户，从业人员 3.86 万人。其中，2017 年实现营业收入 409.01 亿元，上缴 32.30 亿元，实现利润 44.97 亿元。[①] 2018 年全市 17 个工业园区入驻企业累计达到 481 户，实现营业收入 489 亿元。

延安工业在快速发展过程中尚存在着底子薄、基础差、行业结构不合理、县域发展不均衡、品牌效应不明显和园区过多过滥等突出问题，亟待加以解决。

（二）延安工业化的优势分析

1. 丰富的矿产资源优势

延安是中国石油的发祥地，虽经百年开发，石油储量仍然巨大。特

---

① 《关于我市工业园区建设情况的调研报告》，《延安政协》2018 年第 3 期。

别是延长石油和长庆油田两大油企在技术、人才、资金、设备、管理、品牌等方面都形成了较强的现实生产能力。延安市煤炭的保有储量巨大，虽然大部分储量的开采难度大，开采成本高，但随着技术的进步，开发潜力仍然较大。

2. 显著的原料优势

延安土地面积广阔，气候条件良好，是多种农作物的最佳适生区，苹果、红枣、梨子、土豆、核桃、小米、荞麦、红薯、杂豆、花椒、黄芥、沙棘等农副产品产量大、质量优，为农副产品加工业提供了得天独厚的原料优势。

3. 传统的生产优势

延安卷烟，甘泉豆腐干和美水酒，宜川稠酒，志丹糜子黄酒，延川枣饮料，洛川浓缩果汁，子长粉条，常泰药业等，大多在延安有着悠久的生产历史，目前不是在省内家喻户晓，就是在全国有一定的知名度。

4. 潜在的品牌优势

延安是历史文化名城，是民族圣地和革命圣地，拥有壶口瀑布、乾坤湾等自然风光，拥有炎黄文化和陕北民歌、安塞腰鼓等黄土风情文化。这些资源既是旅游资源，又是潜在的品牌资源。一句"除夕晚上喝什么，轩辕子孙当然要喝轩辕酒"，足以让黄陵县的轩辕特曲驰名天下！

5. 初步的园区优势

历经十余年的建设，延安市县两级工业园区的发展已经初具雏形，为能源化工和农副产品加工企业入驻、生产和经营创造了条件，奠定了基础。

6. 巨大的机遇优势

延安在工业发展方面，有一大重要的机遇：这就是国外发达国家及我国东中部地区劳动密集型加工业向我国西部地区包括延安转移的机遇。这一机遇虽然西部各地市都有，但延安的优势更加明显。这是因为，一方面，延安农副产品加工业所必需的原料优势明显、潜在的品牌优势突出，对外商的吸引力较强；另一方面，延安的政治优势独一无二，特别是习近平总书记 2015 年农历春节前夕回延安并在延安主持陕甘宁革命老区脱贫致富座谈会，使延安的政治地位进一步凸显。所以在其他条件相似的情况下，国外发达国家及我国东中部地区劳动密集型加工业入驻延安的可能性便会更大。此外，农副产品加工业在国内基本不属于过剩产业。在多数工业处于产能过剩的不利形势下，尚不过剩的产业，无疑具有潜在的发展优势。还有深化供给侧结构性改革带来的机遇，供给侧改革的主要任务是降成本，这对提高农副产品加工业的利润率，促进延安农副产品加工业发展无疑是一大机遇。

（三）延安工业化的劣势分析

无论是与沿海地区相比，还是与陕西省内兄弟地市相比，除矿产资源开采和农副产品加工外，延安工业并不具有明显的优势，相反，劣势倒是特别突出。

1. 工业类型过多，特色不明显

小小的延安，除了少数高端工业没有以外，其他工业几乎应有尽有。例如，煤炭开采和洗选业、石油和天然气开采业、农副食品加工业、饮料制造业、造纸及纸制品业、石油加工、炼焦及核燃料加工业、化学原料及化学制品制造业、医药制造业、非金属矿产制品业、通用设备制造业、专用设备制造业、陶瓷设备制造业、交通运输设备制造业、电力、热力的生产和供应业、燃气生产和供应业、水的生产和供应业等，无所不有。这就导致工业投资分散化，形不成规模优势和工业特色。

2. 工业生产要素缺失，巧妇难为无米之炊

一是高层次人才匮乏，特别是高级技术人才、高级企业管理人才严重不足。二是科技发展滞后，主要是政府对科学研究的财政投入严重不足，企业自身的技术研发投入严重不足，地方院校、科研院所的技术研发能力严重不足。三是优质土地资源不足。延安的土地面积虽然较大，但主要是山地，适于建厂开发的土地面积十分有限。四是水资源短缺。延安是缺水城市，工业用水不足。五是电价高涨。

3. 非公有制经济发展滞后

延安工业发展的投资主要靠政府和国企，私营企业投资占比很低。2019 年，延安私营企业工业总产值占延安全部工业总产值的比重不超过 5%。

4. 营商环境不良

一是生产要素市场发育滞后，特别是金融市场和劳动力市场发育不足，工业"融资难、融资贵"和"招人难、招人贵"问题突出。二是交通等基础设施不够畅通、便捷。三是政府职能转变不到位，简政放权不彻底，"办事难、办事贵"问题突出。

基于上述分析，除非把延安境内的石油开采权全部下放给延安，或者国际石油价格大幅上涨，否则，短期内要实现延安工业的迅速发展是难乎其难的。因为新的工业产业的培育和发展，没有 5 年到 10 年的"久久为功"是不可能成气候的。

## 三　加快推进延安新型工业化的路径与对策

（一）加快推进延安新型工业化的路径选择

从长期看，实现延安工业的长足发展，进而推进延安新型工业化进程，应当遵循以下路径。

1. 在产业发展上，坚持有所不为、有所为原则，走因地制宜、特色经济、品牌经营之路

根据延安实际，延安工业应该重点发展两大主导产业：一是石油、煤炭开采及产业链延伸。在加大石油、煤炭开采力度的同时，改变传统的采油、挖煤和单纯生产燃料油品和原煤的生产方式，将尽可能多的燃料油品和原煤进行石油、煤炭化工深加工，以延长石油和煤炭的产业链条，使其进一步增值。二是以农副产品为原料的劳动密集型加工业及产业链延伸。如苹果、梨等浓缩果汁加工业或饮料业，红枣加工业，制药业，畜禽产品加工业，黄芥油，花椒油，小米、糜子、荞麦、黄豆、杂豆、玉米、高粱、土豆、红薯等特色小杂粮加工业，如粉条、薯条、酿

酒、豆腐干等。在此基础上，延长农副产品加工业的产业链条，形成种植、饲养、加工、销售、服务一条龙的产业链条，带动农业及相关二、三产业的发展。

2. 在规模定位上，坚持规模经济原则，走规模化、集群化、园区化之路

规模经济原则表明，规模过小和过大都是不经济的。然而，除了资源工业外，延安工业现在面临的普遍问题是规模过小，分布过散。因此，应当采取措施，促使各类农副产品加工业上规模、建集群、进园区，以充分发挥工业的内部经济效应和外在经济效应。

3. 在产业主体上，坚持内育外引原则，走安商稳资、亲商育资、招商引资之路

工业发展的主体是企业家。企业家由两部分构成，即内商和外商。延安工业发展从主体上是内商和外商均有不足。从内商看，一方面是内商的实力不足；另一方面是内商外流现象比较严重。从外商看，主要是吸引的数量不多、质量不高。所以，应该坚持内商和外商"两手抓、两手都要硬"的原则。

4. 在营商环境上，坚持环境为王原则，走放水养鱼、筑巢引凤、服务至上之路

营商环境是企业生存的基本条件。营商环境的优劣，关系到企业的生死存亡。所以，营商环境是否适宜，是投资者投资决策的第一考量要素。好的营商环境不仅体现在良好的基础设施、健全的市场体系等方面，而且体现在低廉的税费负担、健康的政商关系、便捷的生活条件和良好的生态环境等方面。所以，加快延安工业发展，必须把营造适宜的营商环境放在至关重要的地位来抓。

（二）加快推进延安新型工业化的对策探索

1. 积极向中央和省委争取，设法把延安市境内全部石油的开采权下划给延安

在陕甘宁革命老区脱贫致富座谈会上，习近平总书记指出："利用

好革命老区自身资源优势，大力发展特色产业，是实现脱贫致富的重要途径。"石油资源无疑是延安最大的资源优势。但遗憾的是，目前这一资源的一部分在延长石油手里，而延长石油在 2005 年以后已经由延安市管理上划归陕西省政府管理；另一部分 20 世纪 80 年代后期到了长庆油田手里，而长庆油田则属于中央企业。为此，建议从延安作为我国的民族圣地、革命圣地和石油圣地（石油工业的发祥地），曾经为中华民族的发展、为新民主主义革命和社会主义建设作出过巨大贡献和牺牲的角度，说服陕西和中央有关部门，把延安境内全部石油的开采权重新下划给延安，由延安人民自主开采、经营和受益。

2. 大力发展农副产品加工业

以往延安农副产品加工业之所以没有做大做强，主要是受计划经济体制和小农经济思维的束缚所致。所以，以后延安农副产品加工业发展必须走市场经济之路，充分发挥市场在最优配置中的决定作用：

第一，尽快制定出台加快发展延安农副产品加工业的战略规划，搞好顶层设计。

第二，走品牌带动之路。延安农副产品加工业面临的首要问题是品牌意识不强。而农副产品加工业是垄断竞争行业，形成产品差别具有重要意义。而富有知名度、美誉度的品牌则是形成产品差别的重要途径。因此，走品牌带动之路是加快发展延安农副产品加工业的必由之路。

第三，坚持四业融合。延安农副产品加工业面临的又一个问题是条块分割，单打独斗。而农副产品加工业是一个产业关联效应极强的产业。因此，在产业发展上，应当坚持走农业、农副产品加工业、商业和旅游业一体化经营之路，形成农工商游相互融合、互相促进、共同发展的格局。

第四，坚持"三化"并举。延安农副产品加工业面临的再一个问题是规模过小，分布过散。而规模经济原则表明，规模过小是不经济的。因此，在规模定位上，要坚持走规模化、集群化、园区化三化并举之路。

第五，创新驱动。延安农副产品加工业面临的第四个问题是产品质量差、技术含量低。而质量和技术是农副产品加工业的命脉。因此，加快发展延安农副产品加工业，科技创新不是一切，但近乎一切。

3. 加大工业园区的建设和整合力度

延安工业园区存在的问题有二：一是作为延安未来中心城区的延安新区尚无工业园区，导致延安的工业发展缺乏必要的增长极；二是延安现有工业园区完全是按照市县两级行政区划设置的，而延安的县级行政区划明显过多，所以，"一县一园区"甚至"一县多园区"的工业园区设置，势必导致延安的工业园区数量过多，规模过小，重复建设，相互拆台。基于此，加大延安工业园区的建设和整合力度，要采取以下对策。

第一，加大延安新区工业园区的建设进度。

第二，对延安13个县区的工业园区进行必要的整合与分工。一方面，要打破行政区划界限，根据地域、资源、原材料、市场等关联要素，对现有园区予以适当合并，组建4—5个跨县域的大型工业园区；另一方面，要明确各个园区的产业分工，避免重复建设和恶性竞争。

4. 加快工业产业整合与重组进程

针对延安现有工业小而全、小而散的弊端，要重点扶植能源化工和农副产品加工业，并通过兼并、联合、股份制等途径，对其资产进行重组，促进能源化工和农副产品加工业规模化、集群化、园区化发展。

5. 做好品牌建设工作

工业产业是由工业企业和工业产品构成的，没有富有生机和活力的工业企业及所生产经营的质优价廉的工业产品，就不可能有富有竞争力的工业产业。延安之所以没有培育出几个具有较强竞争力的工业产业，一个主要原因就是没有培育出几个在全省乃至全国叫得响的优秀企业，没有培育出几个在全省乃至全国具有较大知名度和美誉度的名牌产品。可见，对于工业而言，品牌建设是何等重要。

做好延安品牌建设工作，应当采取以下对策。

第一，利用好延安潜在的品牌资源优势。

第二，树立品牌是企业生命的经营理念，走品牌经营之路。

第三，做好品牌的策划、设计、论证和宣传工作，力争每年有一至两个延安产品的广告经常在中央电视台等国家级媒体播出。

第四，做好品牌保护工作，延长延安品牌的生命力。

6. 造就一支高素质的企业家队伍

企业家是企业的创办者和领导者，是企业的心脏。企业家同时被称为"经济增长王国里的国王"。延安之所以缺乏在全省乃至全国叫得响的工业企业，一个主要的原因是缺乏具有创新精神和杰出管理才能的优秀企业家。延安工业之所以落后，主要原因就在于缺乏企业家。

加强延安企业家队伍建设应当采取以下对策。

第一，加大企业家的进修、培训和深造力度，提高延安现有企业家的素质和水平。

第二，出台更加优惠的政策措施，鼓励国家公务员、事业单位的干部职工和大学毕业生下海经商，从事投资创业和企业管理工作。

第三，加大企业家的宣传力度，提高企业家的知名度和美誉度。

第四，拓宽企业家参政议政及从政的渠道，提高企业家的政治地位。

# 第八章

# 延安区域经济转型与旅游产业发展

## 一 旅游产业理论研究检视

### （一）国外研究检视

旅游产业是一个新兴的经济行业，其理论研究虽然开始很早，但真正得到发展还是 20 世纪 60 年代以后的事情。从地理区划看，研究旅游的成果主要集中在北美和欧洲等地区。从研究内容看，国外最初对旅游的研究，大都着眼于旅游对接待地社会的影响，并且较多地偏重于微观范围内的研究。

20 世纪 70 年代至 90 年代期间，国外对旅游的研究主要集中在国际旅游分工理论与差别需求、旅游市场问题、旅游地生命周期问题、旅游企业经营与管理、区域经济发展与旅游、资源开发与旅游地建设、旅游投资、旅游政策、旅游国际合作、发展中国家旅游等方面。

20 世纪 90 年代以来，研究内容主要集中在基础理论研究、旅游者的动机和决策研究、旅游者感知研究、旅游者满意度研究、旅游者目的地评价、目的地品牌与形象及其目的地竞争力评价以及旅游市场划分、旅游市场预测、各地区和国家旅游业整体研究和行业研究、旅游政策、遗产旅游和旅游管理等方面。

21 世纪以来，除上述研究领域外，研究内容更多涉及旅游经济、旅游影响、住宿业、数字网络、从业人员、旅游服务和旅游资源、旅游效应、旅游组织、旅游集群、旅游安全、旅游伦理、旅游治理、文化旅游、体育旅游、乡村旅游、大众旅游和新旅游等方面。此外，基于全球化、地方化两股潮流的经济地理学"全球/地方理论框架"被越来越广泛地应用于旅游发展的研究，其中包括：全球商品链理论、全球价值链理论和全球生产网络等。①

（二）国内研究检视

改革开放以来，我国旅游研究从无到有、从少到多取得了长足的进步。从研究内容看，主要集中在旅游管理、旅游经济、旅游资源与旅游开发等方面。从研究热点看，主要包括饭店与餐饮、旅游业发展、旅游产品设计、旅游开发与规划等。从研究特征看，一是注重实践和应用。二是突出综合性和跨学科。三是强调科教结合。四是坚持国际合作。五是广聚民间智慧。从存在的不足看，主要是基础理论研究薄弱，研究领域不够宽广，功利主义色彩浓厚，研究方法单一等。②

1. 关于旅游活动构成要素的研究

关于旅游活动的构成要素问题，主要有"三要素"和"六要素"之说。"三要素"之说认为，旅游活动是由旅游者、旅游资源、旅游业三方面要素组成的。"六要素"之说认为，旅游活动是由食、住、行、游、购、娱六个要素组成的。

近年来，随着现代旅游业的发展，人们对传统的旅游"六要素"说提出了质疑。例如，旅游专家林峰就认为，现代旅游活动的构成要素已经扩展为食、住、行、游、购、娱、体、会（会议）、养（养生）、媒（媒体广告）、组（组织）、配（配套）等12要素，它们相互交织，形成了9个行业：游憩行业、接待行业、交通行业、商业、建筑行业、

---

① 申葆嘉：《国外旅游研究进展》，《旅游学刊》1996 年第 1—4 期；谢雪梅、马耀峰、李天顺：《近 10 年国外旅游研究发展趋势》，《经济地理》2009 年第 5 期；张立生：《近期国外旅游学研究进展——文献分析》，《旅游学刊》2004 年第 3 期；任瀚：《经济地理学视角下的旅游发展理论演进》，《地域研究与开发》2007 年第 6 期。

② 曹诗图、胡书玲：《对我国旅游研究的检视与反思——以〈旅游学刊〉为例》，《地理与地理信息科学》2008 年第 4 期；石培华、冯凌：《中国旅游研究 30 年：阶段、特征与规律》，《旅游科学》2009 年第 6 期。

生产制造业、营销行业、金融业、旅游智业。① 国家旅游局局长李金早在2015年全国旅游工作会议上就指出，传统的旅游六要素只是旅游的基本要素，除此之外，现代旅游还可以进一步拓展出六个新的要素："商、养、学、闲、情、奇。"其中，"商"是指商务旅游；"养"是指养生旅游；"学"是指研学旅游；"闲"是指休闲度假游；"情"是指情感旅游；"奇"是指探奇，包括探索、探险、探秘、游乐、新奇体验等。②

2. 关于旅游产业结构的研究

主要包括以下几个方面。

（1）旅游产业结构的内涵。主要有两种代表性的观点。一种是从旅游经济结构的角度定义旅游产业结构的。例如王大悟、魏小安就认为，旅游产业结构系指旅游经济各部门、各地区、各种经济成分及经济活动各个环节的构成与相互联系、相互制约的关系。旅游产业结构主要包括旅游地区结构、组织结构、产品结构、所有制结构和行业结构。③另一种是从旅游部门结构定义旅游产业结构的。例如，罗明义就认为，旅游产业结构是指以食、住、行、游、购、娱为核心的旅游业内部各大行业之间的经济技术联系与比例关系，也就是旅游业的部门结构。按照该定义，旅游产业结构主要包括旅行社业、旅游饭店业、旅游交通运输业、旅游景区景点业、旅游娱乐业、旅游商业等主要行业。④

（2）旅游产业结构的测度和评价。目前理论界主要提出了单一指数法、多维度评价法和指标体系法等多种方法。其中，在系统多维度评价中，李峰等人认为旅游产业结构演变是一个不断趋于高度化的进程，可以使用技术结构、需求结构、就业结构、产值结构、规模结构来反映旅游产业结构演变的特征。其中，技术结构指标使用旅游产业增加值除

---

① 绿维创景林峰：《文化创意与旅游业的互动研究》，http：//blog. eastmoney. com/lvweil-infeng（2013－11－26 11：31：44）。

② 刘佳：《李金早提出新旅游发展六要素：商养学闲情奇》，人民网，2015年1月15日。

③ 王大悟、魏小安：《新编旅游经济学》，上海人民出版社1998年版，第163页。

④ 罗明义：《旅游经济学》，南开大学出版社1998年版，第163页。

以从业人员数表示；需求结构指标使用旅游产业总收入与服务产业总收入之比表示；就业结构指标使用旅游从业人员数占总就业人数的比例表示；产值结构指标使用旅游产业增加值占第三产业增加值的比重表示；规模结构指标使用旅游产业的企业数量增加值与旅游产业增加值的比重表示。[1]

（3）影响旅游产业结构变迁的因素。一般认为主要有以下几个因素：一是旅游需求拉动。二是劳动力、资金、技术和自然资源等要素供给推动。三是合理的经济政策、良好的经济形势、稳定的政治环境以及良好的自然环境等政策环境变化。四是创新导入的带动。[2]

（4）优化旅游产业结构的对策。郭胜从旅游经济结构的视角提出了优化旅游产业结构的对策：[3] 一是优化市场结构，促进市场多元化。二是优化企业结构，推进旅游企业集团化。三是优化产业结构，提高旅游产业效益。四是优化管理组织结构，促进行业管理现代化。五是调整第二产业和第一产业结构。六是扩大就业再就业规模。七是强化环境保护意识。其他学者从旅游部门结构的视角提出了以下对策。一是打造旅游精品工程。二是开展联合促销。三是解决交通瓶颈。四是提高旅游购物和娱乐产出比重。五是控制旅游饭店数量和优化饭店类型。六是培育大型旅游企业。七是深度开发旅游购物品。八是挖掘住宿和餐饮行业的产出贡献。九是加大创新力度，包括旅游信息网络资源创新、营销网络技术创新、旅游营销手段与策略创新、旅游企业制度创新和品牌创新等。十是通过营造良好的集群学习氛围和创新环境，促进集群合作与结构优化升级等途径发展旅游产业集群。十一是加强旅游产业融合。十二是坚持宏观调控与市场调节相结合，使主导行业与关联行业相适应。[4]

---

① 李峰、陈太政、辛欣：《旅游产业融合与旅游产业结构演化关系研究——以西安旅游产业为例》，《旅游学刊》2013 年第 1 期。

② 罗明义：《旅游经济分析：原理·方法·案例》，云南大学出版社 2001 年版，第 205—207 页。

③ 郭胜：《论旅游产业结构优化调整目标与措施》，《财贸研究》2003 年第 4 期。

④ 刘春济：《我国旅游产业结构优化研究》，博士学位论文，华东师范大学，2014 年。

### 3. 关于历史文化名城旅游的研究

目前我国学者对历史文化名城的研究主要包括以下几个方面：一是名城保护与旅游开发；二是资源评价与开发模式；三是名城旅游规划与形象研究；四是名城旅游环境质量评价与可持续发展研究。

### 4. 关于红色旅游的研究

从与本项目直接相关的角度看，国内对延安旅游产业发展的研究，主要集中在以下几个方面。一是对延安旅游产业发展情况的调查与总体思考。二是对延安红色旅游的研究。主要包括延安红色旅游发展导向、延安红色旅游市场拓展、延安精神旅游资源深度开发、延安红色旅游经济的量化、延安红色旅游营销策略、延安红色旅游的可持续发展等方面。三是对延安旅游资源的整合与开发策略的研究。四是对延安旅游产业发展的对策思考。五是对延安旅游产业竞争力评价及提升问题的研究。六是对延安市旅游形象的研究等。

学术界对延安旅游产业发展研究取得的成果，对深化本课题研究无疑具有一定的参考价值。但对现有研究成果的分析表明，其主要存在以下不足。一是对旅游产业在延安经济社会发展全局中所具有的重要地位认识不足。二是研究的重点局限于红色旅游，对延安丰富的旅游资源挖掘不足。三是对策性研究有余，理论性、战略性研究不足。

可见，从理论上、战略上对延安旅游产业发展进行全面深入和系统的研究，以取得标志性、高质量的最新研究成果，对促进延安旅游产业实现突破性发展，仍是十分必要的。

## 二　延安旅游产业发展的现状分析

### （一）延安旅游产业发展的成就

改革开放以来，特别是近年来，延安旅游产业发展取得了有目共睹的成绩，主要表现在以下五个方面。

### 1. 旅游产业发展定位和思路逐渐清晰

1978 年以来，中共延安市委、延安市政府对旅游产业的重视程度不断提高，对旅游产业发展的定位和思路逐渐清晰。1999 年，中共延安市委、延安市政府提出了建立"政府主导型"的旅游产业发展战略。2006 年，中共延安市委在第三次党代会上确立了"红色旅游兴业"的发展战略，延安市政府制定了《延安市旅游总体规划（2006—2020年)》。2011 年延安市第四次党代会以来，中共延安市委、延安市政府陆续制定出台了加快旅游产业发展的意见、延安旅游"十二五"专项规划、红色旅游十年发展纲要、红色旅游二期规划、革命旧址总体保护规划、重点旅游景区建设规划和各项配套规划等一系列规划，进一步明确了旅游业发展的定位和思路。一是确立了"中国革命圣地、历史文化名城、优秀旅游城市"的城市定位。二是确立了"民族圣地·红色延安"的旅游产业形象定位。三是确立了努力把延安建成全国红色旅游首选地、全球炎黄子孙朝圣地、黄河自然景观观光地、黄土风情文化传播地的旅游产业目的地的建设目标。四是确立了"文化引领，旅游带动"的旅游产业发展战略。五是确立了把延安市区建成一个大景区和革命历史博物馆城，把延安建成共产党人和全国人民的精神家园的发展思路。六是确立了"两心、四片、七轴"的旅游空间格局。

中共延安市委、延安市政府确立的上述旅游产业发展目标定位与思路选择，在很大程度上是符合延安实际的，在许多方面是科学的和超前的。这正是近年来延安旅游产业得以起飞和强劲增长的重要原因所在。

2. 旅游基础设施明显改善

交通、餐饮、住宿、娱乐及购物场所是发展旅游业必不可少的基础设施。长期以来，由于旅游基础设施严重短缺，致使游客到延安旅游经常遭遇"一票难求、一房难求、一饭难求"的尴尬局面。为此，近年来，延安市各级政府下大力气，加快了以交通为主的旅游基础设施建设进程，民航、铁路、动车、公路等运输能力和条件不断提升，一批中高档星级宾馆、经济型连锁酒店、农家乐民俗住宿餐饮集群、大型旅游餐饮服务区以及特色餐饮、休闲、度假、娱乐街陆续建成并投入运营，整体设施水平和服务质量明显提高，旅游综合接待能力大大增强，为延安旅游业的快速发展提供了基本条件。

### 3. 旅游景区建设突飞猛进

截至目前，延安市对外经营的旅游景区景点已经达到 36 处，其中红色旅游景区景点 20 处；全市有国家 5A 级景区 1 处、4A 级景区 4 处、3A 级景区 3 处、2A 级景区 3 处。

2012 年初，延安市投资 50.9 亿元，开始对枣园、杨家岭、王家坪、宝塔山、清凉山、凤凰山、南泥湾、抗小遗址、桥沟鲁艺旧址、西北局旧址景区等十大红色革命旧址进行规划建设。与此同时，决定开工建设黄帝文化园、壶口瀑布和乾坤湾黄河文化园、安塞黄土风情文化园、凤凰山文化产业园、圣地河谷文化旅游中心等五大文化旅游园区。目前，十大红色革命旧址保护提升工程和五大文化旅游园区建设工程进展顺利，进度加快，西北局纪念馆建成开放，文安驿文化园区一期主体完工，中国革命艺术家博物院、延安大剧院开工建设。

### 4. 旅游经济持续快速增长

延安旅游虽然起步晚，但发展速度很快。2019 年，延安接待游客数量达到 7308.3 万人次，创旅游综合收入 495.31 亿元。游客人数和旅游综合收入分别是 1987 年的 487.2 倍和 3537.9 倍。旅游综合收入占GDP 的比重，从 1987 年的 1.7% 提升到 1997 年的 4.6%，2009 年的7.5%，2011 年的 9.9%，2014 年的 12.3%，2017 年的 23.6%，2018年的 26.3%，2019 年的 29.8%。这不仅说明过去 40 多年延安旅游产业的增速持续快于其他产业的增速，而且说明旅游产业已经成长为延安的战略性支柱产业。

表 8 - 1　　　　20 世纪 80 年代中期以来延安旅游产业发展一览

| 年份 | 接待旅游人数<br>（万人次） | 旅游综合收入<br>（亿元） | 旅游综合收入占当年 GDP 的比重<br>（%） |
| --- | --- | --- | --- |
| 1987 | 15（约） | 0.14 | 1.7 |
| 1993 | 37 | 0.73 | 2.3 |

| 年份 | 接待旅游人数<br>（万人次） | 旅游综合收入<br>（亿元） | 旅游综合收入占当年 GDP 的比重<br>（％） |
|---|---|---|---|
| 1997 | 79.4 | 1.74 | 4.6 |
| 2001 | 235.6 | 7.23 | 6.8 |
| 2003 | 280.3 | 11.09 | 7.8 |
| 2006 | 564.5 | 25.61 | 5.7 |
| 2009 | 1024.3 | 53.88 | 7.5 |
| 2011 | 2050.0 | 110.05 | 9.9 |
| 2014 | 3145.5 | 171.80 | 12.3 |
| 2017 | 5059.0 | 298.70 | 23.6 |
| 2018 | 6344.0 | 410.70 | 26.3 |
| 2019 | 7308.3 | 495.31 | 29.8 |

资料来源：延安市历年统计公报。

### 5. 旅游环境综合整治效果显著

游客满意度评价是旅游市场的晴雨表和风向标，直接关系着游客对目的地的选择。而游客满意度评价的好坏则与目的地的总体环境密切相关。2012 年以前，由于旅游环境不良，在中国旅游研究院所做的全国 50 个优秀旅游城市游客满意度评价中，延安连续排名滞后，极大地损害了延安的旅游形象，阻碍了延安旅游的发展。为此，2011 年以来，中共延安市委、市政府举全市之力，动员全民开展了一场有史以来最大规模的旅游城市环境大整治行动。整治行动取得了显著效果：在 2012 年第一季度全国 60 个优秀旅游城市游客满意度评价中，延安市由 2011 年第四季度的第 43 位上升至第 26 位，达到 2009 年以来的最高水平。2014 年，延安市持续加大旅游环境综合整治力度，游客满意度在全国 60 个样板城市中综合排名第 37 位，2015 年上升到第 20 位。这表明，延安市旅游环境大整治工作已经取得了阶段性的实质进步。

（二）延安旅游产业发展存在的问题

延安旅游产业发展尽管取得了显著成绩，但也存在着突出问题。

1. 市委、市政府对旅游产业在延安经济社会发展中重要地位的认识仍显不足

近年来，中共延安市委、市政府把发展旅游业摆上重要议事日程，特别是 2006 年以来，先后提出了"红色旅游兴业"和"文化引领、旅游带动"两大战略，把旅游产业放在了空前重要的位置，统一和提高了全市上下对旅游产业重要地位和作用的认识。但笔者认为，市委、市政府对旅游产业在延安经济社会发展中重要地位和深远意义的认识仍显不足。

首先，从资源禀赋看，延安主要有两大优势资源：一是矿产资源，特别是石油；二是旅游资源。改革开放以来，延安市依托矿产资源特别是石油的大规模开采，经济社会面貌有了巨大变化，但是，随着矿产资源的大规模开采，不可再生资源日益枯竭的趋势已经显现，特别是随着浅层资源的开采殆尽，继续开采资源的成本已经上升，延安单一矿产资源型经济已经难以为继，不可持续。与此相反，延安是国务院首批公布的历史文化名城，全国爱国主义、革命传统和延安精神三大教育基地，也是中国优秀旅游城市。特别是以"两圣两黄"为代表的旅游资源独具特色、驰名中外。由此观之，展望未来，延安经济社会发展的希望不在矿产资源，而在旅游资源，延安未来的发展不能靠石油而要靠旅游。

其次，与兄弟地市相比，延安旅游更是具有巨大的、甚至是难以估量的、潜在的发展空间。就拿江西省井冈山市来说，井冈山也是以旅游资源丰富而名闻天下，但井冈山只是革命摇篮，中共中央在井冈山革命历时只有 1 年多时间，且是革命处于不成熟和低潮时期，而延安则是驰名中外的革命圣地，中共中央在延安生活战斗了 13 个春秋，且是革命处于日益成熟和高潮时期。此外，井冈山固然有闻名中外的自然风光，但延安同时还是中华民族的重要发祥地，中国黄土风情文化的传播地和黄河自然景观观光地。可见，井冈山的旅游资源与延安根本无法同日而

语。但是，就是凭借与延安相比并不丰富的旅游资源的成功开发，井冈山市近年来取得了旅游收入占地区生产总值50%以上的辉煌业绩。井冈山能做得到，延安为什么做不到?!

最后，延安近年来提出的"红色旅游兴业"和"文化引领、旅游带动"两大战略存在不足。"红色旅游兴业"，充其量只是强调要通过红色旅游带动和振兴旅游业，使旅游业成为延安未来的一大支柱产业；"文化引领、旅游带动"，充其量只是强调要通过旅游业带动和振兴现代服务业。显然上述两大战略均没有把旅游业放到事关延安经济社会转型全局和延安兴衰的战略地位和高度去认识。

2. 市委、市政府对延安旅游产业的形象定位不尽科学

近年来，延安市把延安旅游产业的形象定位为"民族圣地·红色延安"。这一定位具有鲜明的特色，对推动延安旅游发展起到了巨大作用。但这一定位并不完全符合延安实际，对延安旅游产业的发展也具有一定的抑制作用。

首先，"民族圣地"的提法略显抽象，且难以被游客认同，还不如说"轩辕故里"来的真实和具体。

其次，"红色延安"的提法不尽恰当。因为中国共产党虽然在井冈山只战斗了一年多时光，且革命处于不成熟和低潮时期，但这并不妨碍井冈山也称其为"红色井冈"。所以，仅仅提"红色延安"并不能把中国共产党在延安13年的辉煌历史和巨大成就，包括作为先进的组织文化和成功之道的延安精神与其他革命老区区别开来，从而导致延安无与伦比的红色旅游资源优势在与其他革命老区的同业竞争中无法彰显出来。

再次，"民族圣地·红色延安"的形象定位，只是宣传了延安的"两圣（民族圣地、革命圣地）"资源，没有把延安的"两黄（黄河壶口瀑布、黄土风情文化）"资源以及绿色生态旅游资源囊括其中。这显然对发展延安的"两黄"旅游极为不利。

最后，"民族圣地·红色延安"的形象定位只是反映了延安的历

史，没有揭示延安的现在和未来，这就难免给人产生误导，使海内外游客认为延安的现在依然贫困落后，以致来延安旅游的积极性大打折扣。

3. 旅游资源利用率低，发展潜力远未释放出来

从改革开放40多年来的纵向发展历程看，延安旅游产业的确获得了长足发展，但从延安自身的旅游资源以及延安与兄弟地市的横向对比看，延安旅游产业发展并不快，特别是发展潜力远未释放出来。

从自身的旅游资源看，目前，延安大量的旅游资源仍然处于沉睡和未开发状态。就拿红色旅游资源来说，在延安全市550多处革命旧址中，开放的不足百余处。再如，从旅游的空间分布看，延安旅游主要集中在宝塔区周围，各个县域旅游资源、乡镇旅游资源、乡村旅游资源大多未能得到应有开发。凡此种种，足以说明延安旅游尚有巨大的潜力和发展空间。

从延安与兄弟地市的横向对比看，许多旅游资源远没有延安丰富的地级市，旅游产业发展却比延安快得多。比如，江西省吉安市和河南省焦作市就是如此。

先看吉安市。如表8-2所示，吉安的土地面积仅相当于延安的67.6%，而人口却是延安的2.2倍。这说明与吉安市相比，延安市有着地多人少的巨大优势。从资源禀赋看，延安和吉安都拥有丰富的旅游资源，但延安的旅游资源更加具有丰富性和至上性。从综合经济实力看，吉安2019年的GDP是2085.4亿元，延安是1663.9亿元，吉安是延安的1.25倍，说明吉安的综合经济实力好于延安。从旅游产业看，吉安2019年接待游客人数和旅游综合收入分别为1.10亿人次和1072.1亿元，延安分别为0.73亿人次和495.3亿元；吉安旅游综合收入占GDP的比重是51.4%，延安是29.8%。吉安的接待游客人数、旅游综合收入分别是延安的1.51倍和2.17倍，吉安旅游综合收入占GDP比重比延安高21.6个百分点。这说明，吉安在旅游资源较逊于延安的情况下，旅游产业发展取得了远胜于延安的优异成绩。

表 8 - 2　　2019 年延安市与吉安市经济社会发展及旅游业发展比较

| 地区 | 面积（平方公里） | 人口（万人） | 行政区划 | 资源禀赋 | GDP（亿元） | 接待游客人数（亿人次） | 旅游综合收入（亿元） | 旅游综合收入占 GDP 比重（%） |
|---|---|---|---|---|---|---|---|---|
| 延安 | 3.7 万 | 225 | 13 个县区 | 石油两圣两黄 | 1663.9 | 0.73 | 495.3 | 29.8 |
| 吉安 | 2.5 万 | 489 | 13 个县区 | 水资源井冈山 | 2085.4 | 1.10 | 1072.1 | 51.4 |

再看焦作市。如表 8 - 3 所示，焦作的土地面积只及延安的 1/10 多一点，而常住人口却是延安的 1.60 倍。说明焦作的人均土地面积远远小于延安。从资源禀赋看，延安和焦作都拥有丰富的矿产资源和旅游资源，但延安的旅游资源较胜一筹。从综合经济实力看，焦作 2019 年的 GDP 是 2761.1 亿元，延安是 1663.9 亿元，焦作是延安的 1.66 倍，说明焦作的综合经济实力比延安强得多。从旅游产业看，焦作 2019 年接待游客人数和旅游综合收入分别为 5858.52 万人次和 480.2 亿元，延安分别为 7038.3 万人次和 495.3 亿元。焦作的接待游客人数、旅游综合收入分别是延安的 0.83 倍和 0.97 倍。这同样说明，焦作在旅游资源较逊于延安的情况下，旅游产业发展却取得了比延安较好的成绩。

表 8 - 3　　2019 年延安市与焦作市经济社会发展及旅游业发展比较

| 地区 | 面积（平方公里） | 人口（万人） | 行政区划 | 资源禀赋 | GDP（亿元） | 接待游客人数（万人次） | 旅游综合收入（亿元） | 旅游综合收入占 GDP 比重（%） |
|---|---|---|---|---|---|---|---|---|
| 延安 | 3.7 万 | 225 | 13 个县区 | 石油两圣两黄 | 1663.9 | 7038.3 | 495.3 | 29.8 |
| 焦作 | 0.4 万 | 359 | 11 个县区 | 煤炭太行太极 | 2761.1 | 5858.5 | 480.2 | 17.4 |

4. 旅游产业内部结构失衡，红色旅游"一白遮百丑"现象突出

延安的旅游资源内含丰富，类型多样，既有红色的革命圣地资源，

又有黄色的历史文化资源和绿色的自然生态资源等。然而，近年来随着红色旅游的升温，延安把主要精力投放到发展红色旅游上，致使其他旅游没有得到应有的发展，出现了红色旅游"一白遮百丑"现象。以2014年为例，延川、黄陵、宜川、黄龙等延安非红色旅游大县接待游客共计431万人，实现旅游综合收入19.5亿元，分别占延安当年接待游客总人数和旅游综合收入的13.7%和11.4%。由此不难看出，红色旅游在延安旅游中至少要占到80%以上。也就是说，同样有着较大知名度和丰富性的延安传统历史文化资源如轩辕黄帝陵、自然生态资源如黄河壶口瀑布、乾坤湾、崂山、蟒头山、黄龙山国家森林公园等却没有得到应有的开发。

5. 旅游发展方式亟待转变

近年来，国际和国内旅游发展方式都处在急剧转型和升级之中，而延安的旅游发展方式仍处在原始的、初级的阶段。一是从旅游的发展主体看，延安旅游主要还是靠政府推动，而不是企业拉动，延安旅游集团至今是个空壳。二是从旅游的增长方式看，延安旅游主要还是靠外延粗放式扩张，而不是内涵集约式增长。例如，2019年，焦作市接待游客人数是延安的80%，但旅游综合收入却是延安的97%。这说明，延安旅游的投入产出比低于焦作市。三是从旅游六要素看，延安的旅游尚停留在以吃住行为主、游购娱为辅的初级阶段。这也正是延安旅游接待人数多而旅游综合收入低的一个重要因素。

6. 旅游产业文化内涵不足

文化是旅游的灵魂。得天独厚的文化资源本来是延安旅游的巨大优势所在。但遗憾的是，迄今为止，延安旅游并没有很好地体现出这一独特的魅力和优势来。从整体来说，延安号称中国革命圣地，在人民群众心中有着崇高的、神圣的地位。但新中国成立以来，由于没有很好地对延安旧城加以保护，导致延安旧城的面貌经过几十年的经济发展和人口增长大为改变。致使游客看到的延安与心目中想象的延安大相径庭。从红色旅游看，让游客切身感受作为先进文化与成功之道的延安精神本来是延安红色旅游的最大卖点，但实际是，游客除了走马观花地看看大同小异的领袖故居、照片和复制的遗物外，再就没有什么了。从黄土风情文化旅游看，陕北民歌、陕北说书、陕北道情等本来是陕北享誉国内外的原生态非物质文化遗产，但由于缺乏专业化的打造、产业化的运营、平台化的展示与互动化的交流，使这一潜在的旅游资源优势并没有转变为现实的旅游经济优势，更没有让来延安旅游的游客感受到陕北历史文化的独特魅力。从旅游产品看，延安市场上出售的旅游产品大多是个体零散经营的纪念品、土特产和工艺品。这些产品大多缺乏文化品位和文化特色，而且制作工艺简单、包装粗糙，很难激起游客的购物欲望。

7. 旅游基础设施条件与旅游从业人员素质亟待改善和提高

从旅游的基础设施看，最主要的问题是延安市区交通堵塞严重，游客出入不畅通。此外，延安市区主要景点的停车位、饮用水、公厕、垃圾桶以及休息场所严重不足。还有一些景点的露天饮食，既不美观，又不卫生。

从人员素质看，一是政府旅游管理部门工作人员的素质低。二是市区公交车和出租车司乘人员的素质低。三是各主要景区售票员、治安员的素质低。四是导游人员的素质低。五是旅游产品销售人员的素质低。主要表现为各类旅游从业人员的文化层次整体偏低，大学生及以上学历人员占比过少，许多甚至是文盲半文盲，既不会讲普通话，更不会讲外语。此外，各类旅游从业人员普遍缺乏必要的旅游专门知识和起码的公关礼仪知识。

8. 旅游体制机制亟待改革

延安旅游体制机制存在的主要问题，一是旅游管理政出多门、相互扯皮。二是旅游管理部门与旅游企业政企不分，职责不清。三是市县两级旅游管理部门两张皮，即市不管县、县县分割。四是旅游资源所有权与经营权不分。五是旅游市场发育滞后，制约了市场在旅游资源配置中决定性作用的发挥。

9. 旅游业对外开放体系尚未建立

迄今为止，延安旅游的发展主要靠国内市场，旅游的国际化程度极低。据统计，2019 年，延安接待海外旅游人数 4.57 万人次，实现外汇收入 440 万美元。而同期，吉安接待境外游客 26.19 万人次，实现外汇收入 9042.59 万美元。吉安同年接待海外旅游人数和实现外汇收入分别是延安的 5.7 倍和 20.6 倍。

10. 旅游可持续发展压力加大

近年来，游客对延安旅游的满意度虽然有所提升，但延安旅游环境不良的问题并没有得到根治，游客满意度评价成绩不仅总体靠后，而且成果很不巩固，此其一。其二，延安市民的旅游意识、公德意识仍然薄弱。其三，非红色旅游等旅游经济新增长点的培育滞后。其四，革命旧址和历史文化遗迹等旅游资源保护不力，退耕还林工作日渐式微，延安生态环境好转的成果不巩固。凡此种种，都影响着延安旅游的可持续发展。

## 三　延安旅游产业发展的优势及制约因素分析

（一）延安旅游产业发展的优势

延安历史悠久，境内自然景观与人文景观相统一，历史文物与延安精神相辉映，历史文化名城与优秀旅游城市融为一体，发展旅游产业具有得天独厚的优势，具体表现在以下几个方面。

1. 延安旅游资源丰富多样

延安旅游区位于陕北黄土高原中南部，由宝塔、延川、延长、子长、安塞、志丹、吴起、甘泉、富县、洛川、宜川、黄龙、黄陵 13 个县（区）组成。整个旅游区以雄浑粗犷的黄土高原和雄奇壮丽的晋陕黄河大峡谷为基调，经过千百年的历史积淀，形成了形象鲜明、风格独特的旅游资源。主要有古文化资源、红色旅游资源、自然生态资源、黄土风情资源四大种类。

（1）古文化资源数量众多。延安历史悠久，是中华民族五千年灿烂文化的发祥地之一。据不完全统计，全市现存历史文化遗迹多达5800 余处。其中，古文化遗址 2956 处，古墓葬 491 处，石窟 177 处，石刻 1344 处，古建筑 180 处，历史文化遗迹数量在全国地级城市中首屈一指。

考古发现，距今 5 万年至 3 万年，延安已有旧石器时代晚期智人"黄龙人"繁衍生息。被誉为"人文初祖"的轩辕黄帝安葬在延安境内黄陵桥山之巅，黄帝陵被列为全国古墓葬第一号，现成为海内外炎黄子孙寻根问祖、举办盛大文化祭祀活动的中心之一。纵贯全市五县的秦直道，是秦始皇时期修建的一条重要军事要道，仅次于万里长城，被誉为世界上最早的国家级"高速公路"。钟山石窟鬼斧神工，堪称国宝，被誉为"第二敦煌"。在漫漫的历史长河中，延安以其"边陲之郡""五路襟喉"的特殊战略地位，成为历朝历代兵家必争之地。战国卫人吴起，秦代蒙恬，宋代范仲淹、沈括，唐代杜甫，北宋张载等许多中国文人武将在此大展文韬武略，上演了一幕幕金戈铁马的悲壮画卷。[①] 花木兰、兰花花等人文故事脍炙人口，流传久远。此外，中国大陆第一口油井——延一井，是中国大陆开发最早的油井，迄今已有上百年的历史，现已成为人们了解中国石油发展史和观光游览的好去处。

（2）红色旅游资源得天独厚。延安是中国新民主主义革命走向成功的圣地。以毛泽东为首的老一辈无产阶级革命家在延安生活、战斗了13 个春秋，领导中国人民夺取了抗日战争和解放战争的伟大胜利，培育了坚定正确的政治方向，实事求是、不尚空谈的思想路线，全心全意为人民服务的根本宗旨，自力更生、艰苦奋斗的创业精神等光照千秋的延安精神，留下了众多珍贵的革命旧址、遗址和文物。从而使延安的红色旅游资源具有无比的丰富性、至高性、唯一性和垄断性，成为全国红色旅游的首选之地。延安全市境内现有革命旧址 445 处，珍藏文物 3 万多件。其中市区有 130 处 168 个点，是全国保存最完整、面积最大的革

---

① 花海洋：《走近延安》，中国社会出版社 2012 年版，第 2—7 页。

命遗址群。比较著名的有凤凰山、杨家岭、枣园、王家坪、南泥湾、抗日军政大学、鲁迅艺术学院、解放日报社、新华总社、中华广播电台、中央医院、西北局旧址等革命旧址和"四·八"烈士陵园等。其中中共中央所在地凤凰山麓和杨家岭、中共中央书记处所在地枣园、中央军委和八路军总部所在地王家坪、延安大生产运动的发源地南泥湾等，被列为全国重点文物保护单位，是全国爱国主义、革命传统、延安精神三大教育基地。

（3）自然生态资源独具特色。延安位于我国黄土高原的腹地，梁、塬、峁地貌类型独特而集中，这种天然的地形景观本身就具有极大的观赏性和游览魅力。位于秦晋交界的黄河大峡谷，具有世界自然遗产的价值，是我国北方最典型、最壮观的大峡谷。"天下黄河九十九道弯"，仅在延川县就有5道弯，并呈现出太极"S"形，其中尤以"乾坤大转弯"最为典型，极具观赏、探索、开发价值。位于宜川县境内的雄浑壮观的黄河壶口瀑布，是中国第二大瀑布和世界上最大的黄色瀑布，是黄河中游最具特色、震撼力和最富魅力的自然景观。洛川黄土国家地质公园以黄土剖面和黄土地质地貌景观为特色，并保存有脊椎动物化石，典型的黄土地质景观遗迹真实记录了第四纪以来古气候、古环境、古生物等重要地质事件和信息，是研究中国大陆乃至欧亚大陆第四纪地质事件的典型地质体。此外，还有地处深山密林中的石泓寺，早在隋唐时期就闻名天下的甘泉美水泉，风光独特的芦关，被称为"陕西一叶肺"的黄龙山林区，洛川50万亩果园风光，以及位于延安市区的我国四大野生牡丹原生地之一———万花山等。

（4）黄土风情资源风格迥异。延安旅游区在历史上地处偏僻，交通闭塞，曾长期是汉族农耕文化和北方少数民族游牧文化交会、融合的地区，也是保留、传承中华古老优秀民间文化最集中、最具代表性的区域之一，民间艺术种类齐全，数量丰富，分布广泛。以安塞腰鼓为代表的延安鼓艺，充满了威武雄壮的阳刚之气；安塞剪纸、刺绣、布堆画、农民画、毛麻绣等民间艺术作品表现了最原始的图腾和最美好的希冀；

信天游、陕北民歌、陕北说书、唢呐等则体现了黄土高原人民纯朴顽强的生命意识和情感世界，在国内外颇具知名度和吸引力。2006 年，延安被文化部授予腰鼓、民歌、剪纸和绘画四个国家级文化之乡。除此之外，延安传统旅游商品资源种类繁多、物产丰富。小米、杂豆、荞麦、红枣、苹果、酥梨等久负盛名，传统手工艺品和中药材丰富多样，洋芋擦擦、荞面饸饹、油糕、抿节、凉粉、钱钱饭等风味小吃独具特色。

2. 延安已有很高的知名度

作为 1982 年国务院首批命名的 24 个历史文化名城之一，延安长期为国内外游客广为熟知和向往。所以，"延安"一词本身就是一种品牌，具有极大的吸引力和招徕性，这是延安旅游最珍贵的无形资产，是发展旅游业的最大优势所在。改革开放以来，依托这一品牌来延安旅游的人数，以及延安旅游综合收入、旅游外汇收入均呈逐年稳步增加之势。2019 年，延安市共接待海内外游客 7308.3 万人次，实现旅游综合收入 495.3 亿元，占全市 GDP 的比重达到 29.8%。由此可以看出，旅游产业已经成为延安重要的支柱产业。除此之外，凭借外界对延安已有的形象认知，依托三大教育基地，每年来延安参加革命传统培训、爱国主义培训和延安精神培训，以及考察、实践的人员平均在 400 万人次以上，这同样为延安旅游产业发展提供了强大、稳定的客源市场。

3. 交通条件及综合接待能力明显提升

延安位于我国重要南北、东西通道 210 国道和 309 国道交叉枢纽上，具有较好的交通区位优势。公路方面，西安至延安至包头高速公路全线贯通，延志吴高速、东过境公路建成通车。连通延安、壶口、黄帝陵的"三点一环"主干道路基本达到二级以上。开通了 12 条通往旅游景点公交线路，4 条旅游专线，延安客运汽车南站每天发往北京、太原、石家庄、兰州、洛阳等热点旅游城市的高档省际客车达 100 个班次以上。铁路方面，目前已开通了延安至北京、重庆、乌鲁木齐、呼和浩特、天津、成都、银川、哈尔滨、昆明等城市的客运列车。民航方面，新建了延安南泥湾机场，在原有西安、北京、上海、广州、重庆等 9 个通航城市的基础上，新开了延安—深圳、延安—重庆—厦门、海口—延安—天津3条航线。一批中高档星级宾馆、经济型连锁酒店、农家乐民俗住宿餐饮集群、大型旅游餐饮服务区以及特色餐饮、休闲、度假、娱乐街陆续建成并投入运营。延安旅游的整体设施水平和服务质量明显提高，旅游综合接待能力大大增强。

### 4. 整体生态环境日益改善

1999年退耕还林以来，经过20年持续不懈的努力，延安生态建设取得了辉煌成就。截至2019年底，延安累计完成退耕还林面积1150多万亩，植被覆盖率达81.3%以上，森林覆盖率达52.5%。退耕还林使延安旅游区的小气候明显改善，全市空气质量二级及以上优良天数达到315天。通过退耕还林，延安昔日的荒山秃岭如今已经披上了绿装，山川大地的总基调实现了由黄到绿的历史性转变，加上通过大力实施旅游景区园林绿化工程，影响延安旅游产业发展的生态环境已经得到有效改观。

### 5. 主导机制基本确立，发展规划逐步完善

延安是中国革命圣地和民族圣地，中共中央和国务院对延安的经济发展一直高度重视，从政策、人力、物力、财力等各个方面予以大力支持。中共陕西省委、省政府也一直把延安作为全省重要的旅游目的地和继西安之后第二大旅游城市予以重点培育。中共延安市委、延安市政府也把旅游业作为全市五大特色产业之一来重点发展，并把旅游产业作为第三产业的龙头纳入总体规划，专门组建了延安市革命纪念地管理局，将各项重点工作纳入各级党委、政府部门的责任考核之中，并从人力、物力、财力、政策等方面予以支持。近年来，中共延安市委、延安市政府陆续完成了红军长征之路主题公园等六个景区的开发建设规划和安塞区旅游业发展总体规划，编制了高质量的延安旅游产业发展总体规划，先后制定、印发了旅游业分阶段发展的"十一五""十二五""十三五"规划和加快延安旅游产业发展的实施意见，确定了"大旅游、大产业"的发展战略。为了规范旅游市场，相继出台了《延安革命遗址保护条

例》《延安市旅游业管理办法》《延安市旅游景区（点）管理办法》《延安市旅游饭店（住宿业）管理办法》《延安市"一日游"管理办法》《延安市国内旅游组团合同》等地方旅游法规和标准，形成了比较完善的政策法规管理体系，为延安旅游产业发展创造了良好的政策环境。

6. 景区（点）得到有效改造

近年来，延安先后筹资 3 亿元对西北局、边区保安司令部、民族学院、参议会礼堂等旧址进行维修和改造，对枣园、杨家岭、凤凰山旧址和宝塔山景区进行了完善提高，对南泥湾大生产纪念馆进行了改造和陈列调整，新修了大生产运动广场，整修了洛川会议旧址，新建了延安新闻纪念馆、抗大纪念馆和瓦窑堡、保安、吴起革命旧址的陈列展室和西北局旧址，引资建设了"延安保卫战"亲身体验场，启动重建了延安革命纪念馆。与国家开发银行商定贷款 8 亿元，启动实施包括宝塔山景区山体居民搬迁和环境治理工程在内的延安红色旅游打捆项目。通过以上举措，提高了延安红色旅游景区景点的规模和等级质量，进一步充实和丰富了红色旅游产品体系。

7. 延安精神教育和宣传活动蓬勃展开

近年来，延安充分发挥"爱国主义、革命传统、延安精神"三大教育基地的作用，积极开展各种行之有效的宣传教育活动，使延安整体形象得到了大幅提升。2004 年以来，延安先后在北京、南京、西安等城市举办了"延安精神永放光芒"大型展览，在全国引起了强烈反响，掀起了新一轮的延安热和红色旅游热。延安革命纪念馆的延安精神宣讲团，坚持每年到全国各地巡回宣讲延安精神，扩大了延安红色旅游资源的影响力。2007 年 8 月，延安市委、市政府主要领导亲自带队赴上海、杭州等东南沿海宣传红色旅游，签订上海—延安航线，为红色旅游铺就了一条通道。旅游部门和香港、广州等地的旅游局及北京、云南、海南等地的数十家旅游企业建立了友好合作关系。拍摄了延安形象片，在中央电视台播放延安黄土风情文化旅游专题片。出版了延安旅游文化丛书，策划举办了各种宣传促销和旅游节庆活动，有效地宣传了延安红色旅游。2018 年 3 月，"延安之行，不忘初心"延安红色旅游推介会在西安举行。推介会上，5 家延安本地旅行社与外地旅行商签订了互惠互利旅游合作协议，合同总金额 7.2 亿元。

（二）延安旅游产业发展的制约因素

作为西部内陆经济欠发达地区，延安发展旅游产业的制约因素是显而易见的，突出表现在体制机制、资金、交通、观念、人才、管理等方面。

1. 体制和机制有待创新

存在的主要问题如下。一是体制僵化、观念保守，产品开发不足。如革命旧址和文物古迹等属于文化事业单位，除门票收入外，几乎全靠国家财政支持，经营体制单一。其主营业务主要局限于收集、保护、展示、研究等，而教育、欣赏和传播功能尚未开发出来。二是监督机制不完善，旅游市场需整顿。以出租车市场为例，延安的出租车"拼座"现象严重，游客投诉不断，类似情况造成了旅游市场的混乱，影响了延安旅游城市的形象。三是缺乏市场竞争机制。延安旅游业以国有企业为主导，缺乏激励机制，难以充分调动各方面的积极性。且存在政企不分现象，旅游企业没有真正走入市场，成为自主经营、自负盈亏的经营实体。此外，尚未形成行之有效的旅游市场开发机制，部分景区景点运营机制仍然有待创新，旅游协会作用需要加强。四是缺乏健全有效的旅游促销机制，特别是对客源市场分布缺乏科学、系统分析，促销手段老化，技术含量低。

2. 基础设施建设投入不足

近年来，延安经济持续下滑，财政收入日趋紧缩。致使延安对旅游基础设施建设的投入严重不足，许多需耗费巨额投资的优质项目只能因故搁浅。另外，延安属于欠发达地区，直接融资渠道狭窄，民间融资又缺乏引导，致使社会闲散资金很难进入旅游行业。加之旅游产业的运营商大多是中小企业，金融机构给予的贷款规模和贷款期限与旅游业的回报周期不相匹配，使得旅游业的资金供给渠道往往不畅通。凡此种种，都直接影响着延安旅游业的发展。

3. 配套服务功能滞后

延安尽管拥有丰富的旅游资源，但要是没有良好的旅游服务设施和完善的软、硬环境，照样是难以吸引充足的客源的。由于观念滞后、投资不足、管理不善，延安各个景点的配套设施没有得到及时跟进，吃、住、行、游、购、娱等综合服务设施不完善问题凸显出来：景点卫生条件恶劣；旅游消费品种单调，货架上常是一些老面孔，不能吸引旅游者消费；全市至今没有专业的旅游汽车公司或旅游车队；宾馆饭店的接待能力远远满足不了旅游旺季的市场需求，旅游用车难、停车难、住宿难、就餐难的问题日益突出；城市住宿设施的品牌建设和经营管理有待进一步提升、规范；缺乏符合旅游购物要求的标准化购物商场，地方特色旅游配套项目开发不足等。诸如此类的问题，无不制约着延安旅游业的又好又快发展。

4. 发展思路不明晰，缺乏整体战略筹划

延安旅游业至今仍基本上处于遗址参观、图片实物展示的初级水平，尚未形成一个集战略性、前瞻性、整体性为一体的旅游发展规划，发展目标不明，发展思路不清，发展措施没有系统性。管理基本上与其他行政行业没有多大区别，仍然处在一种自在或自然状态，景区景点各自为战，尚未形成分工协作、整体联动、互利共赢的发展合力和旅游网络体系。

5. 文化资源挖掘力度和深度不够

由于缺乏系统的挖掘整理研究，没有能够找到一个有效的载体或平台，使文化与旅游业发展有机结合起来，致使其未能展现出应有的魅力。迄今为止，市面上宣传介绍延安旅游文化的书籍、杂志、报纸、手册、光盘很少，层次高的作品更少，特别是缺乏系统、规范介绍延安旅游的解说词和功底较好的解说员。

旅游景区的文化内涵挖掘不深，展示形式单一，缺乏参与性和吸引力。目前，延安对旅游资源的开发主要以革命旧址为主，旅游开发缺乏深度。革命旧址、纪念馆大多以展示形式为主，展示内容单调、僵硬、雷同，讲解员解说照本宣科，

大而化之，千人一面，使游客极易产生审美疲劳。

6. 整体形象宣传缺乏广度、深度、力度

没有打造出代表延安形象、独具吸引力的旅游品牌，旅游市场的标识不鲜明，特色不突出，给游客的印象不深刻。宣传资金投入不足，宣传形式简单划一，宣传队伍没有形成合力。

7. 旅游市场主体发育程度不高

旅行社是旅游市场的主体。组织、争夺和开发客源是旅行社的生存之本。旅行社的数量、规模、实力决定着旅游市场的繁荣与兴旺，影响着旅游业的发展水平。目前，延安旅行社虽然在数量上有了较快发展，但总体上呈现出小、弱、散的状态，主要靠"守株待兔"，小打小闹，而不是主动出击，"找米下锅"。此外，由于延安缺少专门从事旅游商品研发、生产、销售的企业或组织，旅游商品开发极为落后，旅游购物市场疲软，销售不旺。

8. 旅游格局的转变与大旅游城市的替代效应

进入 21 世纪以来，随着我国发达地区居民收入水平的持续提高，我国环渤海、长三角和珠三角三大旅游客源区游客，正在由国内游转向出境游。据统计，广东一直是我国出境旅游大省，占出境旅游总人数的30% 左右；其余依次为北京、上海、福建和浙江等①，主体客源地游客的转向，使延安的旅游市场吸引力相对下降。另外，同处陕西省的西安是我国旅游热点城市，发展旅游业的时间较长且形成了一批级别高、相对集中的旅游景区和景点。据分析，西安旅游的辐射效应仅可到达黄陵，难以引流到延安；但西安对延安的替代效应却非常明显。此外，在陕西省的 107 个县区中，绝大部分县区非常重视旅游业的发展，使延安

① 何光：《中国旅游业 50 年》，中国旅游出版社 2000 年版。

旅游业面临着日趋激烈的市场竞争。① 还有，延安周边山西、甘肃、宁夏等省区也在大力发展旅游业，新的旅游目的地的不断涌现，无疑构成了对延安旅游的潜在竞争与威胁。

### 四　延安旅游业发展的目标定位及路径选择

（一）延安旅游产业发展的目标定位

基于对延安旅游产业发展现状、问题及进一步发展具备的巨大优势、制约因素的分析，结合国际国内旅游产业发展趋势、党和国家对我国未来 30 多年经济发展的规划与安排，以及延安资源型经济转型迫切需要大力发展旅游业等接续产业、培育新的经济增长点的现实需要，按照必要性与可行性相结合的原则，我们将 2020—2050 年延安旅游产业发展的目标确定如下。

2020—2050 年，延安旅游产业发展的目标是，经过 30 年的不懈奋斗，到 2050 年，也就是新中国成立 100 周年，延安市成为世界知名旅游城市、国内著名旅游城市和除西安外陕甘宁蒙晋地区旅游业中心城市；旅游产业成为延安最重要的主导产业和战略性支柱产业，在延安经济社会发展中处于举足轻重的地位。

考虑到受新冠肺炎疫情的严重影响，2020 年全球经济衰退已成定局，而新冠肺炎疫情对旅游业的影响又首当其冲。2020 年延安年接待游客人数势必会有较大幅度的下滑。假如疫情在 2020 年 6 月能够基本消失，旅游从此得到全面恢复，那么 2020 年延安的年接待游客人数仍有望达到 4500 万人次以上，旅游综合收入有望达到 350 亿元以上，旅游综合收入占 GDP 的比重达到 21.2%。但考虑到新冠疫情终究是一种意外的短期行为，2021 年以后，世界旅游业的发展仍然会回到其固有的发展轨道。果真如此，2021 年以后，延安年接待游客人数及旅游综

---

① 马耀峰、陶丽莉：《地市级城市延安的旅游市场形象设计研究》，《干旱区资源与环境》2005 年第 6 期。

合收入等指标将逐渐回到 2019 年的水平，并在此基础上一路向好发展。
基于此，2035 年，延安年接待游客人数应当达到 16000 万人次以上，
旅游综合收入应当达到 1560 亿元以上，由此，旅游综合收入占 GDP 的
比重将提高到 32.9% 以上。2050 年，延安年接待游客人数应当达到
19000 万人次以上，旅游综合收入应当达到 3350 亿元以上，由此，旅
游综合收入占 GDP 的比重将提高到 35.3% 以上。

表 8-4　　　　　　　　　延安旅游产业发展预期目标

| 时间 | 年接待游客人数（万人次） | 旅游综合收入（亿元） | 地区生产总值（亿元） | 旅游综合收入占 GDP 的比重（%） |
|------|------|------|------|------|
| 2019 | 7308.3 | 495.3 | 1663.89 | 29.8 |
| 2020 | 4500 | 350.0 | 1578.90 | 21.2 |
| 2035 | 16000 | 1560 | 4736.97 | 32.9 |
| 2050 | 19000 | 3350 | 9473.94 | 35.3 |

上述目标无疑是一个宏伟的目标。实现这一目标，意味着延安在国
际国内旅游行业中的地位显著提升，旅游业在延安经济社会发展中的作
用显著增强。

确定这样一个宏伟目标，对延安来说是十分必要的。之所以如此，
是因为延安资源型经济面临的现实困境迫切要求延安必须培育若干个成
长性、关联性、辐射性俱佳的新的主导产业。只有这样，延安经济发展
才能走出衰退的低谷，实现可持续的中高速增长。否则，2020 年延安如
期全面建成小康社会即"第一个一百年"奋斗目标就会化为泡影，2050
年延安和全国同步全面实现现代化，进入中等发达地区行列的"第二个
一百年"奋斗目标就会沦为镜中花、水中月。而结合延安的资源禀赋，
除了日益枯竭的石油煤炭等矿产资源外，最丰富、最具开发潜力的资源
就是旅游资源。所以，从这个意义上说，延安的希望在旅游，延安的未
来靠旅游。也就是说，只有旅游产业才有可能培育成为延安最具成长性、
关联性和辐射性的主导产业，并进一步发展为战略性支柱产业。只有如

此，延安才有可能与全国一道如期实现"两个一百年"奋斗目标。

确定这样一个宏伟目标，也是具有可行性的。

首先，从延安旅游资源的丰富性、垄断性和至上性来说，通过加大旅游资源的开发力度，提高旅游资源的利用效率，实现上述目标是完全有资源保障的。这点不容置疑，也毋庸赘言。

其次，从国际旅游发展大趋势来说，20世纪90年代初以来，随着人民生活水平的提高，旅游业已经成为超过石油工业、汽车工业的世界第一大产业。不仅如此，根据国内外权威科学家的预测，第六次科技革命即将到来，与以往数次科技革命均带动世界经济实现强劲增长一样，第六次科技革命必将让世界经济摆脱2008年国际金融危机以来长期持续低迷的窘境，实现强劲复苏和可持续增长，这势必为提高世界人民的收入水平奠定坚实的基础，从而推动世界旅游业的大发展、大繁荣。

再次，从国内经济发展看，过去40年国民经济的高速增长，已经使我国居民生活总体实现了从贫困到温饱、再到小康的跨越。随着人民群众收入的普遍提高，人们对旅游的需求不断增强。这就为延安旅游产业的全面快速发展提供了巨大的潜在消费者群。展望未来，党和国家已经为全面实现"两个一百年"奋斗目标作出了顶层设计和战略安排。我们相信，在党中央的坚强领导下，党和国家确定的"两个一百年"奋斗目标一定能够如期实现。果真如此，2020年，我国将全面建成小康社会，并即将进入高收入国家行列，2050年，我国将全面实现现代化，并进入中等发达国家行列。不言而喻，随着这些目标的逐步实现，我国人民的收入水平将大幅度提高，从而对旅游的需求将进一步增强。这势必为延安旅游产业的成熟发展和平稳发展提供不竭的源泉。

最后，从国内政治建设、文化建设的走向看，从严治党和建设社会主义文化强国已经成为党和国家的既定方略。而从严治党必须从延安精神中汲取力量，建设社会主义文化强国必须从传统历史文化中吸取营养。从这两个意义上说，作为延安精神发祥地和轩辕黄帝陵所在地，在未来一个较长时期内，延安还将成为党和国家重要的革命传统教育基地、爱国主义教育基地和延安精神教育基地，成为党政企和事业单位的干部学习基地和培训基地。这就为延安旅游产业的持续强劲增长提供了最基本的保障。

（二）延安旅游产业发展的路径选择

2020年至2050年，延安旅游产业发展的思路是：以延安旧城恢复重建为重要抓手，以红色旅游、观光旅游、文化旅游、乡村旅游、养生旅游、生态旅游等各项旅游产业一体化和全面综合发展为主要内容，以一流旅游基础设施建设为支撑，以制度创新和科技创新为引擎，以城市旅游形象塑造和市民素质提升、旅游对外开放和旅游资源可持续发展为保障，以旅游企业为主体，充分发挥市场在旅游资源配置中的决定性作用和政府的顶层设计、协调管理作用，促进延安旅游产业全面、快速、成熟和平稳发展。

1. 以延安旧城恢复重建为重要抓手

延安丰富、优质的旅游资源主要集中在旧城。但由于延安市的旧城狭小，吃、住、行、游、购、娱等旅游要素严重缺失，导致延安旧城的游客接待能力低下，游客满意度较差，致使延安巨大的旅游资源优势远远没有转化为显著的经济优势。截至2019年，旅游对延安经济的贡献率只有29.8%。而与延安形成鲜明对比的是，旅游资源与延安相比较为逊色的吉安市，却凭借对旅游资源的成功开发，取得了旅游综合收入占地区生产总值51.4%以上的辉煌业绩。

由此可见，要充分发挥旅游资源对延安经济社会发展的带动作用，实现2020年至2050年延安旅游产业发展的奋斗目标，就必须以新区建设为契机，尽快把延安旧城内的非旅游要素搬出去，并按照中共延安13年革命时期老延安的布局、面貌，对旧城进行整体规划、彻底改造和恢复重建。只有这样，才能根治旧城拥堵痼疾，保护旧城革命历史文物，扩大旧城旅游吸引力和接待能力，完善旧城旅游功能，实现延安旅游产业全面快速、成熟和平稳发展。

2. 以红色旅游、观光旅游、文化旅游、乡村旅游、养生旅游、生态旅游等各项旅游产业一体化和全面综合发展为主要内容

前已述及，延安的旅游资源全面、丰富，但在以往的对外宣传和发展中，过度集中于"革命圣地"和红色旅游方面，导致延安其他旅游资源的对外影响力和开发受到削弱和抑制，出现了红色旅游"一白遮百丑"的不合理现象。摆脱这一局面，实现延安旅游产业的大发展、大繁荣，必须走"红黄绿黑"等各种旅游产业一体化和全面综合发展的路子。

3. 以一流旅游基础设施建设为支撑

道路、交通、场地、饭店、文化娱乐和各种体育、疗养设施等是发展旅游产业的基础设施。旅游基础设施的完善和多元化，特别是质量的一流化是实现旅游产业持续快速发展的基本条件和重要支撑。延安的旅游基础设施虽然有了明显改善，但仍不适应延安旅游大发展、大繁荣的需要。由此可见，加快发展延安旅游产业，还须以一流的旅游基础设施建设为支撑。

4. 以制度创新和科技创新为引擎

创新是社会发展的动力。实行创新驱动发展战略已经成为国际国内发展的大趋势。创新的内容十分丰富，但主要是制度创新和科技创新。延安旅游产业的发展，一方面受制于旅游管理体制不良的束缚；另一方面也存在科技含量不高的问题。加之考虑到以新一代信息技术和智能机器人为代表的新的科技革命的出现和影响，2020 年至 2050 年，延安旅游产业的发展必须特别注重发挥制度创新和科技创新的推动与引领作用。为此，不仅要通过深化改革，彻底打破不适应旅游产业发展的体制机制束缚，解放旅游生产力，发展旅游生产力，还要通过大力发展"互联网＋旅游和智能技术＋旅游"，充分发挥高新科技对加快延安旅游产业发展的引领作用，实现延安旅游产业的全面快速、成熟和平稳发展。

5. 以城市旅游形象塑造和市民素质提升、旅游对外开放和旅游资

源可持续利用为保障

　　游客对城市旅游形象的感知与认可程度，直接关系到游客旅游目的地的选择。而市民素质的高低则直接影响游客对一个城市的印象和美誉度，进而影响游客本人对是否再次到该城市旅游的决策，以及游客对亲属、同事、朋友、老乡等的宣传倾向，从而间接影响游客的亲属、同事、朋友、老乡等对是否到该城市旅游的决策。可见，城市旅游形象塑造和市民素质提升对一个城市发展旅游产业而言是何等重要！然而，毋庸讳言，在这方面，延安尚是一个短板。所以，做好城市旅游形象塑造和市民素质提升工作无疑是发展延安旅游产业应当格外予以重视的两个方面。

　　至于旅游产业的对外开放，则可以扩大旅游产业的对外影响力，进而扩大旅游国际市场，增加境外游客人数，提高旅游外汇收入。就延安而言，相对于日趋旺盛的国内旅游，入境旅游微不足道，甚至大有萎缩之虞。所以，2020 年至 2050 年，扩大旅游产业对外开放对延安同样是十分重要的。

　　此外，正如"巧妇难为无米之炊"一样，没有旅游资源，发展旅游产业就是一句空话。不仅如此，旅游资源和其他大部分资源不同，其他大部分资源是可移动的，可输入的，本地枯竭了、没有了，可以通过对外购买加以引进和弥补。而旅游资源通常是不可移动的，一旦破坏了、消失了，便无法引进和弥补。可见，旅游资源的可持续利用，对延安旅游产业的可持续发展同样是不可或缺的。

　　6. 以旅游企业为主体，充分发挥市场在旅游资源配置中的决定性作用和政府的顶层设计、协调管理作用

　　市场经济是市场在资源配置中发挥决定性作用的经济。在市场经济条件下，企业是市场的主体，所以，所谓市场配置资源，实际上是由企业通过发挥市场机制这一"看不见的手"的调节作用配置资源。而市场不是万能的，是有缺陷的，这就要求充分发挥政府这只"看得见的手"的调控作用，弥补市场缺陷，从而达到资源最优配置的目的。

旅游产业是市场竞争异常激烈的行业。因此，市场经济的上述原理对旅游产业同样是适用的。这就要求延安旅游产业的发展必须以旅游企业为主体，充分发挥市场在旅游资源配置中的决定性作用和政府顶层设计、宏观控制的作用。

### 五　延安旅游产业发展的对策探索

#### （一）进一步提升旅游产业在经济社会发展中的战略地位

2020 年至 2050 年，延安市各级党委、政府应当从延安矿产资源日益枯竭的现实困境和国际石油、煤炭等矿产资源市场长期低迷的实际出发，充分利用得天独厚的旅游资源优势，大胆借鉴国内外优秀旅游城市发展旅游业的成功经验，站在"延安的希望在旅游，延安的未来靠旅游"的高度，把旅游产业作为事关延安百年兴衰和全民福祉的经济来谋划，强力实施"旅游兴市"和"旅游富民"两大战略，不断提升旅游经济在延安市地区生产总值、财政收入、就业份额和居民收入中的贡献率，全面建设文明、富强、民主、和谐、美丽的现代化新延安。

#### （二）切实做好旅游产业的形象定位工作

延安旅游产业的形象定位要特色鲜明，准确全面，简洁明了，而不能泛泛而谈，挂一漏万，烦琐冗长。特别是要把"轩辕故里""革命圣地""成功之都""黄土文化""黄河奇观""生态延安"等延安优势旅游资源的众多元素囊括其中。

#### （三）把清明节公祭轩辕黄帝仪式由省祭重新升格为国祭

游客在延安逗留的时间短，与来延游客大多只在延安市内参观革命旧居，而很少到延安其他景区旅游有关。黄陵县就是一个例证。轩辕黄帝陵号称中华第一陵。但 2018 年，黄陵县年接待游客只有区区 813 万人次，而同期国内县级市都江堰年接待游客竟达 2488 万人次。以中华第一陵而著称的黄陵县年接待游客人数只及以水利工程而著称的都江堰的 1/3，这是说不过去的。究其原因，与新中国成立后，清明节公祭轩辕黄帝仪式由历史上数千年来的国祭降格为省祭有着直接的关系。

清明节公祭轩辕黄帝仪式对于彰显海内外中华儿女血浓于水的骨肉亲情、展示中华民族五千年历史文化的巨大魅力、增强中华民族的凝聚力、促进中华民族的大团结、大统一无疑有着重大意义。

为此笔者有如下建议。

第一，多方向党中央、国务院呼吁，把清明节公祭轩辕黄帝仪式由省祭重新升格为国祭。

第二，按照国祭的要求和年接待上千万人次游客的标准，重新规划设计，做大做多做高做细黄帝陵景区。

第三，在总结、借鉴历朝历代国祭黄帝陵的具体做法与经验的基础上，邀请国内外一流专家，提前研究、设计和尽快拿出清明节国祭轩辕黄帝仪式的实施方案。

（四）强力实施旅游产业北扩计划

目前，除宝塔区外，来延游客的目的地主要分布在南部的黄陵和宜川境内。

延安北部6县的旅游资源虽然无法与宝塔区及南部6县相比，但与市外兄弟县区相比，并不逊色。可见，增加来延游客在延安停留时间的又一途径便是强力实施旅游产业北扩计划。

建议如下。

第一，加大延安北部6县旅游资源优势的对外宣传力度。

第二，把旅游产业确定为延安北部6县接替石油产业的后续产业予以重点培育。

第三，强力实施延安北部6县与宝塔区、南部6县旅游产业一体化融合发展战略。

（五）强力打造"养生延安"品牌

养生已成为现代人日趋崇尚的生活方式，也是旅游产业方兴未艾的一种新的旅游样式。养生不是一日之功，所以，发展养生旅游是留住游客的又一重要途径。

俗话说，"一方水土养一方人"。但20世纪三四十年代来自五湖四海的中国共产党人在延安生活战斗了 13 个春秋并打败了国民党、建立了新中国的历史事实说明，延安不止适合养延安人，而且适合养全国人。结合延安天高地厚、气候适宜和退耕还林后山川秀美的天文地理与生态条件，以及延安境内吴起袁沟、志丹九吾山、宝塔万花山与南泥湾、甘泉崂山、黄陵养生谷和黄龙生态公园等天然休闲养生基地的独特优势，延安发展养生旅游，建设养生延安，潜力巨大。

建议如下。

第一，组织人力和资金，搞好延安养生旅游的论证、设计和统筹规划工作。

第二，加大养生延安的对外宣传推广力度。

第三，加大吴起袁沟、志丹九吾山、宝塔万花山与南泥湾、甘泉崂山、黄陵养生谷和黄龙生态公园养生旅游的开发力度。

第四，在延安旧城恢复重建和新区建设过程中，注重强化旧城和新区的养生功能。

第五，下大力气持续整治延安境内的环境污染，建设山清水秀天蓝的晴朗延安。

（六）加快旅游发展模式转型进程

旅游发展模式滞后，是制约延安旅游产业发展的重要瓶颈。为此，应当加快旅游发展模式转型进程，努力形成延安旅游发展的新模式。

第一，坚持走以企业为主体的旅游发展之路，做实延安旅游集团，激发旅游企业内在活力。

第二，坚持走内涵式扩大再生产的旅游发展之路，不断加大旅游业的人力投资、科技投入和文化积淀力度，切实提高旅游从业人员综合素质、旅游产品的科技含量和吃、住、行、游、购、娱等旅游要素的文化底蕴。

第三，坚持走全面、综合、均衡增长的旅游发展之路，促进延安红色旅游、黄色风情旅游、黄河自然风光旅游及绿色生态旅游共同发展。

第四，坚持走立体推进、协同增长的旅游发展之路，促进延安市区旅游、县域旅游、乡村旅游竞相发展。

（七）加快旅游管理体制改革步伐

旅游管理体制不合理同样是制约延安旅游发展的重要瓶颈。所以必须加快旅游管理体制改革步伐，尽快形成延安旅游管理新体制。

第一，在整合旅游、宗教、文物等相关部门职能的基础上，建立统一、高效、权威的旅游行政管理机构。

第二，按照政企分开的原则，合理界定和划分旅游行政管理部门与旅游企业的责权利，发挥旅游协会的行业自律作用。

第三，按照垂直管理的原则，上收县级行政区划的旅游管理权，在各县设立旅游分局，由市级旅游行政管理部门统一管理，旅游收入按照属地原则进行分配。

第四，按照旅游资源所有权与经营权分离的原则，采取出租、承包、股份制等多种经营形式，促进延安旅游民营化。

第五，大力培育延安旅游市场，在更大程度上发挥市场在旅游资源配置和充分利用中的基础性作用。

（八）全力推进旅游对外开放进程

旅游对外开放度低是延安旅游发展面临的一个突出问题。为此，必须全力推进旅游对外开放进程，提高对外开放对延安旅游的贡献率。为此，关键是要通过旅游促销、宣传、世界遗产申报和旅游品牌打造等多种有效途径，不断提高延安旅游的知名度、满意度和美誉度，为加大招商引资力度和扩大海内外客源创造条件，全力推进延安旅游的国际化进程。

（九）大幅提高旅游从业人员准入门槛

旅游从业人员的素质相对较低是游客对延安旅游环境满意度不高的一个重要原因。为此要求较大幅度提高延安旅游从业人员的准入门槛，以提高延安旅游从业人员的素质。

建议如下。

第一，按照从严、从高的要求，全面制定包括旅游管理人员、导游、讲解员、演艺人员、驾驶员、售票员、服务员、售货员等在内的延安各类旅游从业人员准入资格制度与旅游行业从业规范。

第二，对现有不符合新准入资格制度的旅游从业人员全部进行培训和考核，不达标者一律退出。

第三，对新聘或新上岗的各类旅游从业人员，全面实施"持证上岗、非准莫入"制度。

第四，加强旅游监察队伍建设，按照新的旅游行业从业规范，定期不定期对旅游从业人员进行暗访、巡查、考核，对违规和不达标者亮黄牌，勒令整改，直至退出。

（十）促进旅游产业可持续发展

旅游产业发展绝不能搞掠夺式经营，杀鸡取卵，急功近利，务必要从长计议，细水长流，可持续发展。唯有如此，才能让旅游业担当起实现延安"两个一百年"奋斗目标的主导产业作用。

为此有如下建议。

第一，加快延安新区建设，尽快实现老城整体搬迁，为发展延安市区旅游让出空间。

第二，改善延安卫生管理模式，建立卫生管理的长效机制。

第三，采取旅游知识进课堂和旅游宣传上媒体以及加大奖罚力度等多种措施，提高延安市民的全民旅游意识和公德意识。

第四，提高准入门槛，严格准入管理，提高延安旅游从业人员的整体素质。

第五，大力开发传统教育、红色培训、会展经济、知青岁月、养生旅游、生态旅游和乡村旅游等旅游产品，培育延安旅游新的增长极。

第六，做好旅游资源保护和退耕还林工作，确保延安旅游资源可持续利用和延安旅游经济可持续发展。

# 第九章

# 延安区域经济转型与文化产业发展

## 一 文化产业的概念、分类与文化事业的关系及意义

### （一）文化产业的概念

文化不仅仅是一个一个的历史现象，或者形形色色的文物，也不仅仅是一个民族的意识形态和制度体系，文化也是一种稀缺的资源。作为一种稀缺的资源，文化是可以被人类开发和利用的，是可以为人类创造使用价值和价值的。这种以文化资源为对象的生产、交换、分配、消费活动，就是我们所谓的文化产业。

"文化产业"一词最初出现在德国法兰克福学派的代表人物霍克海默和阿多诺1947年合著的《启蒙辩证法》一书中。他们虽然最早提出了这一概念，但却对文化产业提出了批评，认为文化产业以商品拜物教作为其意识形态，穿着满足消费者需要的虚假外衣，以一种温情脉脉的形式对大众的思想进行管制，驱使大众的思考失去独立性，大众的思想失去差异性。

迄今，国内外对文化产业的认知仍不统一。联合国教科文组织把文化产业定义为：文化产业就是按照工业标准，生产、再生产、储存以及分配文化产品和服务的一系列活动。按照这一定义，文化产业只包括可以由工业化生产并符合系列化、标准化、生产过程分工精细化和消费的大众化的产品，如书籍、报刊等印刷品和电子出版物有声制品、视听制品等，及其与这些产品相关的服务，而不包括舞台演出和造型艺术的生

产与服务。美国虽然没有文化产业的提法，但他们所说的版权产业，与人们所谓的文化产业是大体一致的。日本政府认为，凡与文化相关联的产业都属于文化产业。这种认知，显然使文化产业的范围变得过大了，因为按照这种说法，不但演出展览、新闻出版、休闲娱乐、广播影视属于文化产业，就连体育和旅游等也属于文化产业。

2003 年，我国国家文化部出台了《关于支持和促进文化产业发展的若干意见》，对文化产业的概念作了界定。根据该文件，文化产业是指从事文化产品生产和提供文化服务的经营性行业。文化产业是社会生产力发展的必然产物，是随着中国社会主义市场经济的逐步完善和现代生产方式的不断进步而发展起来的新兴产业。2004 年，国家统计局提出了"文化及相关产业"的概念，并将其界定为：为社会公众提供文化娱乐产品和服务的活动，以及与这些活动有关联的活动的集合。2012 年和 2018 年，国家统计局虽然先后两次出台了新的文化及相关产业分类标准，但都将文化及相关产业定义为：为社会公众提供文化产品和文化相关产品的生产活动的集合。但《文化及相关产业分类（2012）》认为，文化产业的外延具体可以分为文化产品的生产活动、文化产品生产的辅助生产活动、文化用品的生产活动和文化专用设备的生产活动等四个组成部分，其中文化产品的生产活动构成文化及相关产业的主体，其他三个部分是文化及相关产业的补充。而《文化及相关产业分类（2018）》则认为，文化产业的外延应该由两部分组成，第一部分是以文化为核心内容，为直接满足人们的精神需要而进行的创作、制造、传播、展示等文化产品（包括货物和服务）的生产活动。具体包括新闻信息服务、内容创作生产、创意设计服务、文化传播渠道、文化投资运营和文化娱乐休闲服务等活动。第二部分是为实现文化产品的生产活动所需的文化辅助生产和中介服务、文化装备生产和文化消费终端生产（包括制造和销售）等活动。

（二）文化产业的分类

国家统计局 2018 年发布的文化及相关产业分类标准，对《文化及相关产业分类（2012）》做了修订，将原来的 10 个大类修订为 9 个大类，原来的 50 个中类修订为 43 个中类，原来的 120 个小类修订为 146 个小类。

具体而言，按照《文化及相关产业分类（2018）》，文化及相关产业应当由以下九类构成。

第一类，新闻信息服务类，具体包括新闻采访、编辑、发布和其他新闻服务；报纸出版等报纸信息服务；广播电视信息服务；互联网信息服务。

第二类，内容创作生产类，具体包括图书、期刊、音像制品、电子出版物、数字出版等出版服务；影视节目、录音等广播影视节目制作；文艺创作与表演、群众文体活动、其他文化艺术业等创作表演服务；动漫、游戏、互联网游戏、多媒体、游戏动漫和数字出版软件开发、增值电信文化服务等数字内容服务；图书馆、档案馆、博物馆、烈士陵园、纪念馆以及文物、非物质文化遗产保护等内容保存服务；雕塑工艺品、金属工艺品、漆器工艺品、花画工艺品、天然植物纤维编织工艺品、抽纱刺绣工艺品、地毯、挂毯、珠宝首饰及有关物品、其他工艺美术及礼仪用品等工艺美术品制造；陈设艺术陶瓷、园艺陶瓷等艺术陶瓷制造。

第三类，创意设计服务类，具体包括互联网广告和其他广告服务；建筑设计服务、工业设计服务、专业设计服务等设计服务。

第四类，文化传播渠道类，具体包括图书、报刊、音像制品、电子和数字出版物的批发、零售和出租；有线广播电视、无线广播电视以及广播电视卫星、广播电视节目等传输服务；电影和广播电视节目发行；艺术表演；互联网文化娱乐平台；艺术品拍卖及代理；首饰工艺品及收藏品批发、珠宝首饰零售、工艺美术品及收藏品零售等工艺美术品销售。

第五类，文化投资运营类，具体包括文化投资与资产管理、文化企业总部管理和文化产业园区运营管理。

第六类，文化娱乐休闲服务类，具体包括歌舞厅娱乐活动、电子游艺厅娱乐活动、网吧活动、游乐园等娱乐服务；城市公园管理、名胜风景区管理、森林公园管理、其他游览景区管理、自然遗迹保护管理、动物园、水族馆管理服务、植物园管理服务等景区游览服务；休闲观光活动、观光游览航空服务等休闲观光游览服务。

第七类，文化相关领域类，具体包括文化用机制纸及纸板制造、手工纸制造、油墨及类似产品制造、工艺美术颜料制造、文化用信息化学品制造；书、报刊印刷、本册印制、包装装潢及其他印刷、装订及印刷相关服务、记录媒介复制、摄影扩印服务；版权和文化软件服务；会议、展览及相关服务；文化活动服务、文化娱乐经纪人、其他文化艺术经纪代理、婚庆典礼服务、文化贸易代理服务、票务代理服务；休闲娱乐用品设备出租、文化用品设备出租；社会人文科学研究、学术理论社会（文化）团体、文化艺术培训、文化艺术辅导。

第八类，文化装备生产类，具体包括印刷专用设备制造、复印和胶印设备制造；广播电视电影设备制造及销售；摄录设备制造及销售；演艺设备制造及销售；游乐游艺设备制造；中乐器制造、西乐器制造、电子乐器制造、其他乐器及零件制造、乐器批发、乐器零售。

第九类，文化消费终端生产类，具体包括文具制造、文具用品批发、文具用品零售；笔、墨水、墨汁制造；以儿童为主要使用者，用于玩耍、智力开发等娱乐器具的制造；焰火、鞭炮产品制造；电视机制造、音响设备制造、可穿戴智能文化设备制造、其他智能文化消费设备制造、家用视听设备批发零售、其他文化用品批发零售。

（三）文化产业与文化事业的关系

需要指出的是，根据我国政府部门的界定，文化产业与文化事业是既相联系又相区别的概念。从联系上说，文化产业与文化事业都具有精神属性，都是国家文化建设的重要组成部分。从区别上说，主要有以下几个方面。

第一，生产目的不同。文化事业生产的是公共产品，以国家需要为转移。文化产业生产的是私人产品，以市场需要为转移。

第二，机构性质不同。文化事业机构是政府部门的附属单位，以行政方式管理。文化产业机构是企业单位，以企业法人进行经营活动。

第三，运营机制不同。事业机构是由国家财政提供经费维持其生产与服务活动，以寻求最高社会效益为原则。文化企业的生产经营以追求最高经济效益为原则。

第四，调控方式不同。对事业单位，国家可以采取行政命令的方式直接调控，要求它生产什么样的文化产品，怎样为大众提供服务。对文化企业单位，一般地说，是以间接调控为主。

（四）大力发展文化产业的意义

文化产业虽然尚是一个新生事物。但文化产业一经兴起，便方兴未艾，在世界范围内呈现出勃勃生机。

大力发展文化产业，无论对全国而言，还是对延安市而言，都有着十分重要的意义。

1. 政治意义

当今世界，国家之间的竞争愈演愈烈。而国家之间的竞争，虽然主要表现在经济、政治、国防、外交等方面，但归根结底是文化的竞争。因为文化说到底是一个民族、一个国家共同认可和信仰的价值观念，渗透在经济、政治、国防、外交等各个领域，因而是一个民族、一个国家软实力的集中体现。大力发展文化产业，可以直接、间接地提高国民的文化认同、文化自觉和文化自信，从而增强一个民族、一个国家的软实力。

2. 经济意义

文化产业被公认为是 21 世纪的朝阳产业和最具发展潜力的产业之一，具有科技含量高和消耗低、污染少、周期短、效益高、吸附就业能力强以及对其他产业辐射连锁效应佳等特点和优点。因此，文化产业在一个国家或地区的产业结构优化、经济发展、人民生活改善和综合竞争力提升等方面均发挥着重要的作用。从世界范围来看，文化产业已经成为西方发达国家的支柱产业，其产值占 GDP 的比重多在 10%—30% 之间。从我国看，"十一五"规划以来，文化产业发展被提升到前所未有的高度，文化产业占 GDP 的比重也由 2011 年的 2.85% 提高到 2018 年的 4.3%。

3. 文化意义

文化产业的大力发展，势必意味着文化投入的大幅增加、文化生产力的巨大进步和文化从业人员素质的大幅提高、文化企业活力的迅速增强。而这一切对于文化的保护、文化的传承、文化的弘扬和文化的创新都有着莫大的意义。

## 二　延安文化产业发展的现状分析

### (一) 延安文化产业发展的成就

近年来，在延安各级党委和政府的重视与支持下，延安市文化产业取得了长足进步，主要表现在以下几个方面。

1. 文化产业增加值逐年增加，增速高于同期经济增速

2014 年，延安市文化产业实现增加值 15.35 亿元。2015 年，延安市文化产业实现增加值 16.58 亿元，较上年增长 8.01%，高于同期 GDP 增速 6.3 个百分点。2016 年，延安市文化产业实现增加值 18.45 亿元，较上年增长 11.28%，高于同期 GDP 增速 9.9 个百分点。2017 年，延安市文化产业实现增加值 20.29 亿元，较上年增长 9.97%，高于同期 GDP 增速 2.4 个百分点。2018 年，延安市文化产业实现增加值 23.25 亿元，较上年增长 14.6%，高于同期 GDP 增速 5.5 个百分点。

2. 文化产业呈现全面发展态势

2014 年以来，延安市文化产业实现了 9 大门类全覆盖，即新闻信息服务、内容创作生产、创意设计服务、文化传播渠道、文化投资运营、文化娱乐休闲服务、文化相关领域、文化装备生产和文化消费终端生产全覆盖，呈现出全面发展的良好态势。从文化制造业、文化批零业和文化服务业等三大领域来看，2017 年，延安市文化产业同样获得了全面发展。其中，文化制造业、文化批零业和文化服务业实现增加值分

别为 0.71 亿元、5.49 亿元和 14.09 亿元，分别较上年增长 20.3%、10.0% 和 9.5%。

3. 文化服务业高速增长，主导文化产业发展

2015 年，延安市文化服务业实现增加值 11.34 亿元，增长10.74%，占全部文化产业增加值的 68.4%。2016 年，延安市文化服务业实现增加值 12.87 亿元，增长 13.49%，占全部文化产业增加值的69.8%。2017 年，延安市文化服务业实现增加值 14.09 亿元，较上年增长 9.48%，占全部文化产业增加值的 69.4%。

4. 规模以上文化企业产值及企业数增长迅速

从产值看，2016 年，延安市规模以上文化企业实现增加值 1.42 亿元，较上年增长 294.4%。2019 年，延安市规模以上文化企业实现营业收入 14.3 亿元，同比增长 25.2%。

从企业数量看，2017 年，延安市共有规模以上文化企业 50 户，较上年净增加 19 户，增长速度为 46.3%。2018 年，延安市共有规模以上文化企业 52 户，较上年净增加 2 户，增长速度为 4.0%。2019 年，延安市共有规模以上文化企业 66 户，较上年净增加 14 户，增长速度为 26.9%。

5. 立足文化资源优势，助推旅游业实现超常规增长

延安旅游虽然起步晚，但发展速度很快。2019 年，延安接待游客数量达到 7308.3 万人次，创旅游综合收入 495.3 亿元。游客人数和旅游综合收入分别是 1987 年的 487.2 倍和 3537.9 倍。旅游综合收入占GDP 的比重，从 1987 年的 1.7%，提升到 1997 年的 4.6%，2009 年的7.5%，2011 年的 9.9%，2014 年的 12.3%，2017 年的 23.6%，2018年的 26.3%，2019 年的 29.8%。这不仅说明，过去 40 多年延安旅游业的增速持续快于其他产业的增速，而且说明旅游业已经成长为延安的战略性主导产业。

延安旅游业之所以能够取得超常规增长，根本原因在于充分利用了延安得天独厚的文化资源优势，包括炎黄文化资源和红色文化资源优势

等。假如没有上述得天独厚的文化资源，延安的旅游产业无论如何是不可能取得如此优异的成绩的。

6. 生产和创造了一批在陕西省内外有一定影响的文化产品和文化品牌

具体表现在以下六个方面。一是"延安过大年"系列文化活动被文化和旅游部、财政部评为国家公共文化服务体系示范项目。二是连续举办纪念"5·23讲话"系列文化活动。三是大型红色历史舞台剧《延安保育院》、红秀《延安延安》、话剧《人生》《亲格蛋蛋的红黄蓝》等成功上演。四是扎实推进国家级陕北文化生态保护实验区建设。五是六大文化产业园区和24个县区级文化产业项目投资加速，初见成效。六是安塞区、子长县、洛川县、延川文安驿镇被命名为"陕西省民间文化艺术之乡"，黄帝陵文化景区荣获年度魅力文化景区。

（二）延安文化产业发展存在的问题

延安市文化产业发展虽然取得了一定的成绩，但无论从世界文化产业发展大势、我国文化产业发展总水平及兄弟地市文化产业现状看，还是从自身蕴藏的巨大的文化资源优势看，延安市文化产业发展仍然处于起步阶段，存在着若干较为突出的问题。

1. 文化资源产业化程度低

延安市文化资源异常丰富，既有数量众多、知名度很高的古代历史文化资源、陕北黄土风情文化资源，又有得天独厚、无与伦比的党中央在延安13年红色文化资源以及梁家河知青文化资源等。但这些资源大多没得到开发利用并走向市场，形成产业。以至于有的文化资源甚至被外地、外国无偿使用和开发，给外地和外国带来了可观的经济效益。例如，我们对流传久远的《花木兰》故事视而不见，但被好莱坞加工成动画片后，却在世界范围内取得了不菲的票房。再如《走西口》和《平凡的世界》被山西和本省榆林拍成电视剧后，火遍了大江南北。

2. 文化产业总量小，贡献低

2018年，延安市文化产业实现增加值23.25亿元，占同期延安

GDP 的 1.49%。而 2017 年，陕西文化产业增加值 911.1 亿元，占 GDP 的比重是 4.14%。2018 年，全国文化产业增加值 38737 亿元，占 GDP 的比重是 4.30%。由此可见，延安的文化产业发展水平不仅与全省、全国相比相去甚远，而且与延安作为中华民族重要发祥地、中国革命圣地和中国历史文化名城的地位不相称。

3. 文化企业数量少，规模小

截至 2019 年底，延安市拥有规模以上文化企业 62 户，只占陕西规模以上文化企业的 4.8%。2017 年，延安市文化产业增加值 20.29 亿元，其中规模以上文化企业实现增加值 1.34 亿元，占全部文化产业增加值的比重为 6.6%。这说明，延安市的文化产业主要是依靠个体工商户和规模以下中小企业发展的，存在着生产经营分散、企业综合实力弱、难以发挥规模经济效应等突出问题。

4. 文化产业结构不合理

2017 年，延安市文化产业三大领域的生产值及在全部文化产业生产值中的占比分别是：文化制造业 0.71 亿元，占全部文化产业增加值的 3.5%；文化批零业 5.49 亿元，占全部文化产业增加值的 27.1%；文化服务业 14.09 亿元，占全部文化产业增加值的 69.4%。而同期，全国文化产业三大领域的生产值及在全部文化产业生产值中的占比分别是：文化制造业 12094 亿元，占全部文化产业增加值的 34.8%；文化批零业 3328 亿元，占全部文化产业增加值的 9.6%；文化服务业 19300 亿元，占全部文化产业增加值的 55.6%。显然，延安市的文化制造业发展过于滞后。这也说明，延安的文化产业发展尚处于起步阶段。

5. 县域文化产业发展不平衡

从文化产业增加值看，2017 年，文化产业增加值最高的县区达 12.16 亿元，占延安文化产业增加值的 59.9%，最低的县区只有 0.42 亿元，仅占延安文化产业增加值的 2.0%；从拥有规模以上文化企业数量看，2018 年，拥有规模以上文化企业数量最多的县区是宝塔区，共

15 家，其次是延川县，共 8 家，较少的是子长县、延长县和洛川县，均为 3 家，最少的是宜川县，只有 2 家。由此可见，延安市各县区之间文化产业的发展是很不均衡的。

6. 文化企业竞争力弱

除了延安文化产业投资有限公司、延安文化旅游产业投资有限公司、延安培植文化有限责任公司和延安山丹丹文化艺术有限责任公司等极少数知名文化企业外，延安的文化企业普遍存在着实力有限、竞争力不强的问题：一是资金实力弱，融资难、融资贵；二是生产设备落后，科技研发能力差；三是经营、创意、研发等人才缺失，特别是缺乏赵本山式的行业领军人物；四是企业和品牌知名度低。

7. 文化产业对外开放度低

一方面，延安的文化产品主要是依托旅游业在本土进行销售和消费的，文化企业和文化产品"走出去"的少之又少；另一方面，延安文化产业"请进来"的力度较小，也就是招商引资的数量少、效果差。

8. 本土居民文化消费需求不足

延安生产的文化产品和服务主要是通过旅游业，由外地游客来购买和消费的，来自延安本土的居民对延安文化产品和服务的消费反而十分有限。也就是说，迄今为止，延安市民"有钱没文化"的现象仍然比较严重。

9. 文化产业政策不完善

近年来，除了较早时候制定的《中共延安市委关于贯彻落实党的十七届六中全会精神加快建设文化强市的实施意见》、2016 年制定的《延安市"十三·五"文化产业发展规划》及 2017 年制定的《延安历史文化名城保护规划》外，延安市几乎再没有出台新的、更有力度、更具体和更具可操作性的文化产业政策，致使延安市的文化产业基本处于自发的发展状态。

### 三 延安文化产业发展的对策探索

**（一）充分认识大力发展文化产业的重要意义**

应当充分认识到，大力发展延安文化产业，不仅有利于提高广大人民群众的综合素质，增强广大人民群众对民族传统文化、中国特色社会主义文化以及延安本土文化的认同、自觉和自信，而且有利于满足广大人民群众日益增长的美好精神需要，提高广大人民群众的生活质量和精神品位；大力发展延安文化产业，不仅有利于充分发挥延安得天独厚的文化资源优势，促进延安文化的大发展大繁荣，而且有利于促进延安产业多样化，助力延安经济结构转型和经济跨越发展，为延安如期实现全面建成小康社会、基本和全面实现现代化做出重要贡献。

**（二）充分发挥政府在文化产业发展中的顶层设计和引领作用**

文化具有意识形态的属性，文化建设更加离不开政府的干预和支持。为此，应当充分发挥政府在延安文化产业发展中的顶层设计和引领作用。

建议如下。

第一，成立延安市县两级党委和政府文化产业发展领导小组，负责文化产业政策制定和组织协调。

第二，成立延安市文化产业研究中心，为延安市文化产业发展提供智力支持。

第三，用足用好党中央、国务院以及陕西省委、省政府制定的文化产业优惠政策。

第四，尽快制定《延安市大力发展文化产业实施意见》及《延安市"十四·五"文化产业发展规划》，在资金、税收、土地、人才及文化产业领军人物、行业准入、基础设施供应、配套奖励等方面，出台完善的、具体的、可操作的、有力度的优惠政策。

**（三）重视文化产业园建设，发挥近邻效应、规模效应和集聚效应**

目前延安正在实施的黄帝文化园区、黄河文化园区、黄土风情文化园区、圣地河谷文化园区、延川文安驿知青文化园区、桥儿沟文化创意产业园区等"六大文化产业园区"，完全符合延安市情和文化产业发展规律，有利于充分发挥规模效应和集聚效应，应当本着一张蓝图绘到底的精神，加大力度、驰而不息地实施下去，确保取得实实在在的经济效益和社会效益。

（四）加大文化产业领军人物和领军企业的扶持、培育力度

火车跑得快，全靠车头带。大力发展文化产业，离不开领军人物和领军企业的模范带头作用。为此，必须加大延安文化产业领军人物和领军企业的扶持、培育力度。

建议如下。

第一，对现有延安知名文化产业人才和企业进行甄别，望闻问切，对症下药，重点扶持，持续培育，努力使其成为延安文化产业领军人物和领军企业。

第二，鼓励其他产业领域乃至党政部门、大专院校、科研院所的企业家和优秀人才转行投身文化产业，并通过重点扶持，持续培育，使他们成为延安文化产业的领军人物。

第三，鼓励延长集团等非文化产业领域的大型企业部分转产，或实施多样化经营，进军文化产业。

（五）实施"文化产业＋"工程，促进文化产业融合发展

产业融合是指处于不同层次的农业、工业和服务业在同一个产业、产业链、产业网中相互渗透、相互交叉、相互包含、融合发展的经济运行状态，是一种新型的经济增长方式。产业融合对于促进传统产业创新，进而推进产业结构优化与产业发展，对于产业竞争力的提高以及推动区域经济一体化等都有着十分重要的意义。作为一种新型产业，文化产业的发展更不能各自为政，单打独斗，而更应该通过实施"文化产业＋"工程，走与其他产业融合发展的路子。

为此，笔者有如下建议。

第一，实施"文化产业＋现代生态农业"工程，提升延安现代生

态农业的文化品位。

第二，实施"文化产业 + 农副产品加工业"工程，强化延安农副产品加工业的文化内涵。

第三，实施"文化产业 + 旅游业"工程，继续做大做强文化旅游业。

第四，实施"文化产业 + 互联网"工程，大力发展文化信息产业、文化创意产业和数字动漫产业。

（六）做大做强文化制造业

文化产业虽然门类众多，但从大的方面看，主要包括三个方面：文化制造业、文化批零业和文化服务业。而从产业链条看，文化制造业无疑是文化产业的基础，没有文化制造业，文化批零业和文化服务业都无从谈起。所以，虽然不能要求一个地区在文化产业发展上贪大求全，面面俱到，但从本地实际出发，有选择、有重点地做大做强文化制造业，对于本地区文化产业的长足发展无疑是十分必要的。

结合延安时期延安文化大发展大繁荣的历史传统，以及当下延安文化资源的具体优势，建议延安在做大做强出版传媒业、广播影视业、民间艺术品加工业和演艺娱乐业等方面，高起点谋划，大手笔作为，着力筑巢引凤，矢志招商引资，努力使文化制造业成为延安文化产业发展乃至延安区域经济发展的新的增长点。

（七）提高本土居民的文化素养，扩大本土居民的文化消费需求

延安文化产业的发展，首要目的是满足延安广大群众对文化产品和服务的需要。应当通过提高延安广大群众的文化素养，增强延安广大群众对文化产品和服务的支付能力，来扩大延安广大群众的文化消费需求。为此，一方面要通过常态化举办文化进校园、进社区等活动，特别是开展构建"书香社会"等活动，提高延安广大群众的文化素养，引导广大群众崇尚健康、向上的精神生活；另一方面要通过政府向文化企业提供补贴等方式，降低文化产品和服务的价格，增强广大群众对文化产品和服务的有效需求。

（八）实施文化产业"走出去""请进来"战略

通过"走出去""请进来"的方式，充分利用国际国内两种资源、两个市场，是各个国家和地区加速经济发展的不二选择。延安大力发展文化产业也概莫能外。为此，一方面要鼓励本土文化企业放眼全国和全球，勇敢地走出去，实现跨地区和跨国经营；另一方面要通过优化营商环境，加大招商引资引才引智力度，吸引国际国内一流文化企业和文化领军人物来延安投资创业，推动延安文化产业实现高起点发展。

# 第十章

# 延安区域经济转型
# 与非公有制经济发展

## 一 非公有制经济的构成、特征及意义

### （一）非公有制经济的构成及特征

非公有制经济是社会主义初级阶段基本经济制度的重要组成部分，毫不动摇地鼓励、支持、引导非公有制经济发展是我国长期不变的既定方针和政策。

在社会主义初级阶段，非公有制经济主要包括劳动者个体所有制经济、私人资本主义所有制经济、国家资本主义经济以及混合经济中的非公有制经济等。

1. 劳动者个体所有制经济及特征

劳动者个体所有制经济，简称个体经济，是指生产资料归劳动者个人所有，并由劳动者个人（包括其家庭成员）进行独立生产和经营的一种经济形态。

劳动者个体所有制经济的基本特征如下。

（1）生产资料归劳动者本人所有或占有。他们所拥有的生产资料一般都是手工工具或半机械工具，经营场地和建筑物小而简单，经营规模小，力量单薄。

（2）生产资料的所有、占有、支配、使用合而为一，不存在分解的必要，因此又称为小私有制经济。

（3）一般不存在或只存在少量雇工现象，所有者同时就是劳动者，不能脱离生产和经营活动。因此也可称为小商品经济。

（4）所有者主要依靠自己的劳动取得收入，不从事剥削性的生产和经营。他们的非劳动收入，主要是经营性收入和风险收入。从分布的行业看，主要存在于手工业、农业、商业、交通运输业、服务业等领域。

劳动者个体所有制经济存在于历史上好几个社会形态中。尽管如此，它从未在任何生产方式下占据过支配地位或主导地位，而总是处于从属地位，依附于占统治地位的生产关系。在社会主义条件下，它受到社会主义国家的领导，并且作为社会主义市场经济的重要组成部分之一，受到居主体地位的公有制经济的影响和制约，成为依附于社会主义公有制经济的新型的个体经济，从而与奴隶社会、封建社会、资本主义社会的个体经济不完全相同。但是，个体经济毕竟属于私有制经济的范畴，经营的目的主要是为了追求个人的利益，并且在生产和经营上不可避免地带有一定的盲目性，有时甚至会发生违背社会主义经济原则的行为。因此在允许其存在的同时，要加强对其的引导、监督和管理。

2. 私人资本主义所有制经济及特征

随着我国商品经济的发展和所有制结构的调整，一部分个体工商户不断发展壮大，转变成私营企业。与此同时，另一部分人利用各种条件也积累起大笔资金，投资建立私营企业，进行大规模的生产和经营。这样，私人资本主义所有制经济也就逐步发展成为我国社会主义市场经济的一个重要组成部分。

按照 1988 年 6 月国务院通过的《中华人民共和国私营企业暂行条例》的规定，私营企业"是指企业资产属于私人所有，雇工 8 人以上的盈利性的经济组织"。包括三种具体形式。一是由个人或家庭投资组建的独资企业。它由投资者对企业债务负无限责任。二是由两人以上按照书面协议进行投资，共同经营、共负盈亏的合伙企业。它由合伙人对企业债务负连带无限责任。三是由个人向外界集股而形成的有限责任公司。它是由投资者以其出资额对公司负责，公司以其全部资产对公司债务承担责任。

私人资本主义所有制经济也称私营经济，其基本特征。

（1）私营经济是由私人投资举办的企业组成的一种经济形态。在私营经济中，企业资产全部属于投资者私人所有。

（2）私营经济是一种以获取剩余价值或盈利为目的的经济形式。在私营经济中，生产成果及利润归私营企业主所有。

（3）私营经济的企业雇工人数在 8 人以上，企业的劳动以雇用劳动为主。在私营经济中，投资者一般脱离了具体的生产过程，主要靠所获得的剩余价值为生。

社会主义市场经济条件下的私营经济，一方面与生产资料归资本家私人所有，实行雇佣劳动制度，存在剩余价值剥削关系的资本主义经济具有本质上的相同之处，另一方面又具有自己的特点。一是私营经济的外部条件发生了变化。社会主义市场经济条件下的私营经济是以公有制经济为主体作为前提条件的，不仅要受到社会主义公有制经济的影响和制约，而且要受到社会主义国家的监督和管理，因而与自发的资本主义是不相同的。二是私营经济的内部关系也有新的特点。社会主义市场经济条件下的私营企业的劳动者，作为全民所有制或集体所有制的所有者成员之一，不是完全丧失生产资料的无产者，而是为了获得就业机会或较多的收入而受雇于私营企业主的。他们与私营企业主同是国家的主人，在政治上处于完全平等的地位，并对私营企业主的经营活动享有监督的权利。可见，其内部关系已经不是纯资本主义的了。

3. 国家资本主义经济及特征

十一届三中全会以来，随着国家对外开放政策的实施，外商来华投资不断增长，从而使外资独营企业、中外合资经营企业和中外合作经营企业在我国得到了迅速发展。

外资独营企业是指外国的公司、企业、个人或其他经济组织，根据平等互利原则，经我国政府批准，在我国境内租赁土地、单独投资兴建的企业。它的基本特征如下。一是它由外国投资者单独投资设立。投资者既可以是外国企业，也可以是外国的其他经济组织或者个人。二是企业主体必须设立在中国境内。为业务需要而在中国境内设立的外国企业分支机构，不具有中国企业主体资格。三是外资独营企业的基本组织形式是有限责任公司，但经批准也可采取其他责任形式。外国投资者对企业的责任，以其认缴注册的出资额为限，并以企业全部资产对企业债务承担责任。

中外合资经营企业是指我国企业同其他国家企业共同投资、联合经营、按出资比例分配利润和承担风险而建立的企业。

中外合作经营企业是指我国企业同其他国家企业，根据中国的有关法律，通过签订合同而在中国境内设立的企业，其一般不严格计算股权，而是按协议来确定各方的投入、责任和收益分配比例。中外合资经营企业和中外合作经营企业中包含的非公有制成分，同样属于非公有制经济。

外资独营企业、中外合资经营企业和中外合作经营企业统称为"三资"企业。其性质是社会主义市场经济条件下的国家资本主义。国家资本主义是指"我们能够加以限制、能够规定其活动范围的资本主义"，是"受无产阶级国家监督与调节的资本主义"。[①] 在由新民主主义向社会主义过渡的时期，我国曾经利用国家资本主义形式对民族资本主义工商业进行过社会主义改造。但现阶段的国家资本主义不同于过渡时期的国家资本主义。它不是为了将外国资本改造为社会主义市场经济，而是要把它作为社会主义市场经济的辅助力量，加速发展我国的社会主义市场经济。因此，允许社会主义市场经济条件下的国家资本主义经济的存在和发展，是我国今后相当长的时期必须坚持的一项重要政策。

（二）大力发展非公有制经济的重要意义

中共十九大报告指出，"必须坚持和完善我国社会主义基本经济制

---

① 《列宁选集》第 4 卷，第 627 页、第 548 页。

度和分配制度，毫不动摇巩固和发展公有制经济，毫不动摇鼓励、支持、引导非公有制经济发展"。当前和今后一个较长时期，大力发展非公有制经济具有重要意义。

1. 大力发展非公有制经济是发展社会主义市场经济的客观要求

社会主义经济是市场经济。而市场经济又是交换经济。交换的基本前提是交换双方"必须彼此承认对方是私有者"，①即必须彼此承认生产资料和产品属于不同的所有者。由此可见，单一的公有制是发展不成市场经济的。正如马克思所说："在一个集体的、以共同占有生产资料为基础的社会里，生产者并不交换自己的产品。"②既然如此，只有大力发展非公有制经济，才能使生产资料和产品属于不同的所有者，才能使商品交换成为普遍现象，才能为发挥市场在资源配置中的基础性作用创造基本条件，才能使发展市场经济成为可能。可见，发展非公有制经济是发展市场经济的题中应有之义，发展非公有制经济是发展社会主义市场经济的客观要求。

（2）大力发展非公有制经济是发挥我国发展非公有制经济有利条件的客观要求

发展非公有制经济尤其是私营经济，至少必须具备两个条件。第一个条件：大批获得人身自由而丧失了一切生产资料的劳动者；第二个条件：在少数人手中集中了大量的货币财富。这两个条件当前在我国已经具备。就第一个条件来说，我国拥有 13.9 亿人口，8 亿多劳动力。这些劳动力经过几十年的革命和改革，已经获得了人身自由，即自主地支配自己身上的劳动力，自主地选择职业。至于生产资料，由于我国实行了全民所有制和集体所有制，所以从法律上说，我国的 8 亿多劳动力并没有丧失生产资料，但由于我国尚处于社会主义初级阶段，生产力水平低，公有生产资料的数量有限，所以大批劳动力仍不能与公有生产资料

---

① 《资本论》第 1 卷，人民出版社 1975 年版，第 102 页。
② 《马克思恩格斯选集》第 3 卷，人民出版社 1972 年版，第 10 页。

相结合，从而处于相对过剩或失业、半失业的状态。据统计，这类劳动力在我国至少有 2 亿—3 亿之多。这批劳动力在事实上已经丧失了公有生产资料的使用权。因此，亟待出卖自己的劳动力，即与非公有制的生产资料相结合。就第二个条件来说，当前，我国的国内生产总值已经突破 90 万亿元大关，人民群众的生活从总体上已经实现了小康。据统计，截至 2018 年底，人民群众手中的金融资产，保守说已经达到 100 万亿元之多，且这些资产的 80% 掌握在 20% 的人手中。可见，经过 40 多年的改革开放，导致非公有制经济发展的两个条件在我国不仅已经具备，而且有不断强化之势。如果我们能够抓住这两个有利条件，大力发展非公有制经济，那么我国的经济势必会百尺竿头，更进一步；如果我们看不到这两个有利条件，忽视甚至阻挠非公有制经济的发展，那么这两个有利条件就会变成不利条件，如：数以亿计的农民和工人就会因没有生产资料与之相结合而失业；人民群众手中数以万亿元计的金融资产，就会因没有畅通的投资渠道而引起不良的连锁反应——扶摇直上的通货膨胀、少数富人在生活上的挥霍无度，等等。凡此种种，无不给社会经济的稳定发展蒙上巨大的阴影。可见，大力发展非公有制经济，是充分发挥当前我国发展非公有制经济的有利条件的客观要求。

（3）大力发展非公有制经济是汲取我国历史上正反两方面经验教训的客观要求

众所周知，新中国成立后有很长一段时间，由于我们对我国基本国情认识不清，对什么是社会主义、如何建设社会主义以及我国处于社会主义的什么阶段等基本问题认识不足，在所有制关系上，盲目追求"一大二公三纯"，搞"穷过渡"，致使我们在所有制问题上多次出现了冒进，而每一次冒进，无不给我们带来了生产力的破坏、人民生活水平的下降。每一次冒进之后，我们无不在政策上对所有制关系进行了调整和完善，而每一次调整和完善，都带来了生产力的发展、人民生活水平的提高。尤其是十一届三中全会以后，我们党从社会主义初级阶段的实际出发，提出了以公有制为主体、多种经济成分共同发展的方针，批判了严重束缚我国生产力发展的"一大二公三纯"观念，废除了人民公社体制，代之以家庭联产承包责任制，并积极推进农村个体、私营经济发展。在农村所有制结构改革的推动下，城市工业和其他行业的所有制结构也进行了卓有成效的调整，公有制经济在发展中比重有所下降，非公有制经济在迅速发展中比重不断上升。所有制结构的成功调整，大大提高了我国的综合国力，大大促进了我国生产力的发展，大大提高了我国人民的生活水平。上述正反两方面经验教训说明，什么时候我们鼓励发展非公有制经济，什么时候我们的综合国力就提高，我们的生产力就发展，我们的人民生活就改善；什么时候我们阻挠发展非公有制经济，什么时候我们的综合国力就下降，我们的生产力就衰退，我们的人民生活水平就降低。可见，大力发展非公有制经济是深刻汲取我国历史上正反两方面经验教训的客观要求。

（4）大力发展非公有制经济是实现"两个一百年"奋斗目标和中华民族伟大复兴中国梦的客观需要

"两个一百年"奋斗目标不仅仅是中国共产党的奋斗目标，也是全国人民的奋斗目标；实现中华民族伟大复兴的中国梦不仅仅是中国共产党的梦，也是全国人民的梦。实现"两个一百年"奋斗目标和中华民族伟大复兴的中国梦，使命光荣，任重道远，离不开包括非公有制人士在内的全国人民的共同努力，需要包括非公有制人士在内的全国人民的共同努力！正如 2018 年 11 月 1 日，习近平总书记在主持召开民营企业座谈会时指出的那样，改革开放以来，我国非公有制经济"从小到大、从弱到强，不断发展壮大，已经成为推动我国发展不可或缺的力量，为我国社会主义市场经济发展、政府职能转变、农村富余劳动力转移、国际市场开拓等发挥了重要作用"。非公有制经济是"推动社会主义市场经济发展的重要力量，也是我们党长期执政、团结带领全国人民实现'两个一百年'奋斗目标和中华民族伟大复兴中国梦的重要力量"①。

---

① 习近平：《在民营企业座谈会上的讲话》，新华社北京 2018 年 11 月 1 日电。

## 二　延安非公有制经济发展现状及存在问题

改革开放 40 多年来，延安非公有制经济从无到有，从少到多，从小到大，取得了长足发展。但与东部发达地区和西部中心城市相比，延安非公有制经济发展实在不尽如人意，存在着少、小、低、窄、弱、慢等突出问题。

### （一）规模小

截至 2019 年底，延安累计私营企业 37711 户，个体工商户 134452 户，其中纳入统计核算的规模以上非公有制工业企业仅 164 户。而截至 2019 年 6 月，榆林市规上工业企业多达 727 户。由此可见，与同处陕北地区的榆林市相比，延安非公有制经济的规模的确要小得多。

### （二）贡献低

从对地区生产总值的贡献看，截至 2019 年底，非公有制经济占 GDP 的比重，全国已达 60% 以上，东部部分省份如浙江、广东已达 80% 以上，陕西已达 54.6%，榆林已达 42.7%，而延安只有 30.0%，比全国、陕西和榆林的平均水平分别低了 30 个、24.6 个和 12.7 个百分点。

从就业贡献看，2018 年，延安非公企业从业人员 39.5 万人，占第二、第三产业从业人员的比重为 75% 左右，与全国 80% 的就业贡献率相比，低了 5 个百分点。

从税收贡献看，由于长庆油田、延长石油集团、陕煤集团等 7 户国有大型企业对延安税收的贡献长期维持在 70% 左右，所以非公有制经济对延安税收的贡献当在 30% 以下，与全国非公有制经济 50% 的税收贡献率相比，至少低了 20 个百分点。

### （三）领域窄

延安非公有制企业的行业覆盖率虽然达到 70% 以上，但成气候的非公有制企业主要集中在石油煤炭、能源化工、房地产开发及餐饮、交通、商贸等传统领域。至于现代农业、以农副产品为原料的劳动密集型加工业以及金融、教育、科技、旅游、医疗、体育、文化等重要行业的非公有制企业，则少之又少。

### （四）势力弱

主要表现在以下几个方面。一是从业人员素质不高，特别是管理人员和技术人员的素质不高。据对非公有制企业管理人员和技术人员的抽样调查，拥有本科以上学历者不到20%。二是产业层次低，多数所谓的加工企业只限于对原材料进行粗加工。例如，延川县最大的红枣加工企业——延川县兴盛红枣开发有限责任公司，对红枣的加工就只有清洗、分类、包装几道工序，实际上卖的还是原料，谈不上真正的加工。三是设备简陋，工艺落后，技术低下。四是研发经费投入严重不足，自主创新能力极差。五是缺乏在全国叫得响、美誉度高的名牌产品。六是多数非公有制企业包括规模以上的非公有制企业都是个人业主制的家族企业和合伙企业，筹资能力差，治理结构简单，管理不规范，抗风险能力弱。

### （五）发展慢

从全国看，非公有制经济占经济总量的比重先后经历了"有益补充"（30%以下）、"重要组成部分"（30%—50%）和"主体"（60%以上）三个阶段，而延安非公有制经济占经济总量的比重尚在30%以下。可见，延安非公有制经济的发展仍处于"有益补充"的初始阶段，与全国大部分地区的发展水平相比，还有较大差距。

### 三　延安非公有制经济发展缓慢的原因分析

#### （一）从政府层面的分析

从政府层面看，延安非公有制经济发展缓慢，主要有以下两个方面的原因。

（1）重视程度不够。改革开放以来，特别是西部大开发以来，由于石油开采带来了延安经济的超常规增长，使延安很快丢掉了陕西倒数第二的落后帽子，一举跃入陕西GDP第二、人均财政第一的先进行列，从而使延安历届市委、市政府满足和过度依赖于石油的开采，而没有像其他非资源型城市那样不得不通过重视发展非公有制经济来培育财源。

（2）国有企业改革不彻底。国有企业改革是发展非公有制经济的重要因素。因为国有企业改革的一个基本途径就是让国有企业逐步从一般竞争性领域退出来，为此，势必存在着一个一般竞争性领域国有企业的非国有化问题。但遗憾的是，由于延安国有企业改革滞后和不彻底，致使延安失去了通过国有企业改革发展非公有制经济的大好机遇。

（二）从市民层面的分析

从市民层面看，延安非公有制经济之所以发展不起来，还与延安人的观念、禀赋及素质有关。

1. 延安人民发展非公有制经济的愿望不强

一方面，受延安地理位置偏僻、闭塞以及历史上自然经济根深蒂固的影响，延安人民知足常乐、小富即安的小农意识较全国其他地方的人民更为浓厚。另一方面，作为革命老区人民，延安人民受到的计划经济体制影响较全国其他地方的人民远为深重，加之改革开放以来延安的市场化进程缓慢，所以延安人民的"官本位"意识和"公家人"意识十分浓厚。例如，迄今大部分年轻人考大学仍把做官或当"公家人"作为目的，而多数已经就业的"公家人"则宁愿在公家部门"添碟碟"，不愿到个体、私营企业"吃馍馍"。这种连"色心"都没有的人，怎能指望他有"色胆"去发展非公有制经济呢?!

2. 延安人民发展非公有制经济的胆量不大

在我国发展非公有制经济，不仅面临着投资的风险，即任何投资都可能遇到的亏损的风险，而且面临着政策变化的风险，即"剥夺者"可能重新被剥夺的风险等。因此，只有敢于冒这两大风险的人，才有可能去从事非公有制经济的投资活动。延安人民由于长期受自然经济和计划经济的影响，不仅胆小怕事，而且赢得起输不起。这就势必导致一些人即便有"色心"，也没有"色胆"。

**3. 延安人民发展非公有制经济的能力不强**

发展非公有制经济不仅仅是一个愿望和胆量的问题，也是一个能力的问题。由于延安在历史上缺乏经商的传统，加之受教育长期落后的影响，所以延安人民的素质特别是经商素质远为低下。这在一定程度上导致一些人即便有"色心"和"色胆"，也没有能力去从事非公有制经济的投资活动，特别是大的投资活动。

**4. "巧妇难为无米之炊"**

投资是经济发展的第一推动力和持续推动力，而要投资就要有资本，发展非公有制经济尤其是如此。延安的一些人虽然并不缺乏投资的愿望、胆量和能力，但由于延安经济相对落后，居民收入水平相对低下，致使延安非公有制经济的发展每每被"无可炊之米"所困。

**（三）从环境层面的分析**

常言道："英雄无用武之地。"延安的一些人虽然有投资的愿望、胆量、能力和资本，但由于延安的营商环境不佳，致使延安的"英雄"们每每为无发展非公有制经济的"用武之地"所苦。营商环境是个系统工程，除了政府机关作风外，资源禀赋、基础设施、市场体系、产业链条、住房价格、教育水平、医疗条件、社会治安等，都属于营商环境的范畴。改革开放以来，延安的营商环境一直不尽如人意。直到2017年，在陕西全省年度考核中，延安的营商环境满意度排名仍处于全省垫底的尴尬境地。近两年来，在中共延安市委、延安市政府的高度重视下，延安的营商环境已经有了一定的改善，但从2019年延安经济运行情况看，存在的几个突出问题，或多或少都与营商环境不良有关，比如中小企业融资难问题，就与金融市场发育滞后和秩序混乱直接相关。

**四　延安非公有制经济发展的对策探索**

**（一）切实提高对发展非公有制经济重要性的认识**

要把非公有制经济确立为延安经济发展的重要组成部分，努力使非公有制经济占经济总量的比重，到2021年、2035年和2050年分别提高至35%、50%和60%的水平。为此，应当举全市之力，发展非公有制经济，并把发展非公有制经济的成绩作为考核、提拔党政干部的主要依据，甚至不惜实行"一票否决"和"末位淘汰"。

首先，把非公有制经济作为延安经济发展的重要组成部分，符合延安市情。延安地处祖国内陆地区，生产力水平低下，劳动者素质不高，主要靠手工劳动搞饭吃。这种状况决定了延安经济社会的发展只能且必须以非公有制经济为重要组成部分。

其次，把非公有制经济作为延安经济发展的重要组成部分，符合党的理论。党的十五大报告指出：一切符合"三个有利于"的所有制形式都可以而且应该用来为社会主义服务。习近平总书记在党的十九大报告及以后的多次讲话中指出：实行公有制为主体、多种所有制经济共同发展的基本经济制度，是中国共产党确立的一项大政方针，是中国特色社会主义制度的重要组成部分，也是完善社会主义市场经济体制的必然要求。这些论述为延安把非公有制经济作为区域经济的重要组成部分，放手、放胆、放开发展非公有制经济提供了可靠的思想保证和坚实的理论依据。

最后，从延安40多年改革开放和过度依赖石油工业的经验教训看，也应该把培育后续产业放在最重要的议事日程上来。而培育延安后续产业的关键则是要发展非公有制经济。

（二）重视从存量上发展非公有制经济

所谓从存量上发展延安非公有制经济，就是指在延安现有经济的基础上发展壮大延安非公有制经济，具体包括两个方面：一是从国有企业的基础上发展非公有制经济；二是从非公有制经济的基础上发展非公有制经济。

从现有国有企业的基础上发展非公有制经济，可以大大加快非公有制经济的发展进程。因为与新办一个个体、私营企业相比，现有的国有企业在设备、厂房、技术、人才等方面都是现成的，只要经过产权置换，瞬间就可以变成非公有制企业。这说明，从现有国有企业的基础上发展延安非公有制经济有着重要的意义。

同理，在现有非公有制经济的基础上发展非公有制经济，也可以大大加快非公有制经济的发展进程。那么，如何才能想方设法把延安现有的个体、私营企业做活、做强、做大呢？当前主要应当采取以下措施。

第一，想方设法提高个体、私营企业主的素质。一是要创造有利于个体、私营企业主求学和深造的条件，如兴建民营企业大学或在现有高校举办个体、私营企业主培训班等，使个体、私营企业主能够通过继续教育不断提高自身素质。二是要通过组织个体、私营企业主外出学习考察，或邀请国内外成功的个体、私营企业人士来延安传经送宝，使延安的个体、私营企业主开阔眼界、增长见识，抛弃小富即安心理，树立远大志向和抱负。三是要通过广泛宣传，帮助私人企业主在观念上超越自我，摒弃小业主意识，树立企业家、实业家、创业家观念，改变家庭式或家族式管理模式，提高经营管理水平。四是要不断完善市场体系，通过优胜劣汰的竞争机制增强个体、私营企业主的压力，借以提高个体、私营企业主的素质。

第二，想方设法提高个体、私营企业的经营管理水平。一是鼓励条件成熟的个体、私营企业改变个人独资或合伙经营的落后经营模式，建立有限责任公司和股份有限公司。二是以更加优惠的政策鼓励党政事业单位干部和大中专毕业生到个体、私营企业工作，借以提高个体、私营企业的管理水平。三是鼓励个体、私营企业之间以及个体、私营企业与公有制企业之间进行多种形式的兼并、联合和协作，以此引导其逐步上档次、上规模、上水平。

第三，想方设法调动劳动者的积极性、主动性和创造性。一是加大《劳动法》的执法力度，依法维护工人的合法权益。当前特别是对克扣、拖欠工人"血汗钱"的行为要从严制裁，并坚决杜绝此类现象的发生。二是建立能够切实代表非公有制企业工人利益的工会制度，为维护工人利益提供组织保证。三是规范用工行为，严禁使用童工和过度延长劳动时间。

第四，想方设法调动个体、私营企业主投资经营的积极性和热情。一是降低利率和税率，让利于个体、私营企业。二是清理不合理收费和乱收费，还利于个体、私营企业。三是加大执法力度，保护私有财产和个体、私营企业主的合法权益。四是适度延长劳动时间，允许个体、私营企业主通过适度延长劳动时间赚取绝对剩余价值。

（三）重视从增量上发展延安非公有制经济

所谓从增量上发展延安非公有制经济，就是指要在现有国有企业和非公有制经济之外，发展新的非公有制经济。为此，当前主要应当着力解决好以下问题。

第一，切实解放思想，转换观念，解决好发展非公有制经济愿望不强的问题。前已述及，当前，一部分人之所以发展非公有制经济的愿望不强，主要有两个原因。一是受计划经济体制下做"公家人"光荣、社会地位高等传统观念的影响太深、太重。二是受计划经济体制下通过正统教育形成的资本家是寄生虫、剥削者、社会地位低等传统观念的影响太深、太重。针对这种状况，只有采取非常规"疗法"，方能消除这一"病根"：一是要大张旗鼓地树立通过发展非公有制经济而致富的典型，让他们在报纸上有名、电视上有影、广播上有声，从而成为人们学习的楷模和榜样。二是要以空前力度重奖发展非公有制经济的带头人和先进人物，给他们献红花、戴奖章、发奖金，使他们成为人们竞相学习的对象。三是要通过大力吸收先进个体、私营企业主入党、当人大代表、政协委员和政府公务员等途径，提高个体、私营企业主的政治地位，以此改变人们对个体、私营企业主"只是有钱罢了"的错误观念。只有如此，才能使个体、私营企业主从"最可恶的人"，变成"最可爱的人"，从而激发人们发展非公有制经济的愿望。

第二，强化政策宣传、形势教育，解决好发展非公有制经济胆量不大的问题。如前所述，当前，一部分人之所以发展非公有制经济的胆量不大，一是怕政策不稳定，担心执政党"秋后算账"。二是怕承担投资失败的风险。为此，一方面要利用广播、电视、报纸、杂志、板报、报告、讲座、游行等多种媒介和途径，向各级领导干部、企事业单位职工和广大农民大张旗鼓地宣传大力发展非公有制经济的法律、政策和世界特别是我国未来发展的大趋势，使广大群众认清形势，吃透政策，消除疑虑，放手、放胆、放开发展非公有制经济；另一方面要通过开展诸如朱朝辉飞跃黄河一类冒险活动，以及宣传冒险家尤其是冒投资风险而成功的"经济冒险家"的光辉事迹，提高广大群众的风险意识和风险应对能力，以此增强广大群众发展非公有制经济的胆量；再一方面要大力发展商业保险制度，为个体私营企业主降低投资经营风险提供制度化保障。

第三，采取空前优惠的政策举措，解决好发展非公有制经济能力不强的问题。从长远看，居民的能力问题，包括企业家才能问题，归根结底还要靠大力普及和发展教育来解决。但俗话说："十年树木，百年树人"，通过学校教育来解决发展非公有制经济能力不强的问题，似乎有点"远水不解近渴"。因此，解决这一问题，短期内似应采取下列超常规措施：一是像当年"拥军优属"那样，采取"拥工优属"的激励政策，鼓励有志青年外出打工"学艺"，回乡经商①。二是鼓励党政机关、企事业单位的干部职工和大中专毕业生下海、创业、打天下。根据本人对《创业家——延安发展非公有制经济纪实》②一书记载的延安创业家的统计，在25位最杰出的延安私营企业主中，出身于干部、工人的占76%，出身于农民的占24%。这充分说明，鼓励党政机关、企事业单位的干部职工下海、创业、打天下，对于发展延安非公有制经济具有何等重要的意义。为此，一方面要靠宣传、教育，号召广大干部职工转变

① 如对外出打工的民工家属实行税费减免、学杂费减免等，以及对外出打工民工回家探亲的路费实行补贴等。我国东南沿海和内地四川省的一些地方，之所以非公有制经济发达，与外出打工民工回乡经商做出的贡献有着很大的关系，考虑到延安人有着较强的"故土难离"情结，不实行"拥工优属"的激励政策，似乎很难收到实效。

② 米生富、吴军主编：《创业家——延安发展非公有制经济纪实》，西安建明印务有限责任公司2000年10月印刷，陕内资图批字［2000］FY.017号。

"官"念，摈弃"公家人"意识，做自强自立的创业家、实业家和企业家①；另一方面要规定，凡自愿离职领办、创办个体、私营企业的，允许在工作年龄内本人的工作关系和工资待遇保留不变。此外，还应该制定相应的优惠政策，如允许大中专毕业生工作关系挂靠到行政事业单位，并享受公职人员应享受的基本福利待遇（不给工资，但给最低生活保障以及住房、医疗、养老、等社会保障），以此激励大中专毕业生领办、创办个体、私营企业或到个体、私营企业工作。

第四，采取多种切实可行的办法，解决好"巧妇难为无米之炊"的问题。创业者"难为无米之炊"，主要是由于融资渠道不畅和融资成本过高造成的。为此，一是要改革国有商业银行在贷款上对非公有制经济实行国民待遇。二是要建立专门面向非公有制经济的民营银行。三是规范民间借贷活动，降低民间借贷利率。四是要在个体、私营企业上缴的地方税中提取10%左右的资金设立"个体、私营经济发展基金"，借以拓宽融资渠道，降低融资成本，解决创业者"难为无米之炊"的问题。

第五，采取切实措施，改善营商环境，解决好"英雄无用武之地"的问题。创业者"无用武之地"，主要是由于营商环境不良造成的。为此，一是要改革审批制度，简化注册手续，放宽个体、私营企业的市场准入条件。二是要鼓励土地有偿流转和适度集中，建立非公有制经济开发区，消除非公有制经济生产经营的用地障碍。三是要加强道路交通、电力、自来水、天然气等基础设施和公用事业建设，缓解非公有制经济发展的瓶颈制约。四是整顿和规范市场经济秩序，促进非公有制经济合法经营，公平竞争。五是要建立涵盖非公有制经济的社会保障体系，消除个体私营企业主及非公有制经济从业人员的后顾之忧。六是要坚决制

---

①　延安亚圣工贸公司总经理、原延安地委政策研究室主任、延安第一个正县团处级干部下海经商的杜成仕同志撰写的两副对联颇有启示意义。现转抄如下（米生富、吴军主编：《创业家——延安发展非公有制经济纪实》，第64页），以飨读者：组织想换我也愿辞向仡乐不为，大道能行小路也通何惧之有，横眉：其乐无穷；放弃仕途下海经商非为下策，苦守机关上结权贵不是上计，横眉：务实为本。

止和严惩乱收费、乱罚款、乱摊派、乱检查以及吃、拿、卡、要等腐败行为，维护个体私营企业主的合法权益。七是要切实降低社保缴费、电费、税费、暖气费、天然气费、房费以及增值税、个人所得税、企业所得税等税费负担。八是要坚决贯彻习近平总书记"房住不炒"的定位，维护延安房地产价格稳定。以此营造个体、私营企业投资经营的宽松环境，解决好创业者"无用武之地"的问题。

# 第十一章

# 延安区域经济转型与扩大对外开放

## 一 经济全球化与延安扩大对外开放的重要意义

### (一) 经济全球化的概念及趋势

"经济全球化"一词最早是由美国经济学家 T. 莱维于 1985 年提出来的,迄今尚没有公认的定义。国际货币基金组织 1997 年在《世界经济展望》中认为:"经济全球化是指跨国商品与服务贸易及资本流动规模和形式的增加,以及技术的广泛迅速传播使世界各国经济的相互依赖性增强。"

经济全球化具体表现在以下四个方面:一是贸易全球化,即国际贸易增长率持续高于世界生产总值增长率以及国际贸易规模不断扩大;二是投资全球化,即国际直接投资增长率高于国际贸易增长率和世界生产总值增长率;三是金融全球化,即资金的筹集、分配和运用,越来越超越国家疆界,在全球范围内进行;四是跨国公司生产经营全球化,今日世界,跨国公司的子公司或分支机构已经遍布全球。

迄今为止,世界经济全球化大体经历了三次:第一次大体发生在第一次工业革命到第二次世界大战期间,主要发生地在欧洲,以新的技术革命以及殖民地贸易为主要特点;第二次发生在第二次世界大战之后到20 世纪 80 年代,主要以美国为主导,以美国跨国公司在全球布局和发展为主要特点;第三次从 20 世纪 80 年代开始,以全球价值链为主要特点。我国的对外开放在时间点上正好契合了这次全球化浪潮。这是我国对外开放的起点。

经济全球化是世界经济发展的必然趋势。

第一，生产力的发展特别是科学技术的进步为经济全球化提供了坚实的物质基础。特别是交通工具的改进和信息技术的革命，不仅加快了货物运输的速度和信息传递的速度，也大大降低了货物运输成本和信息传送成本，从而打破了商品贸易和生产投资的地域限制和国家限制，并推动了商品、服务乃至资源、资金在全球范围内的流动和配置。

第二，跨国公司为经济全球化提供了适宜的企业组织形式。跨国公司在全球范围内利用各地的优势开展生产经营活动，大大促进了各种生产要素在全球的流动和国际间分工，并由此极大地推动了经济的全球化进程。

第三，市场经济体制为经济全球化提供了制度保障。商品和资本是逐利的。哪里能够获得最大的利益，商品和资本就愿意到哪里去交换和投资。古人所谓"商人重利轻别离"，一语道破了市场经济的开放性。同样，马克思在论述商品交换的发展历程时，强调指出，商品交换一旦出现，就必然会从初始的地方性商品交换，走向全国性商品交换；再从全国性商品交换跨越国门，走向国际性商品交换。可见，市场经济体制必将是开放型的经济体制。它的建立和完善必将为经济全球化提供最优的制度保障。从世界看，20世纪90年代以来，传统计划经济国家为解放生产力、发展生产力纷纷放弃了计划经济体制，走向市场经济体制；发达市场经济国家为摆脱滞胀纷纷减弱了国家对经济的控制，更加强调市场机制的自发作用；越来越多的发展中国家和地区为适应国际分工和协作的趋势而纷纷加入以贸易自由化为主旨的世界贸易组织。这一切都使得市场经济体制在世界范围内越来越得到建立和完善，从而为国际资本的流动、国际贸易的扩大、国际生产的大规模进行提供了更加适宜的制度保障和条件，从而促进了经济全球化的发展。

（二）我国对外开放新方略

党的十一届三中全会以来，我国主动顺应世界经济全球化趋势，实行对外开放基本方略。40多年来，我国对外开放取得了巨大成就。从对外经济体制看，我国已经成功实现了从封闭型经济向开放型经济的全面转型；从综合国力看，我国已经成为世界第二大经济体；从对外开放程度看，2019年，我国货物进出口总额315505亿元，占我国GDP的31.8%；从外汇储备看，2019年末，我国外汇储备31079亿美元，为世界之最。

然而，在看到对外开放取得巨大成就的同时，也要看到存在的不足和面临的问题。一是我国过去40多年的对外开放是以大进大出为特点的。2014年，我国进出口占GDP的比重达41.9%，而美国只占25.2%。2018年，我国进出口占GDP的比重达33.9%，而美国占20.5%。二是我国过去40多年的对外开放是以资源、原材料、低附加值和劳动密集型产品出口为主的，高附加值产品、高科技含量产品出口相对较少。三是我国过去40多年的对外开放是以"请进来"为主的，"走出去"相对较少。四是我国过去40多年的对外开放是以劳务输出为主的，资本输出相对较少。

上述对外开放模式是难以为继的，亟待转型。一是随着资源的大规模和长时期的开采，我国可持续发展面临的资源形势越来越严峻。二是我国劳动力红利正在消失，劳动力短缺和劳动力成本急剧上升将成为制约我国未来发展的突出问题。三是长期的"大进大出"已经使我国付出了沉重的生态代价。四是产能过剩已经成为制约我国当前和未来经济增长的紧迫问题。转型的方向，一是变"大进大出"为"优进优出"。二是坚持以高附加值产品、高科技含量产品出口为主，低附加值和劳动密集型产品出口为辅。三是坚持"请进来"和"走出去"相结合，以"走出去"为主。四是坚持以资本输出为主，以劳务输出为辅。

针对改革开放40多年来，我国对外开放取得的成就及面临的形势，中共十九大以来，党中央明确提出了新时代我国对外开放的新方略：

第一，要推动形成全面开放新格局。正如国家主席习近平指出的那样，中国对外开放是全方位、全领域的，正在加快推动形成全面开放新格局。

第二，要打造对外开放新高地。新时代，我国将继续鼓励自由贸易试验区大胆试、大胆闯，加快推进海南自由贸易港建设，打造开放新高地；继续推动京津冀协同发展、长江经济带发展、长三角区域一体化发展、粤港澳大湾区建设；将制定黄河流域生态保护和高质量发展新的国家战略，增强开放联动效应。

第三，要推进贸易强国建设。新时代，要推动外贸国际市场布局、国内区域布局、商品结构、经营主体、贸易方式"五个优化"，加快转型升级基地、贸易促进平台、国际营销服务网络"三项建设"，推进我国从贸易大国走向贸易强国。

第四，要深化"一带一路"国际合作。新时代，要以"一带一路"建设为重点，坚持引进来和走出去并重，遵循共商共建共享原则，加强创新能力开放合作，形成陆海内外联动、东西双向互济的开放格局。要推动持续放宽市场准入，保护外资企业合法权益，打造国际一流的营商环境。要继续鼓励有实力、信誉好的企业走出去，打造中国投资品牌，树立中国投资形象。

第五，要加大西部开放力度。新时代，要支持西部地区发挥后发优势和区位优势，加大创新力度和政策协调，促进国内外要素在西部集聚。要改善西部投资环境，夯实发展基础，建设好一批带动力更强的西部国家级开发区，形成若干个西部开放型经济新增长极。要统筹推进边境经济合作区、跨境经济合作区合理布局和基础设施建设，支持西部发展边境贸易和特色优势产业，提高与周边国家和地区开放合作的能力和水平。

第六，要积极参与全球经济治理。新时代，要支持对世界贸易组织进行必要改革，提出中国方案，维护多边贸易体制。要在二十国集团、亚太经合组织、金砖国家等机制中提出更多经贸领域中国倡议、中国主张，推动建设开放型世界经济、构建人类命运共同体。

（三）延安扩大对外开放的意义

顺应世界经济全球化趋势和我国对外开放的新格局，扩大延安对外开放，对于促进延安经济成功转型，如期建成全面小康社会、基本和全面实现现代化等具有重要意义。

1. 补短板的需要

改革开放40多年来，延安在改革方面取得了巨大成就，推动经济社会发展迈上了新台阶。但相比较而言，延安的对外开放却不尽如人意，是新时代延安经济社会发展亟待弥补的短板。

2. 跟上全国对外开放步伐的需要

从全国看，对外开放已经迈入了2.0阶段，即从以往的"大进大出"迈向了"优进优出"阶段。而延安的对外开放方才刚刚起步，相当于全国对外开放1.0的初期阶段。

3. 响应党中央扩大西部地区对外开放号召的需要

习近平总书记在出席推进"一带一路"建设工作5周年座谈上强调，各地区要加强共建"一带一路"同京津冀协同发展、长江经济带发展、粤港澳大湾区建设等国家战略对接，促进西部地区、东北地区在更大范围、更高层次上开放，助推内陆沿边地区成为开放前沿，带动形成陆海内外联动、东西双向互济的开放格局。显然，按照党中央的指示精神，地处西部地区的延安，同样要在更大范围、更高层次上实行对外开放，而不能把地处西部地区当成我们不扩大对外开放的借口和理由。

4. 抢抓"一带一路"机遇的需要

"一带一路"是新时代我国推进全方位、高质量对外开放的重大战略举措，是给包括我国在内的亚非拉等发展中国家乃至西方发达国家带来的一次世界性机遇。延安尽管地处内陆，但仍然在"一带一路"的辐射范围之内，尤其是属于丝绸之路经济带的重要节点城市。所以，理应抢抓国家"一带一路"倡议机遇，主动融入国家和陕西"一带一路"建设，提高对外开放水平，借外力促发展。

5. 如期实现"两个一百年"奋斗目标的需要

2020 年和 2050 实现全面建成小康社会和社会主义现代化的奋斗目标，既是党和国家对延安各级党委和政府的基本要求，也是 225 万延安人民共同的期盼。实现这一艰巨的目标，仅仅依靠延安的资源和市场是远远不够的，必须充分利用国际国内两种资源、两个市场，开足马力，加快发展。为此要求延安必须扩大对外开放。

## 二　延安对外开放的现状与问题

（一）延安对外开放的成就

1. 市县两级党委和政府对对外开放工作的重视程度不断提高

近几年来，受考核等因素的影响，延安市县两级党委和政府对对外开放工作的重视程度不断提高。具体表现在以下几个方面。一是 2013 年以来先后成立了延安市口岸办、延安海关、延安出入境检验检疫局等对外开放管理机构和平台。二是制定出台了《延安市"十三五"对外开放发展规划》和《延安市口岸"十三五"发展规划》。三是充分利用丝博会、投洽会、进博会、陕粤港澳活动周等平台举办投资促进活动，开展推介宣传、项目洽谈。四是成功举办了"中国·延安'一带一路'新经济发展论坛"，该论坛是延安市首次举办的高规格国际经贸论坛。五是市县两级党委和政府都能充分认识到良好的营商环境对于对外开放的至关重要性，都能从软硬两个方面，打造对海内外资金具有较强吸引力的营商环境，比如改善交通、水、电、气等基础设施，简化审批流程，提供保姆式服务，树立诚信政府形象等。

2. 对外贸易起步迟发展快

延安市海关开关以来，对外贸易得到较快发展。2016 年，延安全年进出口总额 1.46 亿元。2017 年，延安进出口总额 1.78 亿元，同比增长 21.9%。2018 年，延安进出口总额 2.99 亿元，同比增长 67.9%。2019 年，延安进出口总额 24.19 亿元，同比增长 709%。

### 3. 引进外资从无到有逐年增加

2014 年，延安市引进外资 1063 万美元，同比增长 32.54%。2017 年引进外资 1281 万元，较 2014 年增长了 20.5%。2018 年，引进外资 2570 万美元，较上年增长 50.16%。近年来，延安市委、市政府主要领导和相关部门积极作为，多方争取，促成了一批外资企业来延考察、洽谈和投资。特别是通过一系列招商引资活动，促进了香港富阳、法国液空、台湾顶新、华润新能源、华润万家、香港新丰泰、西门子歌美飒、新希望等国际知名的跨国公司相继在延安落户。

### 4. 国际和地区交流迈出新步伐

近几年来，延安市县两级党委和政府对国际和地区交流工作十分重视，取得了较好的成绩。一是签订了延安南非产业园、延安格鲁吉亚产业园合作协议。二是在保加利亚和格鲁吉亚分别举办了经贸旅游文化推介会，新区管委会与格鲁吉亚签订了 6 项合作协议。三是在香港举办了"延安·香港产业金融合作对接会"，签署多项合作协议。四是参加了在马来西亚和泰国举办的 2018 "一带一路"陕西特色商品展、香港举办的亚洲果蔬展。

### （二）延安对外开放面临的问题

### 1. 广大干部群众对扩大对外开放的意识不强、信心不足

调研发现，延安广大干部群众普遍对延安扩大对外开放的必要性认识不足并缺乏信心，认为延安地处内陆，经济落后，对外开放的优势不明显。由此导致部分市县党政部门和干部职工对延安开展对外开放工作的积极性不高、行动不力，从而大大影响了延安对外开放的效果。比如，许多县区从未制定对外开放的行动规划；从未"组团"出国或到港澳台招商引资；兴建的拥有进出口资质的企业多则 3—5 家，少则只有 1—2 家；进出口额过低，有的县区甚至为零；利用外资的规模更小，甚至连区区 100 万美元的考核指标都要设法完成。

### 2. 对外贸易依存度过低

2018 年，延安对外贸依存度仅为 0.19%，远远低于全国 33%、陕

西 14% 的平均水平，低于同期内陆地区本省汉中市 0.74% 的水平和中部革命老区江西省吉安市 22.4% 的水平。2019 年，延安对外贸依存度虽然有了较大幅度的提高，但也只有 1.45%，仍然远远低于全国和陕西全省的平均水平。

### 3. 对外贸易结构不合理

一方面进出口结构不合理，迄今为止，延安市只有少量出口，进口几乎为零；另一方面，出口结构不合理，延安市出口的商品主要是低附加值的苹果、土豆、绿豆等特色农产品，几乎没有高科技、高附加值的新型工业品的出口。

### 4. 利用外资依存度过低

2018 年，延安的外资依存度仅为 0.11%，远远低于全省 1.85%、全国 0.99% 的水平。

### 5. 对外承包工程和对外劳务输出几乎为零

延安的对外开放几乎停留在低水平"请进来"的初始阶段，除了出口少量特色农产品外，"走出去"尚无从谈起，表现在对外投资、对外承包工程和对外劳务输出几乎为零。

### 6. 营商环境亟待完善

近年来，面对延安市营商环境在全省排名一度位列倒数第一的巨大压力，延安市各级党委和政府高度重视，励精图治，在短时间内，一举取得了 2019 年上半年营商环境全省排名第二的优异成绩。这无疑是可喜可贺的。但从对外开放的角度看，外资和外商所看重的营商环境，不仅仅是企业从注册到注销所涉及的与政府打交道的环节这么简单。对于外资和外商以及本土企业来说，除了政府的制度、政策、工作人员的素质、作风与效率是营商环境外，水、电、暖、气、路的成本也是营商环境，教育、医疗、娱乐、文化的水平也是营商环境，地皮、房价、人力资源成本、金融、科研院所、工商税务、社会治安、生态状况同样是营商环境。从这样一个更广泛的角度看，优化营商环境绝非一日之功，而是要经过一个较长时期的持续不懈的努力。对延安营商环境而言，基础设施不完善，水、电、暖、气、路、房、地价格较高，市场体系不健全，具有全球眼光、懂外语、熟悉国际惯例和国际贸易业务的复合型人才奇缺，科教文卫体发展滞后，产业体系不配套等才是制约扩大对外开放的最主要的瓶颈。

### 三　沿海发达地区扩大对外开放的经验及启示

（一）沿海发达地区扩大对外开放的成就

为了进一步开阔视野，提高参政议政、建言献策水平，发挥民主党派地方组织的作用，结合延安经济社会发展实际和延安如期实现全面建成小康社会和社会主义现代化的需要，2019 年 3 月，民进延安市委成立"加快延安对外开放，助力延安全面小康"课题组，于 4 月 2 日至 9 日前往广州市、惠州市和佛山市，对沿海发达地区对外开放情况进行了实地考察，于 8 月 26 日至 30 日，深入延安高新区及延安市吴起、志丹、甘泉、黄陵等县区，对延安对外开放情况进行了实地调研，并与延安市发改委、工信委、招商局、统计局等市直相关部门进行了座谈交流。

这次到广东三市实地考察，所到之处，受到了对方的热情接待和周密安排。作为延安市的一个民主党派组织，民进延安市委课题组之所以能够在沿海发达地区得到优待，与延安是中国革命圣地，为中国新民主主义革命胜利和新中国成立作出了巨大牺牲和贡献有着直接的关系。所以，作为延安人，对延安的光荣历史，对全国人民对延安的特殊感情，务必倍加珍惜，并在弘扬延安精神、落实习近平新时代中国特色社会主义思想等方面，走在前列，作出表率。

改革开放 40 多年来，广东等沿海发达地区充分利用地域优势和政策机遇，在对外开放方面取得了巨大的成就，如表 11 - 1 所示，从外贸依存度看，2018 年，广州市、惠州市和佛山市均远远高于全国、陕西和延安的水平。从外资依存度看，广州市远远高于全国和延安，高于陕西；惠州虽然略低于陕西，但远远高于全国和延安；佛山虽然远远低于全国和陕西，但却远远高于延安。

表 11 - 1　　　　　沿海部分发达地区与全国、陕西、延安

对外开放度比较　　　　　单位：%

| 对外开放度 | 广州 | 惠州 | 佛山 | 延安 | 陕西 | 全国 |
|---|---|---|---|---|---|---|
| 外贸依存度 | 42.9 | 81.3 | 46.3 | 0.19 | 14.4 | 33.9 |
| 外资依存度 | 1.99 | 1.55 | 0.46 | 0.11 | 1.90 | 0.98 |

资料来源：2018 年国家、陕西及相关地区统计公报。

改革开放 40 多年来，广东等沿海发达地区通过不断扩大对外开放，直接间接带动了区域经济又好又快发展，使得人均 GDP 和居民人均可支配收入均远远高于全国、陕西和延安水平。可以毫不夸张地说，广东等沿海发达地区已经提前率先建成全面小康社会，正在昂首阔步地向现代化迈进。

表 11 - 2　　　2018 年沿海部分发达地区与全国、陕西、延安综合

经济实力比较　　　　　单位：万元

| | 广州 | 惠州 | 佛山 | 延安 | 陕西 | 全国 |
|---|---|---|---|---|---|---|
| 人均 GDP | 15.55 | 8.54 | 12.58 | 6.89 | 6.35 | 6.46 |
| 城镇居民人均可支配收入 | 5.99 | 3.96 | 5.07 | 3.22 | 3.33 | 3.93 |
| 农村居民人均可支配收入 | 2.60 | 2.10 | 2.88 | 1.08 | 1.12 | 1.46 |

资料来源：2018 年国家、陕西及相关地区统计公报。

（二）沿海发达地区扩大对外开放的经验及启示

广东等沿海发达地区在对外开放方面之所以能够取得巨大成就，除了得益于地处沿海这一得天独厚的区位优势和国家赋予的一系列优惠政策外，原因和经验主要有以下几个方面。

1. 解放思想，理念创新，敢为人先

广东等沿海发达地区党政干部和广大群众所谓的解放思想，不只是

说在嘴上，写在纸上，而是贵在落到行动上；所谓的理念创新，不只是让新理念入耳入脑，而是贵在深入骨髓，变成支配行动的理想和信念；所谓的敢为人先，不只是思想超前，政策抢先，而是贵在敢于第一个吃螃蟹，走在前列，先行先试。

2. 国际眼光，全球胸怀，国民待遇

广东等沿海发达地区的党政干部和群众普遍认为，经济发展不能只依赖于国内要素禀赋，必须充分利用国际资源；生产经营不能只面向国内市场，而要面向全球市场；招商引资，扩大出口，利用外国先进技术和人才，不能过度依赖优惠政策，而要遵守国际惯例，讲求诚信，并切实做到内外一视同仁，公平竞争，优胜劣汰。

3. 抢抓机遇，应对挑战，转型升级

广东等沿海发达地区的党政干部和广大群众普遍认为，扩大对外开放，要密切关注国际国内经济形势变化、政策变化、资源禀赋变化、规则变化和技术变化等带来的机遇与挑战，不断调整和优化对外开放优先顺序和格局，实现从引资、引技、引智，到引智、引技、引资的转化；实现从"请进来"为主，到"请进来"与"走出去"相结合的转化；实现从"大进大出"到"优进优出"的转化，打造对外开放升级版，助推国内经济高质量发展。

### 四　延安扩大对外开放的对策探索

（一）切实增强对外开放意识

人的行动往往不是盲目的，而是受着头脑中的意识支配的。有什么样的意识，就会产生什么样的行动。因此，要扩大延安对外开放，就必须以思想解放为先导。也就是要通过采取一系列举措，使对外开放意识深入延安广大领导干部和群众的头脑。为此，一方面，应当通过在延安广大领导干部和群众中开展学习、培训、宣传、教育以及到东部发达地区考察、调研等灵活多样的活动，提升广大领导干部和群众的思想观念和觉悟水平。另一方面，应当特别重视引导广大领导干部和群众树立对外开放是大势所趋的意识;树立无外不活、无外不兴、无外不强的意识;树立"越是封闭越要开放的意识";树立非歧视和国民待遇意识,并注意培养广大领导干部和群众的国际眼光及全球胸怀。

（二）完善对外开放的体制机制

没有规矩不成方圆。扩大对外开放必须依靠建立健全完善的体制机制来保障。

为此,笔者有如下建议。

第一,成立市级对外开放工作领导小组,统筹、协调全市对外开放工作。

第二,制订全市对外开放长期规划和年度计划。

第三,加强市口岸基础设施建设,提升口岸功能,完善口岸管理。

第四,推进延安海关与全省海关通关一体化、全国海关通关一体化进程,降低进出口企业通关成本,提高通关速度。

第五,发挥延安口岸办和海关的服务功能,帮助培养和造就一批高素质的进出口企业。

第六,重视发挥延安发改委、工信局、商务局、招商局等相关部门的作用,制定出台利用外资相关政策,做好利用外资重点项目包装工作,积极开展境外招商引资活动,提高外资对延安经济发展的贡献率。

（三）切实加大对外宣传和交流合作力度

俗话说:"王婆卖瓜自卖自夸。"更何况如今是信息社会,"好酒也怕巷子深"。所以,一定要加大延安对外宣传和交流合作力度,使延安的市情、延安经济社会发展的规划和美好愿景,广为国内外有识之士和工商界领袖熟知。

建议如下。

第一,积极参与国内举办的各种大型国际经贸和招商活动。

第二,市党政主要领导应当亲自组团出访,推介延安市情和投资环境。

第三,通过有计划地策划,每年自主举办1—2次大型国际经贸和招商活动。

第四，建立与国际友好城市常态化友好往来机制。

（四）重视对外开放人才队伍建设

人力资源是第一资源，是唯一具有主观能动性的资源。发展是为了人，发展要靠人。扩大延安对外开放也是如此。

建议如下。

第一，重视延安口岸办和海关人才队伍建设。

第二，发挥延安本土外语人才和国际贸易人才的作用。

第三，制定优惠政策，吸引国内外优秀对外开放人才加盟延安对外开放事业。

第四，通过举办国际化人才能力提升专题培训班等方式，加快培养一批国际贸易管理型人才。

（五）重视对外开放基地建设

"皮之不存，毛将焉附。"基地就是外贸公司、跨国企业、外商和外资等对外开放的主体赖以生存的"皮"。没有优质的基地，对外开放就没有平台、没有依托，就无法进行。可见，要扩大对外开放，就必须高度重视对外开放基地建设。

为此建议：

第一，根据扩大对外开放的需要，整合现有县域工业园区。

第二，把延安新区和延安高新技术产业开发区打造为延安对外开放的重点基地。

第三，重视延安国际贸易物流基地建设。

第四，重视延安出口加工区建设。

第五，重视延安出口农产品质量安全示范区、生态原产地保护产品示范区和良好农业规范认证示范区建设。

第六，加快培育延安本土具有进出口资质和能力的跨国经营企业。

（六）重视基于扩大对外开放的营商环境建设

"栽下梧桐树，引得凤凰来。"良好的营商环境正是外资和外商赖以栖息的"梧桐树"。所以，要扩大延安对外开放，就必须重视营商环境建设。

为此建议：

第一，建立符合国际惯例和世贸规则的市场经济运行机制和体系，促进内外资国民待遇和公平竞争，推动实现投资自由化和对外贸易便利化。

第二，重视发展生产服务业，为企业发展提供产前、产中和产后配套服务；重视生产专业化和市场细分，优化产业结构，延长产业链，发挥外部经济的作用。

第三，不断降低交易成本，减少政府管制，简化审批程序，提高政府办事效率，为企业提供一门式服务、一网式服务以及一对一和点对点的保姆式服务。

第四，加大房地产市场调控力度，稳定延安地价和房价。

第五，大力发展教育、医疗事业，提高延安教育和医疗水平。

第六，进一步加快延安基础设施建设进程，降低水、电、暖、路、气等基础设施价格。

# 第十二章

# 延安区域经济转型与地方
# 政府体制改革

## 一　政府体制改革的理论依据分析

### （一）政府职能理论检视

在数百年的经济学研究中，经济学家创立了丰富的政府职能理论。这一理论大体可以分为西方经济学中的政府职能理论和传统社会主义经济理论中的政府职能理论两大流派。

西方经济学中的政府职能理论源于200多年前由亚当·斯密开创的"看不见的手"理论和"守夜人"理论。亚当·斯密指出，在市场经济中，"人人想方设法使自己的资源产生最高的价值。一般的人不必去追求什么公共利益，也不必知道自己对公共利益有什么贡献。他只关心自己的安康和福利。这样他就被一只看不见的手引领着，去促进原本不是他想要促进的利益。在追求自己利益时，个人对社会利益的贡献往往要比他自觉追求社会利益时更为有效"。①

在亚当·斯密看来，市场机制这只"看不见的手"完全能够自动地实现社会经济的均衡发展，因此，政府的职能应该主要是起"守夜人"的作用，即政府的职能应该主要限于以下三个方面：一是保护社会

---

① ［英］亚当·斯密：《国民财富的性质及原因的研究》（下卷），商务印书馆1972年版，第27页。

免遭其他社会的暴力行为和侵害；二是保护社会成员免遭其他成员的侵害和压迫并主持严格的正义；三是建立并维持某些公共设施和公共工程。亚当·斯密的政府职能理论在当时获得了普遍的接受，并对以后的政府决策和经济理论研究产生了深远的影响。

然而，资本主义国家长期实行只靠"看不见的手"调节经济的自由放任政策，并未实现社会经济的均衡发展，相反，随着资本主义基本矛盾的发展，出现了每隔几年便爆发一次的周期性经济危机，并最终酿成了震撼世界的 1929—1933 年的大萧条。面对资本主义如何生存的大问题，凯恩斯提出了有效需求不足理论和政府需求管理政策。这一理论和政策否定了亚当·斯密以来的自由放任哲学，承认了经济危机的普遍存在和市场机制的缺陷，得出了必须依靠政府来调节经济的结论。凯恩斯指出，假如政府不干预经济，那就等于听任有效需求不足继续存在，听任危机和失业持久恶化。

以萨缪尔森为主要代表的凯恩斯主义经济学家继承和发展了凯恩斯的经济学说和政策主张，在此基础上形成了新古典综合派，成为战后西方经济学的正统和主流。新古典综合派以市场缺陷理论为基础，充分肯定国家干预对市场经济运行的作用，并把政府的职能明确概括为四个方面。一是为市场经济确立法律框架。二是影响资源配置以改善经济效率。三是制定改善收入分配的计划。四是通过实现经济政策来稳定经济。新古典综合派的政府职能理论被西方国家广泛接受，成为政府干预经济的理论基础。

凯恩斯学派出现之后，西方国家还先后出现了货币主义学派、供给学派和理性预期学派等自由主义学派。这些学派承继了亚当·斯密的衣钵，认为市场经济具有充分的自我调节或自我矫正功能，即价格具有充分的灵活性，市场能连续出清，经济能经常处于均衡状态。因此，他们坚决反对凯恩斯主义关于政府干预经济的思想，主张政府最好不要介入经济。他们的这些主张在一定程度上影响了西方国家的政府行为。这是近年来西方国家政府职能淡化，不能很好地调节经济运行的一个重要原因。

传统社会主义经济理论中的政府职能理论源于马克思主义经典作家关于社会主义制度下的政府职能理论。

马克思和恩格斯认为，在社会主义革命取得胜利之后，全部生产资料将归整个社会所有，由国家代表社会来管理。他们指出："一旦社会占有生产资料，商品生产就将被消除"，[①] 整个社会将成为一个大工厂，由国家按照总的计划组织全国的生产、交换和消费。

列宁继承了马克思和恩格斯关于社会主义国家的政府职能思想，认为在社会主义阶段，"整个社会将成为一个管理处，成为一个劳动平等和报酬平等的工厂"，并提出要"努力使国家经济机构变成一架大机器，变成一个使任何人都遵照一个计划工作的经济机体"。

斯大林继承了马克思主义经典作家的上述思想，并结合苏联的具体实际，于20世纪50年代逐步建立和形成了社会主义的第一个经济体制——传统计划经济体制。这一体制曾经长期被社会主义各国奉为典范。因此，这种体制下的政府职能，实际上就是传统计划经济体制中的政府职能。其特征是，政府不仅肩负着国有资产所有者职能、宏观调控职能、社会管理职能，而且集市场职能、企业职能、家庭职能于一身，成了社会经济运行的唯一的组织者、指挥者和调节者。这种无所不包的政府职能是苏联和其他传统社会主义国家在相当长一段时间内经济停止不前的一个重要原因。

（二）政府经济职能的定位

上述回顾表明，西方资本主义国家的政府职能理论是与西方资本主义市场经济体制相适应的，而传统社会主义国家的政府职能理论则是与传统计划经济体制密不可分的。这说明，无论在什么情况下，政府职能总是与相应的经济体制联系在一起的。因此，在社会主义市场经济条件下，政府究竟应该承担什么样的职能，也应从社会主义市场经济体制的

---

① 《马克思恩格斯选集》第3卷，人民出版社1995年版，第323页。

内在要求出发进行定位。

社会主义市场经济体制是建立在社会主义基本经济制度基础之上的市场经济体制。因此，社会主义市场经济体制下的政府经济职能，既要体现社会主义基本经济制度的特殊要求，又要反映市场经济体制的一般规定。据此，社会主义市场经济条件下的政府经济职能应该主要包括以下内容。

第一，管理和监督国有资产运营，确保国有资产保值和增值。

第二，制定国民经济和社会发展战略目标、方针和政策，并据此制定和实施资源开发、智力开发、科技进步、控制人口、保护环境等全局性方案，制定宏观经济调控政策、产业政策以及其他必须由国家统一决策的重大事项。

第三，汇集和传播经济信息，掌握和运用行政、经济和法律调节手段，引导市场并通过市场调节，协调地区、部门、企业的发展计划和经济关系，以保证国家重要经济决策及发展计划的实现和社会经济的持续稳定协调发展。

第四，对垄断产业加以必要的管制，使市场价格体系能够有效发挥配置资源与收入分配的功能。

第五，对有成本溢出或具有外部负效应的经济行为如环境污染加以必要的管制，对有效益溢出或具有外部正效应的经济活动如教育、科学研究等予以必要的资助，以减少妨碍市场正常运转的外部性问题。

第六，向社会提供必要的公共产品，避免因公共产品短缺而引起市场运转失灵。

第七，制定收入分配政策，建立健全社会保障制度，维护收入分配公平和公正。

第八，制定市场交易规则，推动市场体系发育，发展市场中介组织，规范市场主体行为，维护市场经济秩序。

第九，组织和管理国家重点建设、对外经济技术交流和合作的重大项目，保证国家重点建设、对外经济技术交流和合作的顺利进行。

上述社会主义市场经济条件下的各项政府经济职能，概括起来就是国有资产监管职能、社会管理职能、宏观调控职能。其中，社会管理职能和宏观调控职能又可以概括为弥补市场缺陷的职能。弥补市场缺陷的职能是社会主义市场经济条件下政府的主要经济职能。

（三）政府宏观调控体系的构成

1. 宏观调控的对象

宏观调控是指国家对国民经济总体和总量进行调节和控制的一种管理形式。在社会主义市场经济条件下，国家对国民经济的宏观调控，是指国家按照社会主义经济满足人民群众的基本要求和国民经济能以较快速度稳步协调发展的需要，运用计划手段、经济手段、法律手段和必要的行政手段，以市场机制为导向，对整个国民经济进行调节和控制的一种管理形式。

宏观调控的对象，主要包括国民经济总量、结构、增长速度和发展格局诸方面的内容。国民经济总量，主要包括商品供求总量、货币供求总量、劳动力供求总量、资金供求总量等。国民经济结构，主要包括产业结构、区域结构、技术结构、企业组织结构、产品结构和收入分配结构几个方面。对国民经济增长速度和发展格局的宏观调控，主要是对国民经济变动状况的调控。

在国民经济中，由于受各方面因素的影响，经济运行往往会出现各种不正常的情况。归结起来主要有三种。一是宏观经济总量失衡，如商品供求总量失衡、货币供求总量失衡、劳动力供求总量失衡、资金供求总量失衡等。二是经济结构不合理，如产业结构、区域结构、技术结构、企业组织结构、产品结构和收入分配结构不合理等。三是国民经济发展速度不适当，发展格局不合理，如国民经济发展过快或过慢，国民经济各地区、各部门、各行业发展不协调、差距悬殊等。概括起来说，国民经济运行可能出现的不正常情况即指在国民经济运行的总量、结构、增长速度和发展格局诸方面可能出现的不平衡或不合理现象。由此可见，宏观调控的对象就是上述三个方面。

2. 宏观调控的任务

宏观调控就是要消除国民经济运行中出现的不正常情况，使国民经济恢复正常运行的状态。党的十五大报告指出："宏观调控的主要任务，是保持经济总量平衡，抑制通货膨胀，促进重大经济结构优化，实现经济稳定增长。"这一观点迄今仍不过时。

（1）保持总需求和总供给的基本平衡。总需求和总供给是市场经济中的重要范畴。社会总需求和总供给的平衡，是保证国民经济能够大体按比例发展的最概括最基本的平衡。国内外经济发展的实践证明，一旦社会总需求和总供给发生严重的失衡，就会给经济发展带来极为不利的后果。总需求不足，市场供大于求，势必会造成市场销售不畅，生产停步不前，企业亏损加剧，职工大量失业；总供给不足，市场求大于供，势必会产生市场紧张，物价上涨，造成供应匮乏，产生抢购，引起经济秩序混乱和社会恐慌。因此调节控制社会总需求和总供给，保持二者的基本平衡，就成了宏观调控的首要任务。

（2）抑制通货膨胀。通货膨胀会加速货币贬值，使人们感到存钱不如存物，抢购不可避免。居民抢购的结果，使得更多的货币积蓄用于消费，减少社会的积累来源。这势必不利于生产的发展和居民生活的安定。通货膨胀导致经济过热，项目过多，从而引起物资、能源、交通紧张，拉经济建设的后腿，导致经济不稳定。通货膨胀加剧了生产、流通中的各种矛盾，破坏正常的商品供求关系，挫伤企业生产经营的积极性，损害人民群众的利益，导致人民群众同国家关系的紧张。正如陈云所说："金融波动，不仅影响收支，影响存款，而且在政治上造成损失。"① 正因为如此，保持货币供给量与流通中货币需要量的基本平衡，抑制通货膨胀，才成为宏观调控的一项重要任务。

（3）促进重大经济结构优化。经济结构平衡与经济总量平衡之间存在着密切的联系。一方面，社会总供给和总需求内部存在着复杂的结

---

① 《陈云文稿选编（1949—1956）》，人民出版社1982年版，第107页。

构，如果总供给结构与总需求结构不相适应，即使实现了总供给和总需求的平衡，也会由于结构不合理，出现一部分产品短缺，一部分产品过剩的现象，最终会影响总供给和总需求的平衡；另一方面，总量平衡可以在不同的经济结构下得到实现，但不同的经济结构下达到的总量平衡，可以有不同的质量和宏观经济效益。因此，宏观调控的重要任务之一，就是优化经济结构，特别是产业结构，以保证社会总供给与总需求在总量上和结构上相互平衡，相互适应，并提高宏观经济效益。

（4）实现经济稳定增长。经济能否实现稳定增长，不仅是一个重大的经济问题，而且是一个重大的政治问题。它不仅关系到国家综合国力的增强和人民物质文化生活水平的提高，而且关系到社会主义制度的巩固和国家的长治久安。实现经济的稳定增长，要求经济的发展必须有一定的速度。这是由于我国是在生产极其落后的基础上建设社会主义的，过去的基础差、底子薄，自然要求加快发展速度。另外，如果经济发展的速度太慢，生产力长期落后，就很难体现出社会主义制度的优越性。所以，在速度问题上不能阻挡，有条件的地方要尽可能发展得快一点。但是，经济增长速度过快也不行。因为经济增长速度过快，超过了国民经济的承受能力，就会造成经济生活的紧张，引起通货膨胀，导致国民经济比例失调。由此可见，宏观调控的一个重要任务，就是协调制约经济增长的各种因素的相互关系，根据需要与可能，保持经济的稳定增长。

3. 宏观调控的目标

宏观调控目标，是指在一定时期内，国家对国民经济进行宏观调控所要达到的预期成果和目的。根据我国的国情，宏观调控的目标主要应当包括以下五个方面的内容。

（1）物价稳定。物价稳定是通货稳定、经济稳定、总量平衡的综合反映。物价是否稳定，关系到国民经济是否按比例发展，关系到人民生活是否稳定，关系到社会是否安定。可见，把保持物价基本稳定作为我国宏观调控的一项重要目标是十分必要的。

（2）经济增长。经济增长率多高为宜，因经济条件不同而不同。一般来说，在发展中国家，1%—3%的增长率为低速增长，4%—6%的增长率为中速增长，7%—10%的增长率为高速增长，10%以上的增长率为超高速增长。改革开放以来，我国经济经历了30多年的高速增长，经济总量已经稳稳地排在世界第二位。世界经济史表明，随着经济总量的扩大，国民经济继续维持长时期的高速增长是不可持续的。所以，根据我国的情况，未来一个较长时期，经济增长率拟以4%—8%的中高速增长为宜。经济增长是一个极其重要的问题，没有一个实际的和相对于潜在能力的中高速增长，就谈不上国民经济的持续稳定协调发展，谈不上中华民族的伟大复兴和全国人民共同富裕目标的实现。因此，把经济增长作为我国宏观调控的一项重要目标是必要的。

（3）充分就业。充分就业既是经济繁荣的标志，也是社会公平和社会稳定的标志。但是，在当今世界上，任何一个国家都不可能做到百分之百地就业。充分就业仅仅意味着维持一个高就业率，或低非自愿失业率。在我国，社会主义制度本身要求社会尽可能为每个具有劳动能力并愿意就业的人提供就业机会。但是，不适当的高就业率同资源条件和生产能力有矛盾，勉强维持高就业率，必然会造成生产的低效率和隐性失业，同时还会导致通货膨胀。因此，一般认为如能在资源优化配置的前提下将失业率控制在3%—5%以内，就够得上充分就业。

随着我国经济体制改革的不断深化，大批城乡富余劳动力被释放出来，特别是随着企业改革的不断深化和企业优胜劣汰机制的形成，以及技术的进步和经济结构的调整，失业是不可避免的，加之人口的增长还会不断有新的劳动力成长起来。由此可见，就业问题对我国来说将是一个长期的压力。因此，把充分就业作为我国宏观调控的一项重要目标是完全必要的。

（4）国际收支平衡。从长期看，一个国家无论是出现国际收支赤字还是盈余都是不利的。这是因为，国际收支赤字必须由外汇筹备或借款来偿还，外汇筹备或借款都是有限的，这就会导致通货膨胀；而国际收支盈余又会减少国内消费和投资，从而对充分就业和经济增长不利。基于以上原因，我国必须把维持国际收支平衡作为宏观调控的一项重要目标。

（5）社会公平。现阶段，我国的社会公平观主要体现在如下几个方面。一是效率优先，兼顾公平。这是由现阶段我国生产力发展不平衡、不充分的具体国情决定的。二是在"机会公平"和"收入公平"并重的基础上，更加强调"机会公平"。这是实现社会公平的治本之举。三是最终的目标是实现共同富裕。随着社会的全面进步，公平的分量将逐渐增大，但是要以尽可能少地损害效率为前提。

社会公平是社会主义本质的体现。只有在坚持效率优先的前提下兼顾社会公平，才有利于消灭剥削，消除两极分化，最终达到共同富裕。因此，社会公平自然就成了我国宏观调控的一项重要目标。

4. 宏观调控的方式

宏观调控有直接调控和间接调控两种方式。直接调控方式是国家直接下达具有强制性和约束力的指令性计划，通过行政手段使企业经济活动符合国家计划要求的一种调控方式。间接调控方式是国家运用经济手段和指导性计划，通过市场机制和市场信号，调节各方面利益的利益关系，引导企业作出符合宏观经济计划要求的决策和运营方向的一种调控方式。直接调控和间接调控的主要区别在于发挥宏观调控作用的机制不同，是否通过市场中介进行调控，是二者区别的主要标志。

在传统计划经济体制下，我国的宏观调控主要采取直接调控方式。这种调控方式具有集中力量办大事的优势，对关系全局的重大经济活动，如兴办一些重要基础设施、建设重点产业、改善生态环境等，具有实施迅速、见效快的特点。因此，在新中国成立初期恢复和发展国民经济过程中，发挥过一定的积极作用。但是，这种调控方式存在着严重的弊端，越来越不能适应经济发展的要求。首先，社会经济活动纷繁复杂、变化多端，在这种条件下，企图全面、充分地掌握准确的信息，制定完全固定的发展目标，实行集中命令式的计划调控是不可能的。其次，更重要的是，这种调控方式严重地挫伤了企业生产和经营的积极性，造成企业吃国家的大锅饭，阻碍了经济的发展和人民生活水平的提高。因此，适应社会主义市场经济的要求，我国的宏观调控方式必须改革。

改革的目标是：由直接调控为主转向间接调控为主，建立以由国家对微观经济活动进行间接调控，充分发挥市场调节对资源配置的决定性作用，以由国家对宏观经济总量进行直接调控为辅的宏观调控方式。

5. 宏观调控的手段

宏观调控的手段主要包括计划手段、经济手段、法律手段、行政手段等内容。

（1）计划手段。计划是体现宏观调控目标、任务、各项宏观平衡和各种基本比例关系，并由相应的指标体系和政策措施所组成的复合体。计划主要有指令性计划和指导性计划两种形式。指令性计划具有强制性，是有关部门、单位和企业必须执行的计划形式。指导性计划不具有强制性，是国家通过经济杠杆和经济合同等形式，引导企业能动地实现国家计划任务的计划形式。

（2）经济手段。经济手段是国家用来调节经济主体利益、协调微观经济和宏观经济，以达到宏观调控目标的手段。它包括由国家直接掌握的重要物资和资金，国家采取的经济政策措施，以及国家自觉运用的经济杠杆等。

在社会主义市场经济中，国家对国民经济实行以间接调控为主的宏观调控。因此，国家运用经济手段调控国民经济，主要是发挥经济政策和经济杠杆的作用。

经济政策是体现和反映国民经济决策的要求，并且作为国家调节经济运行的基本方针和行为准则的宏观经济政策。它主要包括财政政策、货币政策、收入政策、对外经济政策、产业投资政策、消费政策等。这些政策各有所长，各有所短。因此，政府在制定宏观调控政策时，应努力寻求各项政策的最优组合，以最大限度地实现宏观调控目标。

经济杠杆是由国家掌握和利用的、从物质利益上引导各经济主体，使之符合国民经济宏观运行目标的调节杠杆或工具。它是一个与价值形式有关的经济范畴，主要包括税收、信贷、价格、汇率、工资、奖金等杠杆。各种经济杠杆由于各自固有的特殊性，决定了它们具有各自不同的功能，对经济运行起着不同的作用。但在实际经济活动中，各种经济杠杆是互相联系、互相制约的，运用得好，它们就会沿着同一方向作为一种合力发挥作用；运用得不好，它们就可能相互掣肘，彼此抵消，甚至起逆调节作用。因此，在运用经济杠杆调节经济时，必须做到各种经济杠杆协调配套、综合运用，使它们在最佳的结合状态下对经济运行进行调节，以实现国民经济持续、稳定、协调发展。

（3）法律手段。法律手段是指国家通过经济立法和司法，运用经济法规指导经济活动、调节经济关系的手段。法律手段具有权威性、强制性、稳定性和统一适应性等特点。所谓权威性，是指任何社会成员都必须在法律规定的范围内活动，既不能权大于法，也不能人治高于法治。所谓强制性，是指一旦违反经济法规，就要运用强制手段实施法律制裁。所谓稳定性，是指经济法规可以根据不同时期的不同情况制定和修改，但法规一经确定就要相对稳定，不能"朝令夕改"。所谓统一适应性，是指法律是社会成员统一遵守的行为规范，在法律面前人人平等。

法律手段包括保护和制裁两种作用。在社会经济活动中，一方面，国家通过经济立法制定各种必要的经济法规，规定企业行为的基本准则，调整各方面的经济关系，保证各种经济政策、经济措施、经济合同等的贯彻执行，以促进社会生产和流通的顺利进行；另一方面，国家通过经济司法，审理各种经济纠纷，制止和纠正经济发展过程中的消极现象，惩办经济犯罪，打击各种违法活动，保证经济活动的正常进行。

（4）行政手段。行政手段是指国家机关凭借自己的政治权力，通过行政命令、指令、规定等形式，按行政系统来直接调节国民经济活动的松紧度。行政手段在实施中具有超经济强制性、直接性、垂直性、速效性等特点。

在社会主义市场经济条件下，国家对国民经济进行宏观调控，并不排斥必要的行政手段的运用。因为行政手段能强有力地保证国家的各项路线、方针和政策在经济生活中得到及时贯彻和落实，能从社会整体利益出发，直接调节关系全局的经济活动和国民经济重大比例关系，尤其是在国民经济重大比例关系失调或社会经济某一方面失控的时候，采取必要的行政干预（如冻结物价、控制购买数量等），更能起到立竿见影之功效。

运用行政手段调控国民经济，必须符合经济规律的要求，把每一项行政措施和政策建立在尊重和运用客观经济规律的基础上，使行政手段的运用具有科学性和合理性。同时，行政手段的运用要保持在合理的限度内，只有在必要的时候，也就是经济手段和法律手段不能有效地发挥调节作用的时候，才用行政手段来调节，而不能不适当地扩大其运用范围，更不能滥用。否则，就可能产生凭主观意志瞎指挥、个人专断等倾向，使经济失去应有的生机和活力。

## 二　延安地方政府体制改革的历程与现状

（一）延安地方政府体制改革的历程

党的十一届三中全会以来，延安地方政府体制的改革大体可以分四个阶段进行描述。

1.1978—1992 年间的改革

这一阶段，延安地方政府体制改革主要涉及机构改革、干部人事制度改革、党政体制改革等方面。

在机构改革方面，1983 年，延安按照五届全国人大五次会议颁布的新宪法，改变了政社合一的人民公社体制，恢复了乡镇建制，并从1983 年起到 1989 年止，对地区行署党政部门及县级党政机构进行了改革。这次改革，在领导班子方面，规定了地区行署党政部门及县级党政部门的职数、年龄、文化结构，减少了副职，提高了素质。在机构方面，地委工作部门减为 11 个，行署工作部门减为 42 个，县政府工作部门减为 25 个左右。在人员方面，地委各部门减为 245 人，行署各部门减为 1228 人，县级党政部门机关人员精简 20% 左右。

在干部人事制度改革方面，延安贯彻了邓小平提出的选拔干部的"革命化、知识化、专业化、年轻化"的"四化"标准，废除了领导职务终身制，建立了老干部离退休制度。

在党政体制方面，延安克服长期形成的党的一元化领导体制的弊端，加强了地区行署和县乡两级人民政府的责任，扩大了其权力，建立了行政首长负责制、任期制等新的领导制度和组织体制，强化了地区行署和县乡两级人民政府在国家行政管理活动中的权威。

2. 1993—1997 年间的改革

这一阶段，延安地方政府体制改革主要体现在机构改革和干部人事制度改革两个方面。

在机构改革方面，1992 年，黄龙县作为陕西省和延安地区机构改革的试点县，率先在机构改革方面取得了突破，其做法和经验在省内产生巨大影响，在全国引起轰动。1993 年 3 月，地委行署在黄龙县召开了县级机构改革现场会，部署了全区县级机构改革。1994 年底，全区 13 个县（市）全部完成了县级机构改革。经过改革，县（市）党政机构减少了 52%，人员减少了 50%，财政每年减少支出 180 多万元。在完成县级机构改革的同时，从 1994 年起，延安对地直党政机构进行了改革。

在干部人事制度改革方面，从 1995 年起，延安利用 3 年左右的时间，完成了地县两级国家公务员制度的入轨工作。通过学习培训、考试考核、竞争上岗的形式，将原来的国家行政机关工作人员过渡为国家公务员。

3. 1998—2002 年间的改革

这一阶段，延安分别从党政机构、行政审批制度、干部人事制度、事业单位等方面入手，对政府体制进行了全面深化改革。

在机构改革方面，1997 年，经国务院批准，撤销延安地区和县级延安市，设立地级延安市和宝塔区。配合撤地设市，延安市按照大稳定、小调整的原则，对原延安地委、行署办事机构进行了调整。调整后的延安市委设工作部门 7 个，派出机构 1 个，按《党章》要求设置 1 个，直属事业机构 8 个；市政府设工作部门 33 个，直属行政机构 12 个，直属事业机构 13 个。1997 年，市直党政群机关编制 1321 人，实有人员 1203 人。按照省上要求，1997 年对乡镇机构进行了改革，通过改革，事业机构由原来的"八站一所"压缩为"四站一所"，全市 193 个乡镇机关实有人员减少 34%。

2001 年 12 月 30 日，中共延安市委、延安市人民政府颁布了《延安市市级机构改革方案》。2002 年上半年，延安遵照这一方案，对市级机构进行了改革。改革后，市委设置工作部门 10 个，直属事业机构 3 个；市政府设置工作部门 32 个，议事协调机构的常设办事机构 2 个，直属事业机构 3 个。市级机关编制总数 930 名（不含公安、检察、法院及司法编制），精简 26%，其中，市委机关 167 人，市政府机关 651 人，其他机关 112 人。

在行政审批制度改革方面，2001 年，延安市行政审批制度改革领导小组办公室对市直有行政审批事项的 41 个部门和单位承担的 680 项行政审批事项进行了全面清理。经研究决定，暂时保留行政审批事项 395 项，精简行政审批事项 285 项，精简率 41.9%。

在干部人事制度改革方面，从 1997 年起到 2000 年底，延安在全市乡镇机关和有行政职能的事业单位开展了公务员制度推行工作，基本完成了国家公务员制度推行扫尾阶段任务。此外，配合 2002 年的机构改革，延安还在列入市级机构改革的所有部门和单位中全面实施了以公开报名、资格审查、考试、演讲答辩、民主测评、组织考察等为主要内容的竞争上岗制度。这一制度较好地体现了公开、平等、竞争、择优的原则，促进了延安市直机关干部队伍的建设。

在事业单位改革方面，主要是积极推行了领导人员公开选拔、公开招聘、竞争上岗制度和全员聘用制。2000 年，中共延安市委对延安精神研究会办公室主任、市政府研究室副主任等 4 个单位的 4 名领导人员实行了公开选拔；延长、黄陵等县在教育、卫生系统的 20 多个单位的 22 个领导职务中实行了公开选拔；2001 年，延安市交警支队采用考试答辩、竞争上岗的办法，选拔任用中层管理人员 18 名；全市教育系统中小学"四制"（校长聘任制、教职工全员聘用制、岗位目标责任制、校内结构工资制）改革中，公开招聘校长 2306 人；全市卫生系统推行了院、站、所长公开招聘制度，聘任了市医院、中医院、卫校 3 个单位的 3 名行政正职。在职工全员聘用制方面，教育系统在"四制"改革中，实行了以公开报名、资格审查、个人述职、民主测评、考试、考核等为主要内容的教职工全员聘用制，全市参与聘用教师 25628 人，教辅人员 1452 人，通过聘用，落聘教师 907 人，教辅人员 52 人。1999 年，延安市林业局所属的四大林业局采取了按岗定员、择优上岗的办法，在职工中实行了全员聘用制，在 3766 名应聘职工中，聘用 2916 人，落聘 850 人。

4. 2003 年以来的改革

2003 年以来，延安市围绕转变政府职能，在行政体制方面，主要开展了以下改革。

（1）行政审批管理体制改革。2005 年 1 月 24 日，延安市印发了《延安市市级行政审批管理体制改革实施意见》，在原延安市政务大厅管理委员会基础上，组建延安市人民政府行政审批管理委员会，并将延安市政务大厅管委会办公室更名为延安市人民政府行政审批管理办公室。与此同时，明确了政务大厅组成单位、驻厅人员及管理办法。组成单位为有行政审批项目的 40 个部门和中、省驻延单位，并设立行政审批科，成建制进入大厅办公。此外，对进厅的行政审批项目的审批实行"三个一"（即"进厅行政审批事项一个机构统一受理、'部门行政审批专用章'统一管理、一个窗口集中收费"）和"并联式"的审批（与按照各部门顺序层层递进式的"串联式审批"相对应，指多部门同时进行的审批）办理制。

（2）镇村综合改革。2011 年 7 月，经陕西省政府批准，延安市的乡镇由原来的 163 个撤并为 123 个。2015 年 6 月，经陕西省政府批准，延安市的乡镇进一步精简为约 101 个，并新增街道办事处 13 个。合并后的乡镇机构一般设"五办三站"，即党政办公室、经济发展（市场监管）办公室、社会事务管理办公室、维护稳定办公室、宣传科教文卫办公室和经济综合服务站、社会保障服务站、公用事业服务站。

2014 年 7 月和 2015 年初，延安市先后印发了《镇村综合改革实施意见》和《镇村综合改革实施方案》，决定根据省政府的要求，对 800 人以下的村进行撤并，撤并比例为现有村的 47%。具体做法，主要是以经济实力较强、区位优势明显、交通便利、人口较多的村为基础，撤并小村和空心村，建立大村或中心村。截至目前，延安市应撤并的 1611 个行政村已全部完成了撤并，撤并后，延安市的行政村由原来的约 3428 个，减少为约 1817 个。

镇村撤并之后，为方便群众办事，延安全市共设立农村便民服务中心 45 个，城市社区便民服务中心 29 个，隶属当地乡镇、街办管理。

（3）"放管服"改革。"放管服"是简政放权、放管结合、优化服务的简称。语出 2016 年 5 月 9 日国务院召开的全国推进"放管服"改革电视电话会议。当年 3 月，李克强总理在《政府工作报告》中提出，持续推进简政放权、放管结合、优化服务，不断提高政府效能。

具体而言，所谓"放"，是指政府下放行政权，减少没有法律依据和法律授权的行政权；理清多个部门重复管理的行政权。所谓"管"，是指政府部门要创新和加强监管职能，利用新技术、新体制加强监管体制创新。所谓"服"，是指转变政府职能，减少政府对市场的干预，将市场的事交由市场来决定，减少对市场主体过多的行政审批，降低市场主体的行政成本，增强市场主体的活力和创新能力。

2016 年 7 月，延安市召开专题会议，研究市级行政部门精简行政审批事项、下放审批管理权限、提高办事服务效率有关事项。会议要求，围绕企业设立、项目投资和环境优化，主动取消、精简、下放一批行政审批事项，认真解决好财政投资评审、勘察中介收费规范等问题。要探索建立窗口受理、代收代送、即来即办机制，优化完善重要审批部门并联审批制度，减少审批环节，缩短审批时限，方便群众办事。

（4）城市管理执法体制改革。2017年6月，延安市委、市政府印发《延安市深入推进城市执法体制改革改进城市管理工作实施方案》，梳理了涉及城市管理的规划、住建、城管、房产、环保、水务、食药、工商、交通等20多个部门的权责清单，将多头执法扰民问题突出、执法频率高、专业技术要求适宜的14类179项执法权，全部整合划转城市管理执法局，实现了市容环卫、园林绿化、市政公用设施管理和执法职能的集中行使，提高了执法效率。

（5）财税体制改革。一是全面完成了"营改增"（即营业税改增值税，就是指以前缴纳营业税的应税项目改成缴纳增值税。旨在减少重复征税，降低企业税负）。二是自2013年8月1日起，延安市对增值税小规模纳税人中月销售额不超过2万元的企业或非企业性单位，暂免征收增值税，并认真落实小型微利企业所得税优惠政策。三是按照服务深度融合、执法适度整合、信息高度聚合的要求，大力推进国地税征管体制改革。2016年，全市国地税部门已全部实现了共建办税服务厅、联合实施纳税稽查评估等工作，既改进了纳税服务，也强化了税收征管。四是2016年全市部门预算和专项资金预算绩效管理实现了全覆盖，并初步建立了"预算编制有目标、预算执行有监控、预算完成有评价、评价结果有应用、绩效缺失有问责"的全过程绩效预算管理制度。五是从2015年起，全市坚持对一般公共预算收入超收部分全部转入预算稳定调节基金，纳入以后年度预算统筹安排使用，增强年度预算的约束力。2016年，市本级改变原按"基数加增长"的预算分配方式，全面实施零基预算，以零为基点，实行预算一年一定。六是2018年完成了国税和地税的合并工作。

（6）新一轮机构改革。2018年2月，中共十九届三中全会审议通过了《中共中央关于深化党和国家机构改革的决定》和《深化党和国家机构改革方案》，这是以习近平同志为核心的党中央推进全面深化改革的重大举措，对于加快推进国家治理体系和治理能力现代化具有重大意义。2018 年 8 月以来，中共延安市委根据中央精神和中共陕西省委要求，抓早动快，科学谋划，制定了《延安市机构改革方案》，2019 年 1 月 9 日，获得中共陕西省委的批复。目前，延安市新一轮机构改革基本结束。

（二）延安地方政府体制改革的现状

经过 40 多年的持续改革，延安地方政府体制已经发生了历史性变化。具体说来，取得的成就主要体现在以下几个方面。

1. 推进了延安政治民主化的进程

作为政治体制与经济体制的结合部，地方政府体制改革不仅会深化地方经济体制的改革，而且会有助于地方政治体制的改革。这突出地表现在，通过 40 年的地方政府体制改革，延安的政治民主化进程已经有了长足的进展，主要表现在：一是在坚持党的领导不动摇的前提下，建立了行政首长负责制，加强了政府的责任，扩大了政府的权力，增强了政府的权威。二是以地改市为契机，成立了延安市一级人民代表大会和政治协商会议，充分发挥了延安人民当家作主和参政议政的积极作用。三是在地方政府体制改革中，恢复和完善了审计制度和行政监察制度，加强了国家权力机关对政府工作的立法监督、司法机关的司法监督、中国共产党的政治监督以及广大人民群众的社会监督。这一切无不对调动广大人民群众参与延安政治事务的积极性、推进延安政治民主化进程起到了积极作用。

2. 加速了延安地方政府职能的转变

20 世纪 80 年代中后期以来，转变政府职能一直是延安地方政府体制改革的一个重要内容。尽管目前这方面的问题仍很突出，但与计划经济体制占统治地位时期相比，延安的政府职能的确已经发生了明显转变。一是企业生产经营的自主权得到了较好的落实，党企不分、政企不分的局面有了较大改观。二是政府计划配置资源的职能明显削弱，国有经济的比重逐步下降，非公有制经济持续发展，市场在资源配置中的决定性作用不断加强。三是政府的宏观调控职能得到强化，政府管理经济和社会事务的整体水平显著提高。

### 3. 促进了延安地方政府宏观管理体制的优化

主要表现在以下几个方面。一是通过几次大的机构改革，使得政府的组织结构得到精简和优化，特别是传统地方政府体制中部门林立、机构臃肿、分工过细、人浮于事、职能交叉、相互扯皮的弊端已经有了较大改观。二是通过成立专司国有资产管理的机构，开始逐步把国有资产的管理职能从社会经济管理职能中剥离出来。目前，这一工作虽然做得尚不到位，特别是国有资产管理机构的权威还没有树立起来，社会经济管理部门对国有企业过度干预的现象还比较严重，但毕竟沿着正确的方向迈出了关键的一步。三是通过对传统政府管理方式、管理手段的改革，使得政府的管理方式、管理手段得到优化。比如，在社会领域，通过引导和培育各类社会中介组织，使其在政府和社会之间发挥桥梁纽带作用；在就业方面，打破由国家统一安置的做法，开放劳动力市场，实行国家指导下的多渠道就业；在经济领域，以往重直接管理、微观管理和单一行政命令管理的方式已经开始向间接管理、宏观管理和主要靠经济手段、法律手段以及必要的行政手段管理的方式转变。

### 4. 提高了延安机关干部队伍的整体素质

改革开放以来，延安按照邓小平提出的"革命化、知识化、专业化、年轻化"的干部队伍"四化"方针选拔任用各级各类干部，大大提高了机关干部队伍的知识化、专业化水平，加快了机关干部队伍的年轻化步伐。据估计，截至 2018 年底，延安大专及以上机关干部已经占到全部机关干部的 90% 以上；从年龄结构看，40 岁及以下机关干部占到了全部机关干部的 60% 以上。由此不难看出，经过 40 年的不懈努力，延安已经初步形成了一支"革命化、知识化、专业化、年轻化"的机关干部队伍。

改革开放 40 多年来，延安虽然在地方政府职能转变及宏观调控方式转变等方面取得了长足进展，但由于改革的力度有限、进度缓慢，导致延安地方政府体制仍然存在着一系列制约延安区域经济转型发展和追赶超越的突出问题。

1. 在政府管理的对象上，政府对经济"无所不管"的状况尚未得到彻底改变

时至今日，在延安，地方政府似乎仍然是"全能的领导者"，凡事无不"亲力亲为"。政府的这种"无所不管"的心态和行为，往往导致企业家和群众每每处于依附和服从的地位。其结果，不仅妨碍了企业家的成长，特别是妨碍了群众主观能动性的发挥和自我致富能力的增强，而且使延安区域经济沦为一种非政府推动不能前进的政府依赖型经济。

2. 在政府管理的范围上，政府重私人产品生产、轻公共产品生产和科教文卫事业发展的状况尚未得到彻底改变

在社会主义市场经济条件下，生产公共产品包括城市的公共产品和农村的公共产品和发展科教文卫事业本应主要是政府的职能，但时至今日，在延安，城乡公共产品，特别是科教文卫事业在一定程度上仍然过多地依靠民间力量来兴办。这不能不说是延安城乡公共产品供给不足，特别是科教文卫事业发展滞后的一个重要原因。

3. 在政府管理的重点上，政府重微观管理、轻宏观管理的状况尚未得到彻底改变

时至今日，在延安，地方政府仍然把过多精力放到管理微观经济活动上，定指标，批项目，而不是把主要精力放到管理宏观经济上，放到制定发展战略和重大方针政策、进行经济形势预测、促进总量平衡和产业布局合理化上。

4. 在政府管理的方式上，政府以直接管理为主、忽视间接管理的状况尚未得到彻底改变

时至今日，在延安，地方政府宏观经济管理目标的实现仍然习惯于

采取直接干预微观投融资措施等老办法，不善于运用经济政策、经济杠杆、经济法规，通过市场进行间接管理和政策引导。例如，改革开放40多年后的今天，在延安，仍有一些地方在沿用行政手段甚至强迫命令的方式，以打造"一乡一业""一村一品"为由，逼迫农民按照政府确定的产业项目进行投资经营。这种管理经济的方式不仅是错误的、有害的，而且是违法的。因为依据法律，我国农村土地的经营权是农民个人的，而不是集体的，更不是政府的。既然如此，农民在土地上生产什么、生产多少、怎样生产、为谁生产，作为经营权范围内的事情，依法自然应当由农民自主决策，而不能由政府越俎代庖。

5. 在政府管理的法制化上，政府职能设置和实施的非法制化状况尚未得到彻底改变

主要表现是行政执法落后于立法，行政管理缺乏规范性而多随意性，经济政策缺乏稳定性、连续性而受人为因素的影响特别是政府人事变动的影响较大，行政行为缺乏公正性和公开性，"走后门""拉关系""暗箱操作"等不合理现象至今仍然存在。

6. 在政府的工作作风上，计划经济体制下形成的一系列不良作风尚未得到彻底改变

主要表现在以下几个方面。一是在发展目标上，不切实际地提出过高目标。例如，在精准脱贫上，曾经不顾延安作为革命老区、历史欠账太多等实际，不切实际地提出率先脱贫摘帽等过高目标。二是在工作过程中，形式主义依然不同程度地存在着。如做"样子工程"，写表面文章；不求实效，但求好看；不求群众满意，但求考核合格。三是弄虚作假。比如农村精准扶贫中的"数字扶贫"等现象依然在某种程度上存在着。四是全面从严治党背景下领导干部"不作为"等懒政现象有所抬头。

7. 在营商环境上，诸多不利于经济发展的状况尚未得到彻底改变

主要表现在以下几个方面。一是对民间投资、外商投资的国民待遇问题没有得到切实落实，贷款、税收减免等"重国有企业轻非国有企

业"的情形没有得到有效扭转。二是市场准入的门槛过高、限制过多，行政许可和前置审批的手续烦琐复杂等问题没有得到根本解决。三是"乱收费、乱罚款、乱摊派"、"吃、拿、卡、要"和"门难进、脸难看、事难办"的现象依然严重。四是市场体系不完善等问题没有得到有效解决。2017 年，延安市在陕西全省营商环境考核中名列倒数第一即是明证。

8. 县乡行政区划过多、机构过多、人浮于事等传统地方政府体制的痼疾尚未得到彻底改变

从行政区划看，延安现行县、乡、村等行政区划，大多是在新中国成立初期形成的，与当时落后的交通、通信等生产力状况及后来实行的计划经济体制下政府无所不管的职能是相适应的，因而有其合理性。可是，经过 70 年的高速发展，延安现行交通、通信等生产力状况的先进程度已显著超过了从前。加之通过 40 年的市场趋向改革，延安地方政府的职能已经有了很大的调整，政府的事务事实上在减少。在此情况下，继续维持原有的行政区划，就完全不合时宜了。以县区为例，延安目前共有 10 个县、一个县级市（代管）、2 个区，平均一个县市区 17.2万人，有的县如黄龙县不过区区 5 万人，甘泉县也只有 8 万多人，志丹县和吴起县虽然多一些，分别也不过 14 万人左右。而同期与延安地形、地貌相近的榆林、汉中等地市分别有 11 个县 1 个区、10 个县 1 个区，平均每个县区的人口分别为 31 万人和 35 万人。延安平均每个县区的人口规模分别为榆林的 55.5% 和汉中的 49.1%。俗话说：麻雀虽小，五脏俱全。由于每个县区所辖的人口过少，势必导致官民比失调，从而加重老百姓的财政负担。

从机构和人员看，此轮机构改革前，延安市一级共有党政机构 80个，其中市委工作机关 10 个，市委其他单位 6 个；市政府工作部门 34个，政府其他机构 30 个（含派出机构 20 个）；核定行政编制 1219 名，政法专项编制 1423 名。此外，延安尚有市直事业单位 56 个，核定事业编制 2661 名。上述指标与过去相比，无疑已经有了较大幅度的精简和

压缩。但一方面，各级各部门各单位编制外用工现象仍然比较普遍和严重，从而"临时工干、正式工看"的现象依然如故；另一方面，与成熟市场经济体制所要求的地方政府部门及其人员的最优数量相比，现有的机构和人员仍然有精简和压缩的空间。由此可见，目前，延安市级党政部门的数量显然过多。这就难免会出现市级党政部门设置过细以及由此可能导致的部门重复设置和政府部门公职人员过多的问题。

### 三　延安地方政府体制改革的对策探索

按照第四章关于延安区域经济转型的目标定位，推进延安区域经济转型应当更加重视地方政府体制改革，以确保 2035 年，延安地方政府体制更加完善；到新中国成立一百年时，延安地方政府在推动延安经济社会发展中的作用得到更好发挥。为此应当采取以下对策。

#### （一）切实转变地方政府职能

习近平总书记在十八届二中全会第二次全体会议上明确指出："转变政府职能是深化行政体制改革的核心，实质上要解决的是政府应该做什么、不应该做什么，重点是政府、市场、社会的关系，即哪些事该由市场、社会、政府各自分担，哪些事应该由三者共同承担。"

党的十八届三中全会强调，经济体制改革的核心问题是处理好政府和市场的关系，使市场在资源配置中起决定性作用和更好发挥政府作用，关键是转变政府职能。而转变政府职能的关键则是要在实行政企职能分开的基础上，将政府作为国有资产所有者、社会管理者、宏观调控者三种职能明确加以区分，并按照经济发展的客观需要，合理行使三种职能。

转变政府职能的重点是：第一，从主要管理微观经济活动，定指标、分投资、批项目、分物资，转向用主要精力管宏观，包括制定发展战略和重大方针政策、进行经济形势预测、促进总量平衡和产业布局合理化等。第二，从主要运用行政的、计划的手段，对企业和各项经济活动进行直接管理，转向主要运用经济政策、经济杠杆、经济法规，通过市场进行间接调控和政策引导。第三，从主要管理一般竞争性领域的国有企业，转向主要管理一般竞争性领域的非国有企业和非一般竞争性领域的国有企业。第四，从以隶属关系为主的部门管理，转向打破部门和所有制界限的行业管理。

转变政府职能是一个社会系统工程，必须多管齐下。

第一，切实加大国有资产管理体制改革和国有企业改革力度。

第二，切实加快投资、财政、金融等专业部门管理体制的改革进程。主要是变以政府投资为主的投资体制为以民间投资为主的投资体制，完善财税体制，推进专业银行的商业化、民营化进程等。

第三，切实加快市场体系培育进程。一是要加快延安要素市场的培育步伐；二是要打破条块分割，各自为政，建立统一、开放、完备的市场体系；三是要深化价格改革，充分发挥市场价格在资源配置中的核心作用；四是建立健全市场经济秩序。

第四，切实加快地方政府机构改革进程。改组发改委、财政局、人民银行等宏观经济管理部门，提高其制定和实施宏观经济政策的水平和能力。充实社会保障部门，以更好地实现政府在就业、养老、医疗、住房等方面的职能。

（二）切实转变政府管理经济的方式

按照社会主义市场经济体制的内在要求及延安的具体实际，转变政府管理经济的方式，重点是实现以下四个方面的转变：

第一，从直接管理到间接管理的转变。在直接管理的体制下，政府运用行政手段直接对微观层次的企业和农户分指标、定基数、搞审批。这种直接管理的体制，不仅导致企业和农户缺乏应有的自主权和生产经营的积极性、主动性，缺乏旺盛的生机和活力，而且导致了机构臃肿、部门林立、官僚主义、人浮于事、效率低下等痼疾的形成。因此，必须对这种直接管理的体制进行改革。改革的方向是实行间接管理。

所谓间接管理，不是直接面向企业和农户，对每个企业和农户的生产经营活动指手画脚，而是面向市场，通过调整政府掌握的税收、信贷、财政、利率、汇率等经济杠杆来影响企业和农户的经济利益，使企业和农户作出符合政府计划和政策的决策。在间接管理的体制下，企业和农户的行为是在利益机制的作用下依照这些经济杠杆作出的，而不是根据政府机关的指令作出的。政府与企业和农户之间的直接的关系将会大为减少，企业和农户将会具有充分的生产经营自主权，一些政府机构特别是直接管理机构将会失去存在的必要性。

可见，从直接管理到间接管理的转变，将是一种脱胎换骨式的转变。这一转变对建立与社会主义市场经济体制相适应的地方政府管理体制具有尤为重要的意义。

第二，从部门管理到行业管理的转变。在部门管理的体制下，政府专业经济部门对本部门内的企业进行事无巨细的直接指挥，部门之间的联系被人为分割。这种体制不仅使企业失去了应有的生产经营自主权，而且打破了企业之间的横向联系，妨碍了资源的自由流动。因此，适应社会主义市场经济体制的内在要求，必须把部门管理转变为行业管理。

所谓行业管理，是指对属于不同部门的、不同所有制成分的同行业企业，打破部门和所有制界限，实行全行业的统筹规划、协调、服务和监督。典型的行业管理是以行业协会为主体进行管理的。而所谓行业协会，则是由同行业企业自愿成立的、进行自我管理、自我服务、自我约束、相互协调的民间组织。这样的行业管理，必须具备三个前提。一是政府管理必须从直接管理转变为间接管理。二是企业必须成为自主经营、自负盈亏、自我约束、自我发展的市场竞争主体。三是行业协会必须自愿成立，且以为企业服务为第一要务。

当前，上述三个前提在延安尚不完全具备。特别是政府管理还没有真正转变到间接管理上来，行业协会还具有官办的色彩，且无论工作方式、工作范围、服务手段，还是人员素质，都不适应社会主义市场经济体制的内在要求。因此，一方面必须加快政府管理从直接管理向间接管理转变的进程，另一方面必须尽快把行业协会从政府部门手中剥离出来，使行业协会独立运行，以切实发挥其在行业管理中的主体作用。

　　第三，从命令式管理到服务式管理的转变。在传统体制下，国民经济的细胞组织包括的国有和集体在内的企事业单位无不是政府行政机关的附属物和任凭政府行政机关扒拉的"算盘珠"。企事业单位的各种活动都是通过行政机关下达计划、指示和指标的方式进行的。这是一种典型的命令经济、行政经济、统治经济。这种经济不仅严重压抑了人的积极性和创造力，而且掩盖了政府机关为社会、为大众、为企业服务的宗旨和本来面目。而市场经济的发展则要求政府还权于社会、还权于大众、还权于企业，从而承担起为社会、为大众、为企业服务的功能。可见，政府管理从命令型到服务型的转变，是经济发展的要求，也是社会进步的体现。

　　从命令式管理到服务式管理的转变，一方面要强化政府的服务功能，包括基础设施、市场信息、技术开发、人才培育、社会保障等方面的服务功能；另一方面也不能忽视必要的行政手段和法律手段的作用。因为政府的间接管理和政府发挥的服务功能是有限的，仅仅依靠政府的间接管理和服务尚不足以克服市场的缺陷。因此，动用强硬的行政手段和法律手段，对经济活动主体进行规制是十分必要的。

　　第四，从个别管理到一般管理的转变。在传统体制下，地方政府对企业的管理，通常采取"一事一议""一事一批"的方式。这种方式往往弹性过大，伸缩性过强。这不仅容易受到主观意志、个人好恶、人情因素、当事人利益的影响，而且与世界贸易组织所要求的公平竞争原则和国民待遇原则相背离。而一般管理是按照一般的、普遍的规则来规范微观经济主体行为的管理，是对所有微观经济主体一视同仁的、不依人情关系的管理。这种管理有利于不同微观经济主体公平竞争、优胜劣汰，有利于经济资源的最优配置和国民经济的正常发展，因此是社会主义市场经济体制所要求的管理。从个别管理转向一般管理是地方政府管理走向成熟的标志之一。

　　转变政府管理经济的方式，当务之急是要改革现行行政审批制度。延安现行地方行政审批制度是计划经济时代的产物，虽经多次改革，至今仍是政府履行职能、管理经济的基本方式。其特点如下。一是审批的事项多。例如，截至2018年4月，延安地方政府保留的行政许可事项仍有82项之多，子事项仍有350项之多。这和西方市场经济国家的地方政府通常以服务为主的经济管理方式形成了鲜明对比。二是审批的环节多。在这种行政审批制度下，一个项目盖几十枚公章是常见的事情。目前盖章的数量虽然有所减少，但审批环节多的问题并没有得到实质性解决。三是受法律的制约小，审批人员的自由裁量权大。这种行政审批制度的弊端是十分明显的：一是政府包办代替市场，妨碍了市场作用的发挥。二是过于烦琐的审批，导致行政效率低下，阻碍了经济的发展。三是失去了法律制约的行政审批，成为滋生腐败的温床，带来了数不胜数的权力寻租、造租和送租。

加快延安地方行政审批制度改革，并不是要取消行政审批制度，而是要按照社会主义市场经济体制的要求，减少对经济事务的行政审批，对确需保留的行政审批，要规范审批行为，严格审批程序，减少审批环节，明确审批责任，健全监督机制，提高服务质量，促进审批机关的廉政勤政建设。

（1）切实减少对经济事务的不必要的行政审批。要对当前尚未废止的所有审批项目来一次彻底的清理，对不适应社会主义市场经济体制要求、不利于对外开放对内搞活、不符合世界贸易组织规则的行政审批都要坚决予以取消。当前尤其要集中力量突出抓好中央和陕西省人民政府关于改革和规范行政审批制度一系列方针政策在延安的落实工作。对有令不行、落实不力和擅自设立审批项目的直接责任人和相关领导要追究行政责任。

（2）要建立健全行政审批责任制。传统行政审批制度的一个重要特征就是行政审批者和政府主管部门从不承担审批失败的责任。这是造成审批权滥用的一个重要原因。因此，必须建立健全行政审批责任制。对于由于政府审批不当所造成的所有权人的财产损失，审批者必须承担行政责任和经济责任，政府主管部门必须对所造成的损失予以赔偿。

（3）加快与行政审批制度改革相关的配套改革进程。行政审批制度改革是一项系统工程，涉及政府职能转变、机构改革、人员安置、税费改革等许多方面，因此，必须按照整体推进、突出重点的原则，把行政审批制度改革与其他改革紧密结合起来。当前，一是要对取消了行政审批的项目实行登记制和备案制，建立后续监管制度，防止管理脱节。二是要加强行政审批的法制建设，推进依法审批，确保行政审批的严肃性、规范性。三是要加快机构改革进程，及时撤并那些不再行使审批权的机构。四是要加快税费改革进程，妥善解决减少审批收费后带来的财政困难问题。

### （三）切实深化地方政府机构和行政体制改革

党的十九大报告指出，政府机构和行政体制改革归根结底是要"转变政府职能，深化简政放权，创新监管方式，增强政府公信力和执行力，建设人民满意的服务型政府"。

延安地方政府机构和行政体制改革虽然进行了多次，但每一次都未能跳出"膨胀—精简—膨胀"的怪圈。究其原因，主要有以下几个方面：一是历次机构和行政体制改革基本上都属于"外延型"改革。每次改革的主要内容仅仅或主要涉及机构的外在数量形态，表现为撤销、合并、调整、改建、增加、恢复某些机构，而未能以转变职能、调整权力为核心进行内涵型改革。由于政府职能和权力结构未能实现根本转变，所以，机构臃肿、冗员过多等"机构综合征"必然会卷土重来，于是不得不再来一次改革。二是历次机构和行政体制改革都未能配套进行。每次改革都是机构和行政体制的"单兵挺进、孤军深入"，而忽视了包括党政体制、政事体制、干部人事体制等在内的配套改革。结果，即便精简了机构，也往往因人员安排、利益调整、权力转移等因素发生障碍，而不得不重蹈旧制。三是政府机构设置与管理缺乏明确而严格的法律约束。由于政府机构设置与管理缺乏明确而严格的法律约束，所以机构的设置、人员的进入便具有了一定的随意性。由于机构的增加就意味着权力的拥有，加之一些领导人习惯于认为人多好办事，所以往往乐于增机构、扩人员。这就势必造成机构的增而又减、减而复增的状况。

有鉴于此，进一步深化延安地方政府机构和行政改革，必须做好以下工作。

第一，把深化地方政府机构和行政体制改革与切实转变地方政府职能结合起来。新一轮地方政府机构和行政体制改革要跳出"膨胀—精简—膨胀"的怪圈，就要按照社会主义市场经济体制和新时代中国特色社会主义现代化的要求，切实转变政府职能，把不该由政府机关管的事情坚决减下来，不能"越位"；该由政府机关管的事情，不仅要管，而且要管住、管好，不能"缺位"。政府机关不能从事经营性、盈利性的项目，既当"运动员"又当"裁判员"，而必须从一般竞争性领域退出来，不能"错位"。结合转变政府职能，新一轮市县政府机构改革要加强政府机关的宏观调控和监管部门，强化社会管理职能部门，减少具体审批事务和对企业的直接管理，做到宏观管住、管好，微观放开搞活。

第二，统筹使用各类编制资源。实施编制管理有利于合理控制政府机构的人员安排，避免机构膨胀和人浮于事。但是，实施严格的编制管理也带来了人事安排的僵化和固化。一是很多政府部门出现"忙闲不均"的现象，有的部门"门可罗雀"，而有的部门则"炙手可热"。二是有的部门想要的人进不来，不想要的人赶不走。三是许多政府机构迫于工作需要，不得不引入大量编外人员，从而出现了"同工不同酬"等就业歧视现象。为此要求把各类编制资源"动起来"，统筹加以使用。这对用好人力资源存量，激活人力资源增量，进而实现政府编制管理的优化配置具有重要意义。

第三，不断强化行政经费的预算约束和绩效管理。行政经费的预算约束不硬，不仅会助长机构膨胀和冗员增加，而且会造成行政费用过高，企业和农民不堪重负等弊端。因此，在进一步深化地方政府机构和行政体制改革中，必须按照依法确定的岗位、任务和人员编制，核拨行政经费，实行包干使用。此外，对行政事业单位经费预算全面实行绩效管理，增强行政事业单位经费预算的科学性、严肃性和责任心，提高行政事业单位经费支出的效率。

第四，合理设置机构。党的十九大报告提出，要"统筹考虑各类机构设置，科学配置党政部门及内设机构权力、明确职责"。与此同时，还需要"赋予省级及以下政府更多自主权。在省市县对职能相近的党政机关探索合并设立或合署办公"。这就为进一步深化地方政府机构改革指明了方向。一是在设置机构时，不能搞"上下对口"，即上面有什么机构，下面也跟着设什么机构。因为上面和下面的职能不同，机构设置也应不同。二是在设置机构时，不能搞"左右看齐"，即其他市县有什么机构，延安也要设什么机构。因为我国地域辽阔，各个市县的情况不同，机构设置也应有别。三是在设置机构时，不能乱设临时机构。不该设的临时机构坚决不设；该设的临时机构，在完成任务之后，要立即撤掉。为预防乱设临时机构，应将临时机构的设置权上交市县人大常务委员会，由其投票决定。四是在设置机构时，对职能交叉重叠的机构要坚决裁并；对职能相近的机构，要予以合并或实行合署办公；对职能较少、工作量不大的机构，应综合设置或归并到职能相近的机构。

第五，切实搞好配套改革。在深化市县政府机构改革的同时，必须深化包括市县党政体制、政事体制等在内的配套改革。

市县党政体制改革。一是明确党与政府的职能权限。党的职能权限除搞好党的自身建设以外，主要是集中精力抓好市县大政方针的规划、论证和制定，实施思想领导、政治领导，监督政府工作，并向市县权力机关推荐政府主要负责人。政府的职能权限是在党的领导下执行市县权力机关决议，发布行政命令，规定行政措施，管理政治、经济、文化等各项行政事务。凡属政府的职能权限，党组织不能包办代替。只有这样，才能使党政组织各司其职，各自相对独立地开展工作。二是要尽量减少党政领导干部的对口分工。在党委、人大、政府、政协这几套班子中，在必要时可以实行主要负责人交叉兼职，这样做，有利于减少许多摩擦和扯皮；有利于减少干部职数，节省行政开支；有利于集中决策，提高效率。三是尽量撤并党政对口设置的机构。变"一摊事业，两家主事"为"一家管理或双重管理，一家为主"。以避免政出多门，相互扯皮，从而提高工作效率，节约财政开支。

市县政事体制改革。一是要坚持政事分开。政事分开主要是指政府与事业单位的职责、机构、管理方式分开，其中包括：把政府承担的事业性工作交由事业单位去完成，事业单位承担的行政职能归还行政部门去执行；对一些属于党政机构序列的"政事合一、事业为主"机构进行调整，改为事业单位；对必须承担部分行政职能的事业单位，应该通过立法、行政授权等方式来处理；简政放权，归还事业单位的人事、工资、计划、编制、财务等具体事务，政府只负责宏观调控。二是要走社会事业社会办的发展道路。过去那种社会事业政府办的发展道路，由于受政府财力有限的约束，导致事业单位的投入严重不足，最终制约了科教文卫等事业的发展。因此，今后除必须由政府举办的外，一律交由社会去办。政府主要负责规划、政策、协调工作。三是要采取不同形式发展社会事业。科研单位、设计部门、咨询机构、出版社、农业服务站等事业单位可以走企业化道路，通过为社会提供优质的劳务商品，实现自我生存、自我发展；其他不能企业化的事业单位如教育、公益性文化事业、城市公用事业、医疗卫生事业也应按照社会效益和经济效益并重的原则，走"半公益、半经营"或"半福利、半经营"的发展道路，在坚持政府全额拨款或部分补贴的原则下，鼓励他们为社会提供有偿服务，增强自我发展能力。

（四）切实加大地方行政区划调整力度

适应生产力发展和社会主义市场经济体制的新要求，及时对延安现行县、乡、村进行适度的并、撤、拆，就是十分必要的。这对于从根本上裁汰县、乡、村三级政权中的冗官冗员，从而从根本上减轻企业和公民的税费负担，深化供给侧结构性改革，维持经济中高速增长，具有十分重要的意义。此外，通过对延安现行县、乡、村进行适度的并、撤、拆，可以适度扩大县、乡、村规模，从而有利于优化延安区域经济的发展布局，减少重复投资和资源浪费，发挥区域经济优势，加快区域经济发展；有利于减少小城镇的数量，扩大小城镇的规模，充分发挥小城镇对人流、物流、资金流和信息流的聚集效应，以及对农村经济的辐射带动作用，加速农村经济的现代化进程和各项社会事业的更快发展。

加大延安地方行政区划调整力度，应当采取以下措施。

第一，加大县级行政区划的整合力度。考虑到吴起县原本就是从志丹县分离出来的，现在完全可以"完璧归赵"，并入志丹县；考虑到黄龙县过小，完全可以"四马分肥"，分别划归相邻的几个县；考虑到甘泉县距离宝塔区最近，完全可以整体并入宝塔区，这对进一步放大宝塔区作为延安市中心城市的功能，充分发挥中心城市的辐射带动作用具有重要意义。至于黄陵县、洛川县和富县不仅相互毗邻，而且在苹果产业上具有高度的一致性，完全可以合并，升格为县级市，命名为"轩辕市"。

第二，加大乡级行政区划的整合力度。考虑到目前延安平均每个乡镇和街道办事处的人口只有2.01万人，完全可以对现有乡镇和街道办事处再撤并20%左右，从而使延安的乡镇和街道办事处缩减至100个以内，平均每个乡镇和街道办事处的人口规模达到3万人左右。

第三，加大村级行政区划的整合力度。对于延安的行政村，也应当在现有的基础上进行撤并，努力使延安的行政村从目前的1800多个减少至900多个，每个行政村的人口从目前的1250人增加到2500人。

（五）切实加大干部制度改革力度

"正确的路线确定之后，干部就是决定的因素。"延安区域经济转型的目标、思路和对策确定以后，能否不折不扣地落到实处，关键在于延安地方党委和政府的强有力领导，在于必须要有一个有担当、有责任感、有魄力、有眼光、有水平的党委领导班子和政府领导班子。为此要求在继续全面贯彻党的组织制度和干部政策的前提下，切实加大干部制度改革力度。此其一；其二，延安区域经济转型的目标、思路和对策确定以后，能否不折不扣地落到实处，还取决于政府作风是否过硬。而政府作风问题，表面看是政府官员的思想品德问题，实质上则是体制问题。因为政府官员在一定程度上与普通百姓一样，也是"经济人"，也有自己的利益，也有偷懒、作弊、欺骗、合谋等机会主义动机。这就需要有一个好的体制来考评、激励和约束政府官员的行为，以确保政府官员只有通过为民谋福利才能实现自己的利益。然而，现行体制尤其是干部考评体制和干部激励约束机制与此目标尚有一定的差距。这正是导致官僚主义、形式主义、不作为等干部作风不良问题长期得不到根治的重要原因所在。可见，从切实转变政府作风的角度看，除加大晓之以理、动之以情的思想政治教育工作力度而外，还得靠加强干部考评、激励和约束机制的改革。

建议如下。

第一，切实加大干部选拔体制改革力度。而这则首先取决于干部选拔体制是否科学管用。这就要求加快干部选拔体制改革。具体思路应当是：对党政"一把手"，在坚持党管干部的前提下，在试点的基础上，通过实行差额推选的方式予以选拔。也就是由上级党委在民主推荐和考察的基础上，推荐2—3名候选人，然后提交党委会或人代会选举。如此一来，一则不管哪位候选人当选，都符合党委的意图；二则候选人要胜出，必须得到党委委员或人大代表的支持。这样，最终当选的干部才能真正做到既对上级负责，又对群众负责。至于副职及其他公务员，则完全可以通过考试、演讲、答辩等比较规范的形式和程序进行公开招聘，竞争上岗。

第二，切实加大干部考评体制改革力度。具体思路是：加大量化考核的权重、加大人民群众考评的权重；实行公开和不公开、定期和不定期考评相结合的考评制度，等等。

第三，切实加大三项机制改革力度。具体要求是，切实加大中央和陕西省委提出的"激励约束机制、容错纠错机制和能上能下机制"等三项机制的贯彻落实力度，以此激发广大党员干部干事创业的积极性。

（六）切实加大富余人员安排力度

延安地方政府体制改革势必会形成大批富余人员。为了贯彻"以人民为中心"的思想理念，维护社会和谐稳定，确保延安地方政府体制改革顺利进行，必须切实加大富余人员安排力度。

为此建议：

第一，鼓励达到一定年龄的机关人员提前带薪离退休；

第二，鼓励机关人员在脱离原职以后下海经商；

第三，将具备一定条件的部分机关富余人员通过公开考试、竞争上岗的形式择优录用到财、税、公、检、法、司、科、教、文、卫、体等部门；

第四，由政府出资对素质相对较低的中青年机关人员进行短期或中期培训，以增强其就业竞争能力，顺利实现二次就业。

# 主要参考文献

马克思：《资本论》，人民出版社 1975 年版。

毛泽东：《毛泽东选集》第 3 卷，人民出版社 1996 年版。

邓小平：《邓小平文选》，人民出版社 1995 年版。

江泽民：《江泽民文选》，人民出版社 2006 年版。

胡锦涛：《胡锦涛文选》，人民出版，2016 年版。

习近平：《习近平谈治国理政》，外文出版社 2014 年版。

习近平：《习近平谈治国理政》第 2 卷，外文出版社 2017 年版。

亚当·斯密：《国民财富的性质及原因的研究》，商务印书馆 1972 年版。

阿尔弗雷德·韦伯：《工业区位论》，李刚剑、陈志人等译，商务印书馆 1997 年版。

艾伯特·赫希曼：《经济发展战略》，曹征海、潘照东译，经济科学出版社 1991 年版。

安晓明：《中国区域经济转型研究》，社会科学文献出版社 2016 年版。

保罗·克鲁格曼：《地理与贸易》，张兆杰译，北京大学出版社 2000 年版。

洪银兴：《发展经济学与中国经济发展》，高等教育出版社 2001 年版。

胡惠林：《文化产业发展的中国道路——理论·政策·战略》，社会科学文献出版社 2018 年版。

花海洋：《走近延安》，中国社会出版社 2012 年版。

黄正林：《抗战时期陕甘宁边区农村经济研究》，《近代史研究》2001 年第 3 期。

黄正林：《陕甘宁边区社会经济史（1937－1945）》，人民出版社 2006 年版

金海年：《2049：中国新型农业现代化战略》，中信出版社 2016 年版。

雷云峰：《陕甘宁边区史·抗日战争时期·上篇》，西安地图出版社 1994 年版。

雷云峰：《陕甘宁边区史·抗日战争时期·下篇》，西安地图出版社 1994 年版。

雷云峰：《陕甘宁边区史·抗日战争时期·中篇》，西安地图出版社 1994 年版。

刘志彪：《产业经济学》，机械工业出版社 2015 年版。

聂华林、王成勇：《区域经济学通论》，中国社会科学出版社 2006 年版。

沈清基：《论城市转型的三大主题：科学、文明与生态》，《城市规划学刊》2014 年第 1 期。

石敏俊：《现代区域经济学》，科学出版社 2013 年版。

孙久文：《区域经济学》，首都经济贸易大学出版社 2007 年版。

孙久文：《区域经济学学科前沿研究报告》，经济管理出版社 2013 年版。

孙久文：《中国区域经济发展报告 2012》，中国人民大学出版社 2013 年版。

谭崇台：《发展经济学》，山西经济出版社 2000 年版。

瓦尔特·艾萨德：《区域科学导论》，陈宗兴、伊怀庭等译，高等教育出版社 1991 年版。

王大悟、魏小安：《新编旅游经济学》，上海人民出版社 1998 年版。

威廉·阿瑟·刘易斯：《二元经济论》，施炜等译，北京经济学院出版社 1989 年版。

魏杰：《市场经济前沿问题－现代经济运行方式》，中国发展出版社 2001 年版。

西奥多·W. 舒尔茨：《改造传统农业》，梁小民译，商务印书馆 2006

年版。

徐长玉、刘志生:《当代中国经济体制改革——延安的历程、绩效与对策探索》,陕西人民出版社2002年版。

徐长玉、刘志生:《新制度经济学概论》,陕西师范大学出版社2012年版。

徐长玉:《中国经济制度分析》,陕西人民出版社2003年版。

徐长玉:《中国劳动力市场培育研究》,中国社会科学出版社2009年版。

叶静怡:《发展经济学》,北京大学出版社2003年版

叶连松,靳新彬:《新型工业化与城镇化》,中国经济出版社2009年版。

张飞相、陈敬良:《国外城市转型的趋势及经验借鉴》,《企业经济》2011年第5期。